Stefan Zweig

Sternstunden der Menschheit

„Solche dramatisch geballten, solche schicksalsträchtigen Stunden, in denen eine zeitüberdauernde Entscheidung auf ein einziges Datum, eine einzige Stunde und oft nur eine Minute zusammengedrängt ist, sind selten im Leben eines Einzelnen und selten im Laufe der Geschichte. Ich habe sie so genannt, weil sie leuchtend und unwandelbar wie Sterne die Nacht der Vergänglichkeit überglänzen." *Redaktion Gröls-Verlag* (Edition I Werke der Weltliteratur)

Redaktionelle Hinweise und Impressum

Die Deutsche Nationalbibliothek verzeichnet dieses Werk in der Deutschen Nationalbibliografie.

© 2019 Groels-Verlag, Hamburg. Die Rechte am Werk, insbesondere für die Zusammenstellung, die Cover- und weitere Gestaltung sowie die redaktionelle Bearbeitung liegen beim Verlag. V.i.S.d.P.: M. Groels, Poelchaukamp 20, 22301 Hamburg
Externer Dienstleister für Distribution und Herstellung: BoD, In de Tarpen 42 22848 Norderstedt

ISBN: 9783966372763

Inhaltsverzeichnis

Vorwort

Kein Künstler ist während der ganzen vierundzwanzig Stunden seines tägli-
chen Tages ununterbrochen Künstler; alles Wesentliche, alles Dauernde, das
ihm gelingt, geschieht immer nur in den wenigen und seltenen Augenblicken
der Inspiration. So ist auch die Geschichte, in der wir die größte Dichterin und
Darstellerin aller Zeiten bewundern, keineswegs unablässig Schöpferin. Auch in
dieser „geheimnisvollen Werkstatt Gottes", wie Goethe ehrfürchtig die Historie
nennt, geschieht unermeßlich viel Gleichgültiges und Alltägliches. Auch hier
sind wie überall in der Kunst und im Leben die sublimen, die unvergeßlichen
Momente selten. Meist reiht sie als Chronistin nur gleichgültig und beharrlich
Masche an Masche in jener riesigen Kette, die durch die Jahrtausende reicht,
Faktum an Faktum, denn alle Spannung braucht Zeit der Vorbereitung, jedes
wirkliche Ereignis Entwicklung. Immer sind Millionen Menschen innerhalb eines Volkes nötig, damit ein Genius entsteht, immer müssen Millionen müßige
Weltstunden verrinnen, ehe eine wahrhaft historische, eine Sternstunde der
Menschheit in Erscheinung tritt. Entsteht aber in der Kunst ein Genius, so über-
dauert er die Zeiten; ereignet sich eine solche Weltstunde, so schafft sie Entscheidung für Jahrzehnte und Jahrhunderte. Wie in der Spitze eines Blitzablei-
ters die Elektrizität der ganzen Atmosphäre, ist dann eine unermeßliche Fülle
von Geschehnissen zusammengedrängt in die engste Spanne von Zeit. Was an-
sonsten gemächlich nacheinander und nebeneinander abläuft, komprimiert sich
in einen einzigen Augenblick, der alles bestimmt und alles entscheidet; ein einziges Ja, ein einziges Nein, ein Zufrüh oder ein Zuspät macht diese Stunde unwiderruflich für hundert Geschlechter und bestimmt das Leben eines Einzelnen,
eines Volkes und sogar den Schicksalslauf der ganzen Menschheit. Solche dramatisch geballten, solche schicksalsträchtigen Stunden, in denen eine zeitüberdauernde Entscheidung auf ein einziges Datum, eine einzige Stunde und oft nur
eine Minute zusammengedrängt ist, sind selten im Leben eines Einzelnen und
selten im Laufe der Geschichte. Einige solcher Sternstunden – ich habe sie so genannt, weil sie leuchtend und unwandelbar wie Sterne die Nacht der Vergänglichkeit überglänzen – versuche ich hier aus den verschiedensten Zeiten und Zo-
nen zu erinnern. Nirgends ist versucht, die seelische Wahrheit der äußern oder
innern Geschehnisse durch eigene Erfindung zu verfärben oder zu verstärken.
Denn in jenen sublimen Augenblicken, wo sie vollendet gestaltet, bedarf die Geschichte keiner nachhelfenden Hand. Wo sie wahrhaft als Dichterin, als Drama-
tikerin waltet, darf kein Dichter versuchen, sie zu überbieten.

Flucht in die Unsterblichkeit

Die Entdeckung des Pazifischen Ozeans,
25. September 1513

Ein Schiff wird ausgerüstet

Bei seiner ersten Rückkehr aus dem entdeckten Amerika hatte Kolumbus auf seinem Triumphzug durch die gedrängten Straßen Sevillas und Barcelonas eine Unzahl Kostbarkeiten und Kuriositäten gezeigt, rotfarbene Menschen einer bisher unbekannten Rasse, nie gesehene Tiere, die bunten, schreienden Papageien, die schwerfälligen Tapire, dann merkwürdige Pflanzen und Früchte, die bald in Europa ihre Heimat finden werden, das indische Korn, den Tabak und die Kokosnuß. All das wird von der jubelnden Menge neugierig bestaunt, aber was das Königspaar und seine Ratgeber am meisten erregt, sind die paar Kästchen und Körbchen mit Gold. Es ist nicht viel Gold, das Kolumbus aus dem neuen Indien bringt, ein paar Zierdinge, die er den Eingeborenen abgetauscht oder abgeraubt hat, ein paar kleine Barren und einige Handvoll loser Körner, Goldstaub mehr als Gold – die ganze Beute höchstens ausreichend für die Prägung von ein paar hundert Dukaten. Aber der geniale Phantast Kolumbus, der fanatisch immer das glaubt, was er gerade glauben will, und der eben so glorreich mit seinem Seeweg nach Indien recht behalten hat, flunkert in ehrlicher Überschwenglichkeit, dies sei nur eine winzige erste Probe. Zuverlässige Nachricht sei ihm gegeben worden von unermeßlichen Goldminen auf diesen neuen Inseln; ganz flach, unter dünner Erdschicht, läge dort das kostbare Metall in manchen Feldern. Mit einem gewöhnlichen Spaten könne man es leichthin aufgraben. Weiter südlich aber seien Reiche, wo die Könige aus goldenen Gefäßen becherten und das Gold geringer gelte als in Spanien das Blei. Berauscht hört der ewig geldbedürftige König von diesem neuen Ophir, das sein eigen ist, noch kennt man Kolumbus nicht genug in seiner erhabenen Narrheit, um an seinen Versprechungen zu zweifeln. Sofort wird für die zweite Fahrt eine große Flotte ausgerüstet, und nun braucht man nicht mehr Werber und Trommler, um Mannschaft zu heuern. Die Kunde von demneuentdeckten Ophir, wo das Gold mit bloßer Hand aufgehoben werden kann, macht ganz Spanien toll: zu Hunderten, zu Tausenden strömen die Leute heran, um nach dem El Dorado, dem Goldland, zu reisen.

Aber welch eine trübe Flut ist es, welche die Gier jetzt aus allen Städten und Dörfern und Weilern heranwirft. Nicht nur ehrliche Edelleute melden sich, die ihr Wappenschild gründlich vergolden wollen, nicht nur verwegene Abenteurer und tapfere Soldaten, sondern aller Schmutz und Abschaum Spaniens schwemmt nach Palos und Cadiz. Gebrandmarkte Diebe, Wegelagerer und Strauchdiebe, die im Goldland einträglicheres Handwerk suchen, Schuldner, die ihren Gläubigern, Gatten, die ihren zänkischen Frauen entfliehen wollen, all die Desperados und gescheiterten Existenzen, die Gebrandmarkten und von den Alguacils Gesuchten melden sich zur Flotte, eine toll zusammengewürfelte Bande gescheiterter Existenzen, die entschlossen sind, endlich mit einem Ruck reich zu werden, und dafür zu jeder Gewalttat und jedem Verbrechen entschlossen sind. So toll haben sie einer dem andern die Phantasterei des Kolumbus suggeriert, daß man in jenen Ländern nur den Spaten in die Erde zu stoßen brauche, und schon glänzten einem die goldenen Klumpen entgegen, daß sich die Wohlhabenden unter den Auswanderern Diener mitnehmen und Maultiere, um gleich in großen Massen das kostbare Metall wegschleppen zu können. Wem es nicht gelingt, in die Expedition aufgenommen zu werden, der erzwingt sich anderen Weg; ohne viel nach königlicher Erlaubnis zu fragen, rüsten auf eigene Faust wüste Abenteurer Schiffe aus, um nur rasch hinüberzugelangen und Gold, Gold, Gold zu raffen; mit einem Schlage ist Spanien von allen seinen unruhigen Existenzen und seinem gefährlichsten Gesindel befreit.

Der Gouverneur von Española (des späteren San Domingo oder Haiti) sieht mit Schrecken diese ungebetenen Gäste die ihm anvertraute Insel überschwemmen. Von Jahr zu Jahr bringen die Schiffe neue Fracht und immer ungebärdigere Gesellen. Aber ebenso bitter enttäuscht sind die Ankömmlinge, denn keineswegs liegt das Gold hier locker auf der Straße, und den unglückseligen Eingeborenen, über welche sie wie Bestien herfallen, ist kein Körnchen mehr abzupressen. So streifen und lungern diese Horden räuberisch herum, ein Schrecken der unseligen Indios, ein Schrecken des Gouverneurs. Vergebens sucht er sie zu Kolonisatoren zu machen, indem er ihnen Land anweist, ihnen Vieh zuteilt und reichlich sogar auch menschliches Vieh, nämlich sechzig bis siebzig Eingeborene jedem einzelnen als Sklaven. Aber sowohl die hochgeborenen Hidalgos als die einstigen Wegelagerer haben wenig Sinn für Farmertum. Nicht dazu sind sie herübergekommen, Weizen zu bauen und Vieh zu hüten; statt sich um Saat und Ernte zu kümmern, peinigen sie die unseligen Indios – in wenigen Jahren werden sie die ganze Bevölkerung ausgerottet haben – oder sitzen in den Spelunken. In kurzer Zeit sind die meisten derart verschuldet, daß sie nach ihren Gütern noch Mantel und Hut und das letzte Hemd verkaufen müssen und bis zum Halse den Kaufleuten und Wucherern verhaftet sind.

Willkommene Botschaft darum für alle diese gescheiterten Existenzen auf Española, daß ein wohlangesehener Mann dieser Insel, der Rechtsgelehrte, der „bachiller" Martin Fernandez de Enciso, 1510 ein Schiff ausrüstet, um mit neuer Mannschaft seiner Kolonie an der terra firma zu Hilfe zu kommen. Zwei berühmte Abenteurer, Alonzo de Ojeda und Diego de Nicuesa, hatten vom König Ferdinand 1509 das Privileg erhalten, nahe der Meerenge von Panama und der Küste von Venezuela eine Kolonie zu gründen, die sie etwas voreilig Castilia del Oro, Goldkastilien, nennen; berauscht von dem klingenden Namen und betört von Flunkereien, hatte der weltunkundige Rechtskundige sein ganzes Vermögen in dieses Unternehmen gesteckt. Aber von der neugegründeten Kolonie in San Sebastian am Golf von Uraba kommt kein Gold, sondern nur schriller Hilferuf. Die Hälfte der Mannschaft ist in den Kämpfen mit den Eingeborenen aufgerieben worden und die andere Hälfte am Verhungern. Um das investierte Geld zu retten, wagt Enciso den Rest seines Vermögens und rüstet eine Hilfsexpedition aus. Kaum vernehmen die die Nachricht, daß Enciso Soldaten braucht, so wollen alle Desperados, alle Loafers von Española die Gelegenheit nützen und sich mit ihm davonmachen. Nur fort, nur den Gläubigern entkommen und der Wachsamkeit des strengen Gouverneurs! Aber auch die Gläubiger sind auf ihrer Hut. Sie merken, daß ihre schwersten Schuldner ihnen auf Nimmerwiedersehen auspaschen wollen, und so bestürmen sie den Gouverneur, niemanden abreisen zu lassen ohne seine besondere Erlaubnis. Der Gouverneur billigt ihren Wunsch. Eine strenge Überwachung wird eingesetzt, das Schiff Encisos muß außerhalb des Hafens bleiben, Regierungsboote patrouillieren und verhindern, daß ein Unberufener sich an Bord schmuggelt. Und mit maßloser Erbitterung sehen alle die Desperados, welche den Tod weniger scheuen als ehrliche Arbeit oder den Schuldturm, wie Encisos Schiff ohne sie mit vollen Segeln ins Abenteuer steuert.

Der Mann in der Kiste

Mit vollen Segeln steuert Encisos Schiff von Española dem amerikanischen Festland zu, schon sind die Umrisse der Insel in den blauen Horizont versunken. Es ist eine stille Fahrt und nichts Sonderliches zunächst zu vermerken, nur allenfalls dies, daß ein mächtiger Bluthund von besonderer Kraft - er ist ein Sohn des berühmten Bluthundes Becericco und selbst berühmt geworden unter dem Namen Leoncico - unruhig an Deck auf und nieder läuft und überall herumschnuppert. Niemand weiß, wem das mächtige Tier gehört und wie es an Bord gekommen. Schließlich fällt noch auf, daß der Hund von einer besonders großen Proviantkiste nicht wegzubringen ist, welche am letzten Tage an Bord geschafft wurde. Aber siehe, da tut sich unvermuteterweise diese Kiste von selber auf, und aus ihr klimmt, wohlgerüstet mit Schwert und Helm und Schild, wie Santiago, der Heilige Kastiliens, ein etwa fünfunddreißigjähriger Mann. Es ist Vasco Nuñez de Balboa, der auf solche Art die erste Probe seiner erstaunlichen Verwegenheit und Findigkeit gibt. In Jerez de los Caballeres aus adeliger Familie geboren, war er als einfacher Soldat mit Rodrigo de Bastidas in die neue Welt gesegelt und schließlich nach manchen Irrfahrten mitsamt dem Schiff vor Española gestrandet. Vergebens hat der Gouverneur versucht, aus Nuñez de Balboa einen braven Kolonisten zu machen; nach wenigen Monaten hat er sein zugeteiltes Landgut im Stich gelassen und ist derart bankerott, daß er sich vor seinen Gläubigern nicht zu retten weiß. Aber während die andern Schuldner mit geballten Fäusten vom Strande her auf die Regierungsboote starren, die ihnen verunmöglichen, auf das Schiff Encisos zu flüchten, umgeht Nuñez de Balboa verwegen den Kordon des Diego Kolumbus, indem er sich in eine leere Proviantkiste versteckt und von Helfershelfern an Bord tragen läßt, wo man im Tumult der Abreise der frechen List nicht gewahr wird. Erst als er das Schiff so weit von der Küste weiß, daß man um seinetwillen nicht zurücksteuern wird, meldet sich der blinde Passagier. Jetzt ist er da.

Der „bachiller" Enciso ist ein Mann des Rechts und hat, wie Rechtsgelehrte meist, wenig Sinn für Romantik. Als Alcalde, als Polizeimeister der neuen Kolonie, will er dort Zechpreller und dunkle Existenzen nicht dulden. Barsch erklärt er darum Nuñez de Balboa, er denke nicht daran, ihn mitzunehmen, sondern werde ihn an der nächsten Insel, wo sie vorbeikämen, gleichgültig, ob sie bewohnt sei oder unbewohnt, am Strande absetzen.

Doch es kam nicht so weit. Denn noch während das Schiff nach der Castilia del Oro steuert, begegnet ihm – ein Wunder in der damaligen Zeit, wo im ganzen ein paar Dutzend Schiffe auf diesen noch unbekannten Meeren fahren – ein stark bemanntes Boot, geführt von einem Mann, dessen Namen bald durch die Welt hallen wird, Francisco Pizarro. Seine Insassen kommen von Encisos Kolonie San Sebastian, und zuerst hält man sie für Meuterer, die ihren Posten eigenmächtig verlassen haben. Aber zu Encisos Entsetzen berichten sie: es gibt kein San Sebastian mehr, sie selbst sind die letzten der einstigen Kolonie, der Kommandant Ojeda hat sich mit einem Schiffe davongemacht, die übrigen, die nur zwei Brigantinen besaßen, mußten warten, bis sie auf siebzig Personen herabgestorben waren, um in diesen beiden kleinen Booten Platz zu finden. Von diesen Brigantinen wiederum ist eine gescheitert; die vierunddreißig Mann Pizarros sind die letzten Überlebenden der Castilia del Oro. Wohin nun? Encisos Leute haben nach den Erzählungen Pizarros wenig Lust, sich dem fürchterlichen Sumpfklima der verlassenen Siedlung und den Giftpfeilen der Eingeborenen auszusetzen; nach Española wieder zurückzukehren, scheint ihnen die einzige Möglichkeit. In diesem gefährlichen Augenblick tritt plötzlich Vasco Nuñez de Balboa vor. Er kenne von seiner ersten Reise mit Rodrigo de Bastidas, erklärt er, die ganze Küste Zentralamerikas, und er erinnere sich, daß sie damals einen Ort namens Darien am Ufer eines goldhaltigen Flusses gefunden hätten, wo freundliche Eingeborene wären. Dort und nicht an dieser Stätte des Unglücks solle man die neue Niederlassung gründen. Sofort erklärt sich die ganze Mannschaft für Nuñez de Balboa. Seinem Vorschlag gemäß steuert man nach Darien an dem Isthmus von Panama, richtet dort zunächst die übliche Schlächterei unter den Eingeborenen an, und da sich unter der geraubten Habe auch Gold findet, beschließen die Desperados, hier eine Siedlung zu beginnen, und nennen dann in frommer Dankbarkeit die neue Stadt Santa Maria de la Antigua del Darien.

Gefährlicher Aufstieg

Bald wird der unglückliche Financier der Kolonie, der „bachiller" Enciso, es schwer bereuen, die Kiste mit dem darin befindlichen Nuñez de Balboa nicht rechtzeitig über Bord geworfen zu haben, denn nach wenigen Wochen hat dieser verwegene Mann alle Macht in Händen. Als Rechtsgelehrter aufgewachsen in der Idee von Zucht und Ordnung, versucht Enciso in seiner Eigenschaft eines Alcalde mayor des zur Zeit unauffindbaren Gouverneurs die Kolonie zugunsten der spanischen Krone zu verwalten und erläßt in der erbärmlichen Indianerhütte genau so sauber und streng seine Edikte, als säße er in seiner Juristenstube zu Sevilla. Er verbietet mitten in dieser von Menschen noch nie betretenen Wildnis den Soldaten, von den Eingeborenen Gold zu erhandeln, weil dies ein Reservat der Krone sei, er versucht dieser zuchtlosen Rotte Ordnung und Gesetz aufzuzwingen, aber aus Instinkt halten die Abenteurer zum Mann des Schwertes und empören sich gegen den Mann der Feder. Bald ist Balboa der wirkliche Herr der Kolonie; Enciso muß, um sein Leben zu retten, fliehen, und wie nun Nicuesa, einer der vom König eingesetzten Gouverneure der terra firma, endlich kommt, um Ordnung zu schaffen, läßt ihn Balboa überhaupt nicht landen, und der unglückliche Nicuesa, verjagt aus dem ihm vom König verliehenen Lande, ertrinkt bei der Rückfahrt.

Nun ist Nuñez de Balboa, der Mann aus der Kiste, Herr der Kolonie. Aber trotz seines Erfolges hat er kein sehr behagliches Gefühl. Denn er hat offene Rebellion gegen den König begangen und auf Pardon um so weniger zu hoffen, als der eingesetzte Gouverneur durch seine Schuld den Tod gefunden hat. Er weiß, daß der geflüchtete Enciso mit seiner Anklage auf dem Wege nach Spanien ist und früher oder später über seine Rebellion Gericht gehalten werden muß. Aber immerhin: Spanien ist weit, und ihm bleibt, bis ein Schiff zweimal den Ozean durchfahren hat, reichlich Zeit. Ebenso klug als verwegen sucht er das einzige Mittel, um seine usurpierte Macht so lange als möglich zu behaupten. Er weiß, daß in jener Zeit Erfolg jedes Verbrechen rechtfertigt und eine kräftige Ablieferung von Gold an den königlichen Kronschatz jedes Strafverfahren beschwichtigen oder hinauszögern kann; Gold also zuerst schaffen, denn Gold ist Macht! Gemeinsam mit Francisco Pizarro unterjocht und beraubt er die Eingeborenen der Nachbarschaft, und mitten in den üblichen Schlächtereien gelingt ihm ein entscheidender Erfolg. Einer der Kaziken, namens Careta, den er heimtückisch und unter gröblichster Verletzung der Gastfreundschaft überfallen hat, schlägt ihm, schon zum Tode bestimmt, vor, er möge doch lieber, statt sich die Indios zu Feinden zu machen, ein Bündnis mit seinem Stamme schließen, und bietet ihm als Unterpfand der Treue seine Tochter an. Nuñez de Balboa erkennt sofort die Wichtigkeit, einen verläßlichen und mächtigen Freund unter den Eingeborenen zu haben; er nimmt das Angebot Caretas an, und, was noch erstaunlicher ist, er bleibt jenem indianischen Mädchen bis zu seiner letzten Stunde auf das zärtlichste zugetan. Gemeinsam mit dem Kaziken Careta unterwirft er alle Indios der Nachbarschaft und erwirbt solche Autorität unter ihnen, daß schließlich auch der mächtigste Häuptling, namens Comagre, ihn ehrerbietig zu sich lädt.

Dieser Besuch bei dem mächtigen Häuptling bringt die welthistorische Entscheidung im Leben Vasco Nuñez de Balboas, der bisher nichts als ein Desperado und verwegener Rebell gegen die Krone gewesen und dem Galgen oder der Axt von den kastilischen Gerichten bestimmt ist. Der Kazike Comagre empfängt ihn in einem weiträumigen steinernen Haus, das durch seinen Reichtum Vasco Nuñez in höchstes Erstaunen versetzt, und unaufgefordert schenkt er dem Gastfreund viertausend Unzen Gold. Aber nun ist die Reihe des Staunens an dem Kaziken. Denn kaum haben die Himmelssöhne, die mächtigen, gottgleichen Fremden, die er mit so hoher Reverenz empfangen, das Gold erblickt, so ist ihre Würde dahin. Wie losgekettete Hunde fahren sie aufeinander los, Schwerter werden gezogen, Fäuste geballt, sie schreien, sie toben gegeneinander, jeder will seinen besonderen Teil an dem Gold. Staunend und verächtlich sieht der Kazike das Toben: Es ist das ewige Staunen aller Naturkinder an allen Enden der Erde

13

über die Kulturmenschen, denen eine Handvoll gelbes Metall kostbarer erscheint als alle geistigen und technischen Errungenschaften ihrer Kultur.

Schließlich richtet der Kazike an sie das Wort, und mit gierigem Schauer vernehmen die Spanier, was der Dolmetsch ihnen übersetzt. Wie sonderbar, sagt Comagre, daß ihr euch wegen solcher Nichtigkeiten untereinander streitet, daß ihr um eines so gewöhnlichen Metalles willen euer Leben den schwersten Unbequemlichkeiten und Gefahren aussetzt. Dort drüben, hinter diesen hohen Bergen, liegt eine mächtige See, und alle Flüsse, die in diese See fließen, führen Gold mit sich. Ein Volk wohnt dort, das in Schiffen mit Segeln und Rudern wie die euren fährt, und seine Könige essen und trinken aus goldenen Gefäßen. Dort könnt ihr dieses gelbe Metall finden, soviel wie ihr begehrt. Es ist ein gefährlicher Weg, denn sicher werden euch die Häuptlinge den Durchgang verweigern. Aber es ist nur ein Weg von wenigen Tagereisen.

Vasco Nuñez de Balboa fühlt sein Herz getroffen. Endlich ist die Spur des sagenhaften Goldlandes gefunden, von dem sie seit Jahren und Jahren träumen; an allen Orten, im Süden und Norden haben es seine Vorgänger erspähen wollen, und nun liegt es bloß einige Tagereisen weit, wenn dieser Kazike wahr berichtet hat. Endlich ist zugleich auch die Existenz jenes andern Ozeans verbürgt, zu dem Kolumbus, Cabot, Corereal, alle die großen und berühmten Seefahrer, vergeblich den Weg gesucht haben: damit ist eigentlich auch der Weg um den Erdball entdeckt. Wer als erster dies neue Meer erschaut und für sein Vaterland in Besitz nimmt, dessen Name wird nie mehr auf Erden vergehen. Und Balboa erkennt die Tat, die er tun muß, um sich freizukaufen von der Schuld und unvergängliche Ehre sich zu erwerben: als erster den Isthmus überqueren zum Mar del Sur, zum Südmeer, das nach Indien führt, und das neue Ophir für die spanische Krone erobern. Mit dieser Stunde im Hause des Kaziken Comagre ist sein Schicksal entschieden. Von diesem Augenblick an hat das Leben dieses zufälligen Abenteurers einen hohen, einen überzeitlichen Sinn.

Flucht in die Unsterblichkeit

Kein größeres Glück im Schicksal eines Menschen, als in der Mitte des Lebens, in den schöpferischen Mannesjahren, seine Lebensaufgabe entdeckt zu haben. Nuñez de Balboa weiß, was für ihn auf dem Spiele steht – erbärmlicher Tod am Schafott oder Unsterblichkeit. Zunächst sich einmal Frieden mit der Krone erkaufen, seine schlimme Tat, die Usurpierung der Macht, nachträglich legitimieren und legalisieren! Deshalb sendet der Rebell von gestern als allereifrigster Untertan an den königlichen Schatzhalter auf Española, Pasamonte, nicht nur von dem Geldgeschenk Comagres das gesetzlich der Krone gehörige Fünftel, sondern, besser erfahren in den Praktiken der Welt als der dürre Rechtsgelehrte Enciso, fügt er der offiziellen Sendung noch privatim eine reichliche Geldspende an den Schatzmeister bei mit der Bitte, er möge ihn in seinem Amte als General-kapitän der Kolonie bestätigen. Dies zu tun hat der Schatzhalter Pasamonte zwar keinerlei Befugnis, jedoch für das gute Gold schickt er Nuñez de Balboa ein provisorisches und in Wahrheit wertloses Dokument. Gleichzeitig hat Balboa, der sich nach allen Seiten sichern will, aber auch zwei seiner verläßlichsten Leu-te nach Spanien gesandt, damit sie bei Hofe von seinen Verdiensten um die Kro-ne erzählten und die wichtige Botschaft meldeten, die er dem Kaziken abgelockt habe. Er brauche, läßt Vasco Nuñez de Balboa nach Sevilla melden, nur eine Truppe von tausend Mann; mit ihr mache er sich anheischig, für Kastilien so viel zu tun wie noch nie ein Spanier vor ihm. Er verpflichte sich, das neue Meer zu entdecken und das endlich gefundene Goldland zu gewinnen, das Kolumbus vergebens versprochen und das er, Balboa, erobern werde.

Alles scheint sich nun für den verlorenen Menschen, den Rebellen und Despe-rado, zum Guten gewendet zu haben. Aber das nächste Schiff aus Spanien bringt schlimme Kunde. Einer seiner Helfershelfer bei der Rebellion, den er seinerzeit hinübergeschickt, um die Anklagen des beraubten Enciso bei Hofe zu entkräf-ten, meldet, die Sache stünde für ihn gefährlich, und sogar lebensgefährlich. Der geprellte „bachiller" ist mit seiner Klage gegen den Räuber seiner Macht vor dem spanischen Gericht durchgedrungen und Balboa verurteilt, ihm Entschädi-gung zu leisten. Die Botschaft dagegen von der Lage des nahen Südmeers, die ihn hätte retten können, sie sei noch nicht eingelangt; jedenfalls werde mit dem nächsten Schiff eine Gerichtsperson einlangen, um Balboa zur Rechenschaft für seinen Aufruhr zu ziehen und ihn entweder an Ort und Stelle abzuurteilen oder in Ketten nach Spanien zurückzuführen. Vasco Nuñez de Balboa begreift, daß er verloren ist. Seine Verurteilung ist erfolgt, ehe man seine Nachricht über das nahe Südmeer und die goldene Küste erhalten hat. Selbstverständlich wird man sie ausnützen, während sein Kopf in den Sand rollt – irgendein anderer wird sei-ne Tat, die Tat, von der er träumte, vollbringen; er selbst hat nichts mehr von Spanien zu erhoffen. Man weiß, daß er den rechtmäßigen Gouverneur des Kö-nigs in den Tod getrieben, daß er den Alcalden eigenmächtig aus dem Amte ge-jagt – gnädig wird er das Urteil noch nennen müssen, wenn es ihm bloß Gefäng-nis auferlegt und er nicht am Richtblock seine Verwegenheit büßen muß. Auf mächtige Freunde kann er nicht rechnen, denn er hat selbst keine Macht mehr,

15

und sein bester Fürsprecher, das Gold, hat noch zu leise Stimme, um ihm Gnade zu sichern. Nur eines kann ihn jetzt retten vor der Strafe für seine Kühnheit – noch größere Kühnheit. Wenn er das andere Meer und das neue Ophir entdeckt, noch bevor die Rechtspersonen einlangen und ihre Häscher ihn fassen und fesseln, kann er sich retten. Nur eine Form der Flucht ist hier am Ende der bewohnten Welt für ihn möglich, die Flucht in eine grandiose Tat, die Flucht in die Unsterblichkeit.

So beschließt Nuñez de Balboa, auf die von Spanien erbetenen tausend Mann für die Eroberung des unbekannten Ozeans nicht zu warten und ebensowenig auf das Eintreffen der Gerichtspersonen. Lieber mit wenigen gleich Entschlossenen das Ungeheure wagen! Lieber in Ehren sterben für eines der kühnsten Abenteuer aller Zeiten, als schmachvoll mit gebundenen Händen auf das Schafott geschleift zu werden. Nuñez de Balboa ruft die Kolonie zusammen, erklärt, ohne die Schwierigkeiten zu verschweigen, seine Absicht, die Landenge zu überqueren, und fragt, wer ihm folgen wolle. Sein Mut ermutigt die andern. Hundertneunzig Soldaten, beinahe die ganze wehrfähige Mannschaft der Kolonie, erklären sich bereit. Ausrüstung ist nicht viel zu besorgen, denn diese Leute leben ohnehin in ständigem Krieg. Und am 1. September 1513 beginnt, um dem Galgen oder dem Kerker zu entfliehen, Nuñez de Balboa, Held und Bandit, Abenteurer und Rebell, seinen Marsch in die Unsterblichkeit.

Unvergänglicher Augenblick

Die Überquerung der Landenge von Panama beginnt in jener Provinz Coyba, dem kleinen Reich des Kaziken Careta, dessen Tochter Balboas Lebensgefährtin ist; Nuñez de Balboa hat, wie sich später erweisen wird, nicht die engste Stelle gewählt und durch diese Unwissenheit den gefährlichen Übergang um einige Tage verlängert. Aber für ihn mußte es vor allem wichtig sein, bei einem solchen verwegenen Abstoß ins Unbekannte für Nachschub oder Rückzug die Sicherung eines befreundeten Indianerstammes zu haben. In zehn großen Kanus setzt die Mannschaft von Darien nach Coyba über, hundertneunzig mit Speeren, Schwertern, Arkebusen und Armbrüsten ausgerüstete Soldaten, begleitet von einer stattlichen Rotte der gefürchteten Bluthunde. Der verbündete Kazike stellt seine Indios als Tragtiere und Führer bei, und schon am 6. September beginnt jener ruhmreiche Marsch über den Isthmus, der selbst an die Willenskraft so verwegener und erprobter Abenteurer ungeheure Anforderungen stellt. In erstickender, erschlaffender Äquatorglut müssen die Spanier zuerst die Niederungen durchqueren, deren sumpfiger, fieberschwangerer Boden noch Jahrhunderte später beim Bau des Panamakanals viele Tausende hingemordet hat. Von der ersten Stunde an muß mit Axt und Schwert der Weg ins Unbetretene durch das giftige Dschungel der Lianen gehauen werden. Wie durch ein ungeheures grünes Bergwerk bahnen die ersten der Truppe den andern durch das Dickicht einen schmalen Stollen, den dann Mann hinter Mann in endlos langer Reihe die Armee des Konquistadoren durchschreitet, ständig die Waffen zur Hand, immer, Tag und Nacht, die Sinne wachsam gespannt, um einen plötzlichen Überfall der Eingeborenen abzuwehren. Erstickend wird in der schwülen, dunstigen Dunkelheit der feucht gewölbten Baumriesen, über denen mitleidlose Sonne brennt, die Hitze. Schweißbedeckt und mit verdurstenden Lippen schleppt sich in ihren schweren Rüstungen die Truppe Meile um Meile weiter; dann brechen wieder plötzlich orkanische Regengüsse herab, kleine Bäche werden im Nu zu reißenden Flüssen, die entweder durchwatet werden müssen oder auf rasch von den Indios improvisierten schwankenden Brücken aus Bast überquert. Als Zehrung haben die Spanier nichts als eine Handvoll Mais; übernächtig, hungrig, durstig, umschwirrt von Myriaden stechender, blutsaugender Insekten, arbeiten sie sich vorwärts mit von Dornen zerrissenen Kleidern und wunden Füßen, die Augen fiebrig und die Wangen verschwollen von den surrenden Mückenstichen, ruhlos bei Tag, schlaflos bei Nacht und bald schon vollkommen erschöpft. Schon nach der ersten Marschwoche kann ein Großteil der Mannschaft den Strapazen nicht mehr standhalten, und Nuñez de Balboa, der weiß, daß die eigentlichen Gefahren ihrer erst warten, ordnet an, alle Fieberkranken und Maroden mögen lieber zurückbleiben. Nur mit den Auserlesensten seiner Truppe will er das entscheidende Abenteuer wagen.

Endlich beginnt das Terrain anzusteigen. Lichter wird der Dschungel, der nur in den sumpfigen Niederungen seine ganze tropische Üppigkeit zu entfalten vermag. Aber nun, da der Schatten sie nicht mehr schützt, glüht grell und scharf die steile Äquatorsonne auf ihre schweren Rüstungen nieder. Langsam und nur in kurzen Etappen vermögen die Ermatteten Stufe um Stufe das Hügelland zu jener Bergkette emporzuklimmen, welche wie ein steinernes Rückgrat die schmale Spanne zwischen den beiden Meeren trennt. Allmählich wird der Blick freier, nächtens erfrischt sich die Luft. Nach achtzehntägigem heroischem Mühen scheint die schwerste Schwierigkeit überwunden; schon erhebt sich vor ihnen der Kamm des Gebirges, von dessen Gipfel man nach der Aussage der indianischen Führer beide Ozeane, den Atlantischen und den noch unbekannten und unbenannten Pazifischen, überblicken kann. Aber gerade nun, wo der zähe und tückische Widerstand der Natur endgültig besiegt scheint, stellt sich ihnen ein neuer Feind entgegen, der Kazike jener Provinz, um mit Hunderten seiner Krieger den Fremden den Durchgang zu sperren. Im Kampf mit Indios ist nun Nuñez de Balboa reichlich erprobt. Es genügt, eine Salve aus den Arkebusen abzufeuern, und wieder erweist der künstliche Blitz und Donner seine bewährte Zauberkraft über die Eingeborenen. Schreiend flüchten die Erschreckten davon, gehetzt von den nachstürmenden Spaniern und den Bluthunden. Aber statt sich des leichten Sieges zu freuen, entehrt ihn Balboa wie alle spanischen Konquistadoren durch erbärmliche Grausamkeit, indem er eine Anzahl wehrloser, gebundener Gefangener – Ersatz für Stierkampf und Gladiatorenspiel – lebend von der Koppel der hungrigen Bluthunde zerreißen, zerfetzen und zerfleischen läßt. Eine widrige Schlächterei schändet die letzte Nacht vor Nuñez de Balboa unsterblichem Tag.

Einmalige unerklärliche Mischung in Charakter und Art dieser spanischen Konquistadoren. Fromm und gläubig, wie nur jemals Christen waren, rufen sie Gott aus inbrünstigster Seele an und begehen zugleich in seinem Namen die schändlichsten Unmenschlichkeiten der Geschichte. Fähig zu den herrlichsten und heroischsten Leistungen des Mutes, der Aufopferung, der Leidensfähigkeit, betrügen und bekämpfen sie sich untereinander in der schamlosesten Weise und haben doch wieder inmitten ihrer Verächtlichkeit ein ausgeprägtes Gefühl für Ehre und einen wunderbaren, wahrhaft bewundernswerten Sinn für die historische Größe ihrer Aufgabe. Derselbe Nuñez de Balboa, der am Abend zuvor unschuldige, gefesselte Gefangene wehrlos den Hetzhunden vorgeworfen und vielleicht die noch von frischem Menschenblut triefenden Lefzen der Bestien zufrieden gestreichelt, ist sich genau der Bedeutung seiner Tat in der Geschichte der Menschheit gewiß und findet im entscheidenden Augenblick eine jener großartigen Gesten, die unvergeßlich bleiben durch die Zeiten. Er weiß, dieser 25. September wird ein welthistorischer Tag sein, und mit wunderbarem spanischem Pathos bekundet dieser harte, unbedenkliche Abenteurer, wie voll er den Sinn seiner überzeitlichen Sendung verstanden.

Großartige Geste Balboas: am Abend, unmittelbar nach dem Blutbad, hat ihm einer der Eingeborenen einen nahen Gipfel gewiesen und gekündet, von dessen Höhe könne man schon das Meer, das unbekannte Mar del Sur, erschauen. Sofort trifft Balboa seine Anordnungen. Er läßt die Verwundeten und Erschöpften in dem geplünderten Dorf und befiehlt der noch marschfähigen Mannschaft – siebenundsechzig sind es noch im ganzen von den einstigen hundertneunzig, mit denen er in Darien den Marsch angetreten –, jenen Berg hinanzusteigen.

Gegen zehn Uhr morgens sind sie dem Gipfel nahe. Nur eine kleine kahle Kuppe ist noch zu erklimmen, dann muß der Blick sich ins Unendliche weiten.

In diesem Augenblick befiehlt Balboa der Mannschaft, haltzumachen. Keiner soll ihm folgen, denn diesen ersten Blick auf den unbekannten Ozean will er mit keinem teilen. Allein und einzig will er für ewige Zeit der erste Spanier, der erste Europäer, der erste Christ gewesen sein und bleiben, der, nachdem er den einen riesigen Ozean unseres Weltalls, den Atlantischen, durchfahren, nun auch den andern, den noch unbekannten Pazifischen, erblickt. Langsam, pochenden Herzens, tief durchdrungen von der Bedeutung des Augenblicks, steigt er empor, die Fahne in der Linken, das Schwert in der Rechten, einsame Silhouette in dem ungeheuren Rund. Langsam steigt er empor, ohne sich zu beeilen, denn das wahre Werk ist schon getan. Nur ein paar Schritte noch, weniger, immer weniger, und wirklich, nun da er am Gipfel angelangt ist, eröffnet sich vor ihm ein ungeheurer Blick. Hinter den abfallenden Bergen, den waldig und grün niedersinkenden Hügeln, liegt endlos eine riesige, metallen spiegelnde Scheibe, das Meer, das Meer, das neue, das unbekannte, das bisher nur geträumte und nie gesehene, das sagenhafte, seit Jahren und Jahren von Kolumbus und allen seinen Nachfahren vergebens gesuchte Meer, dessen Wellen Amerika, Indien und China umspülen. Und Vasco Nuñez de Balboa schaut und schaut und schaut, stolz und selig in sich das Bewußtsein eintrinkend, daß sein Auge das erste eines Europäers ist, in dem sich das unendliche Blau dieses Meeres spiegelt.

Lange und ekstatisch blickt Vasco Nuñez de Balboa in die Weite. Dann erst ruft er die Kameraden heran, seine Freude, seinen Stolz zu teilen. Unruhig, erregt, keuchend und schreiend klimmen, klettern, laufen sie den Hügel empor, starren und staunen und deuten hin mit begeisterten Blicken. Plötzlich stimmt der begleitende Pater Andres de Vara das Te Deum laudamus an, und sofort stockt das Lärmen und Schreien; alle die harten und rauhen Stimmen dieser Soldaten, Abenteurer und Banditen vereinigen sich zum frommen Choral. Staunend sehen die Indios zu, wie auf ein Wort des Priesters hin sie einen Baum niederschlagen, um ein Kreuz zu errichten, in dessen Holz sie die Initialen des Namens des Königs von Spanien eingraben. Und wie nun dieses Kreuz sich erhebt, ist es, als wollten seine beiden hölzernen Arme beide Meere, den Atlantischen und Pazifischen Ozean, mit allen ihren unsichtbaren Fernen erfassen.

Inmitten des fürchtigen Schweigens tritt Nuñez de Balboa vor und hält eine Ansprache an seine Soldaten. Sie täten recht, Gott zu danken, der ihnen diese Ehre und Gnade gewährt, und ihn zu bitten, daß er weiterhin ihnen helfen möge, diese See und alle diese Länder zu erobern. Wenn sie ihm weiter getreu folgen wollten wie bisher, so würden sie als die reichsten Spanier aus diesem neuen Indien wiederkehren. Feierlich schwenkt er die Fahne nach allen vier Winden, um für Spanien alle Fernen in Besitz zu nehmen, welche diese Winde umfahren. Dann ruft er den Schreiber, Andres de Valderrabano, daß er eine Urkunde aufsetze, welche diesen feierlichen Akt für alle Zeiten verzeichnet, Andres de Valderrabano entrollt ein Pergament, er hat es in verschlossenem Holzschrein mit Tintenbehälter und Schreibekiel durch den Urwald geschleppt, und fordert alle die Edelleute und Ritter und Soldaten auf – los Caballeros e Hidalgos y hombres de bien – „die bei der Entdeckung des Südmeers, des Mar del Sur, durch den erhabenen und hochverehrten Herrn Kapitän Vasco Nuñez de Balboa, Gouverneur seiner Hoheit, anwesend gewesen sind", zu bestätigen, daß „dieser Herr Vasco Nuñez es war, der als erster dieses Meer gesehen und es den Nachfolgenden gezeigt".

Dann steigen die siebenundsechzig von dem Hügel nieder, und mit diesem 25. September 1513 weiß die Menschheit um den letzten, bisher unbekannten Ozean der Erde.

Gold und Perlen

Nun ist die Gewißheit gewonnen. Sie haben das Meer gesehen. Aber nun herab an seine Küste, die feuchte Flut fühlen, sie antasten, sie fühlen, sie schmecken und Beute raffen von ihrem Strand! Zwei Tage dauert der Abstieg, und um in Hinkunft den raschesten Weg vom Gebirge zum Meer zu kennen, teilt Nuñez de Balboa seine Mannschaft in einzelne Gruppen. Die dritte dieser Gruppen unter Alonzo Martin erreicht zuerst den Strand, und so sehr sind sogar die einfachen Soldaten dieser Abenteurertruppe schon von der Eitelkeit des Ruhms, von diesem Durst nach Unsterblichkeit durchdrungen, daß sogar der simple Mann Alonzo Martin sich sofort vom Schreiber schwarz auf weiß bescheinigen läßt, der erste gewesen zu sein, der seinen Fuß und seine Hand in diesen noch namenlosen Gewässern genetzt. Erst nachdem er so seinem kleinen Ich ein Stäubchen Unsterblichkeit eingetan, erstattet er Balboa die Meldung, er habe das Meer erreicht, seine Flut mit eigener Hand ertastet. Sofort rüstet Balboa zu neuer pathetischer Geste. Am nächsten Tage, dem Kalendertag des heiligen Michael, erscheint er, von bloß zweiundzwanzig Gefährten begleitet, an dem Strande, um selbst, wie St. Michael, gewaffnet und gegürtet, in feierlicher Zeremonie Besitz von dem neuen Meere zu nehmen. Nicht sofort schreitet er in die Flut, son-

dern wie ihr Herr und Gebieter wartet er hochmütig, unter einem Baume ausru-
hend, bis die steigende Flut ihre Welle bis zu ihm wirft und wie ein gehorsamer
Hund mit der Zunge seine Füße umschmeichelt. Dann erst steht er auf, wirft den
Schild auf den Rücken, daß er wie ein Spiegel in der Sonne glänzt, faßt in eine
Hand sein Schwert, in die andere die Fahne Kastiliens mit dem Bildnis der Mut-
ter Gottes und schreitet in das Wasser hinein. Erst wie die Wellen ihn bis zu den
Hüften umspülen, er ganz eingetan ist in dies große fremde Gewässer, schwingt
Nuñez de Balboa, bisher Rebell und Desperado, nun treuester Diener seines Kö-
nigs und Triumphator, das Banner nach allen Seiten und ruft dazu mit lauter
Stimme: „Vivant die hohen und mächtigen Monarchen Ferdinand und Johanna
von Kastilien, Leon und Aragon, in deren Namen und zugunsten der königlichen Krone von Kastilien ich wirklichen und körperlichen und dauernden Besitz nehme von allen diesen Meeren und Erden und Küsten und Häfen und Inseln, und ich schwöre, wenn irgendein Fürst oder anderer Kapitän, Christ oder
Heide von welch immer einem Glauben oder Stand irgendein Recht auf diese
Länder und Meere erheben wollte, sie zu verteidigen im Namen der Könige von
Kastilien, deren Eigentum sie sind, jetzt und für alle Zeit, solange die Welt dauert und bis zum Tage des Jüngsten Gerichts."

Alle Spanier wiederholen den Eid, und ihre Worte überdröhnen für einen Augenblick das laute Brausen der Flut. Jeder netzt seine Lippe mit dem Meerwas-
ser, und abermals nimmt der Schreiber Andres de Valderrabano Akt von der Be-
sitzergreifung und beschließt sein Dokument mit den Worten: „Diese zweiundzwanzig sowie der Schreiber Andres de Valderrabano waren die ersten Christen,
die ihren Fuß in das Mar del Sur setzten, und alle probten sie mit ihren Händen
das Wasser und netzten damit den Mund, um zu sehen, ob es Salzwasser sei wie
jenes des andern Meeres. Und als sie sahen, daß dem so war, sagten sie Gott
ihren Dank."

Die große Tat ist vollbracht. Nun gilt es noch irdischen Nutzen zu ziehen aus
dem heldischen Unterfangen. Bei einigen der Eingeborenen erbeuten oder er-
tauschen die Spanier etwas Gold. Aber neue Überraschung wartet ihrer inmitten
ihres Triumphs. Denn ganze Hände voll kostbarer Perlen, die auf den nahen Inseln verschwenderisch reich gefunden werden, bringen ihnen die Indios heran,
darunter eine, die „Pellegrina" genannt, die Cervantes und Lope de Vega besun-
gen, weil sie die Königskrone von Spanien und England als eine der schönsten
aller Perlen geschmückt. Alle Taschen, alle Säcke stopfen die Spanier voll mit
diesen Kostbarkeiten, die hier nicht viel mehr gelten als Muscheln und Sand,
und als sie gierig weiter fragen, nach dem ihnen wichtigsten Dinge der Erde,

nach Gold, deutet einer der Kaziken nach Süden hinüber, wo die Linie der Berge weich in den Horizont verschwimmt. Dort, erklärt er, liege ein Land mit unermeßlichen Schätzen, die Herrscher tafelten aus goldenen Gefäßen, und große vierbeinige Tiere – es sind die Lamas, die der Kazike meint – schleppten die herrlichsten Lasten in die Schatzkammer des Königs. Und er nennt den Namen des Landes, das südlich im Meer und hinter den Bergen liegt. Es klingt wie „Birù", melodisch und fremd.

Vasco Nuñez de Balboa starrt der ausgebreiteten Hand des Kaziken hinüber nach in die Ferne, wo die Berge sich blaß in den Himmel verlieren. Das weiche, verführerische Wort „Birù" hat sich ihm sofort in die Seele geschrieben. Unruhig hämmert sein Herz. Zum zweitenmal in seinem Leben hat er unverhofft große Verheißung empfangen. Die erste Botschaft, die Botschaft Comagres von dem nahen Meere, sie hat sich erfüllt. Er hat den Strand der Perlen gefunden und das Mar del Sur, vielleicht wird ihm auch noch die zweite gelingen, die Entdeckung, die Eroberung des Inkareiches, des Goldlandes dieser Erde.

Selten gewähren die Götter...

Sehnsüchtigen Blickes starrt Nuñez de Balboa noch immer in die Ferne. Wie eine goldene Glocke schwingt das Wort „Birù", „Peru", ihm durch die Seele. Aber – schmerzlicher Verzicht! – er darf diesmal weitere Erkundung nicht wagen. Mit zwei oder drei Dutzend abgemüdeter Männer kann man kein Reich erobern. Also zurück erst nach Darien und später einmal mit gesammelten Kräften auf dem nun gefundenen Wege nach dem neuen Ophir. Aber dieser Rückmarsch wird nicht minder beschwerlich. Abermals müssen die Spanier sich durch den Dschungel kämpfen, abermals die Überfälle der Eingeborenen bestehen. Und es ist keine Kriegstruppe mehr, sondern ein kleiner Trupp fieberkranker und mit letzter Kraft hinwankender Männer – Balboa selbst ist dem Tode nahe und wird von den Indios in einer Hängematte getragen –, der nach vier Monaten fürchterlichster Strapazen am 19. Januar 1514 wieder in Darien anlangt. Aber eine der größten Taten der Geschichte ist getan. Balboa hat sein Versprechen erfüllt, reich geworden ist jeder Teilnehmer, der sich mit ihm ins Unbekannte wagte; seine Soldaten haben Schätze heimgebracht von der Küste des Südmeeres wie niemals Kolumbus und die andern Konquistadoren, und auch alle andern Kolonisten bekommen ihr Teil. Ein Fünftel wird der Krone bereitgestellt, und niemand verargt es dem Triumphator, daß er bei der Beurteilung auch seinen Hund Leoncico zum Lohn dafür, daß er so wacker den unglücklichen Eingeborenen das Fleisch aus dem Leibe gefetzt, wie irgendeinen andern Krieger an der Belohnung teilnehmen und mit fünfhundert Goldpesos bedecken läßt. Kein einziger in der Kolonie bestreitet nach solcher Leistung mehr seine Autorität als Gouverneur. Wie ein Gott wird der Abenteurer und Rebell gefeiert, und mit Stolz kann er nach Spanien die Nachricht abfertigen, er habe seit Kolumbus die größte Tat für die kastilische Krone vollbracht. In steilem Aufstieg hat die Sonne seines Glücks alle Wolken durchbrochen, die bislang auf seinem Leben lasteten. Nun steht sie im Zenith.

Aber Balboas Glück hat nur kurze Dauer. Staunend drängt wenige Monate später, an einem strahlenden Junitage, die Bevölkerung von Darien an den Strand. Ein Segel hat aufgeleuchtet am Horizont, und schon dies ist wie ein Wunder an diesem verlorenen Winkel der Welt. Aber siehe, ein zweites taucht daneben auf, ein drittes, ein viertes, ein fünftes, und bald sind es zehn, nein fünfzehn, nein zwanzig, eine ganze Flotte, die auf den Hafen zusteuert. Und bald erfahren sie: all dies hat Nuñez de Balboa Brief bewirkt, aber nicht die Botschaft seines Triumphes – die ist noch nicht in Spanien eingelangt –, sondern jene frühere Nachricht, in der er zum erstenmal den Bericht des Kaziken von dem nahen Südmeer und dem Goldland weitergegeben und um eine Armee von tausend Mann gebeten hat, um diese Länder zu erobern. Für diese Expedition hat die spanische Krone nicht gezögert, eine so gewaltige Flotte auszurüsten. Aber keineswegs hat man einen Augenblick in Sevilla und Barcelona daran gedacht, eine derart wichtige Aufgabe einem so übel beleumdeten Abenteurer und Rebellen wie Vasco Nuñez de Balboa anzuvertrauen. Ein eigener Gouverneur, ein reicher, adliger, hochangesehener sechzigjähriger Mann, Pedro Arias Davilla, meist Pedrarias genannt, wird mitgesandt, um als Gouverneur des Königs endlich Ordnung in der Kolonie zu schaffen, Justiz für alle bisher begangenen Vergehen zu üben, jenes Südmeer zu finden und das verheißene Goldland zu erobern.

Nun ergibt sich eine ärgerliche Situation für Pedrarias. Er hat einerseits Auftrag, den Rebellen Nuñez de Balboa zur Verantwortung zu ziehen für die frühere Verjagung des Gouverneurs und ihn, falls seine Schuld erwiesen ist, in Ketten zu legen oder zu justifizieren; er hat anderseits den Auftrag, das Südmeer zu entdecken. Aber kaum, daß sein Boot an Land stößt, erfährt er, daß eben dieser Nuñez de Balboa, den er vor Gericht ziehen soll, die großartige Tat auf eigne Faust vollbracht, daß dieser Rebell den ihm zugedachten Triumph schon gefeiert und der spanischen Krone den größten Dienst seit der Entdeckung Amerikas geleistet hat. Selbstverständlich kann er einem solchen Mann jetzt nicht wie einem gemeinen Verbrecher das Haupt auf den Block legen, er muß ihn höflich

23

begrüßen, ihn aufrichtig beglückwünschen. Aber von diesem Augenblick an ist Nuñez de Balboa verloren. Nie wird Pedrarias dem Rivalen verzeihen, selbständig die Tat vollbracht zu haben, die er zu vollführen entsendet war und die ihm ewigen Ruhm durch die Zeiten gesichert hätte. Zwar muß er, um die Kolonisten nicht vorzeitig zu erbittern, den Haß gegen ihren Helden verbergen, die Untersuchung wird vertagt und sogar ein falscher Friede hergestellt, indem Pedrarias seine eigene Tochter, die noch in Spanien zurückgeblieben ist, Nuñez de Balboa verlobt. Aber sein Haß und seine Eifersucht gegen Balboa werden keineswegs gemildert, sondern nur noch gesteigert, wie nun von Spanien, wo man endlich Balboas Tat erfahren, ein Dekret eintrifft, das dem ehemaligen Rebellen den angemaßten Titel nachträglich verleiht, Balboa gleichfalls zum Adelantado ernennt und Pedrarias den Auftrag gibt, sich in jeder wichtigen Angelegenheit mit ihm zu beraten. Für zwei Gouverneure ist dieses Land zu klein, einer wird weichen müssen, einer von den beiden untergehen. Vasco Nuñez de Balboa spürt, daß das Schwert über ihm hängt, denn in Pedrarias' Händen liegt die militärische Macht und die Justiz. So versucht er zum zweitenmal die Flucht, die ihm zum erstenmal so herrlich gelungen, die Flucht in die Unsterblichkeit. Er ersucht Pedrarias, eine Expedition ausrüsten zu dürfen, um die Küste am Südmeer zu erkunden und in weiterem Umkreis zu erobern. Die geheime Absicht des alten Rebellen aber ist, sich an dem andern Ufer des Meeres unabhängig zu machen von jeder Kontrolle, selbst eine Flotte zu bauen, Herr seiner eigenen Provinz zu werden und womöglich auch das sagenhafte Birù, dieses Ophir der neuen Welt, zu erobern. Pedrarias stimmt hinterhältig zu. Geht Balboa bei dem Unternehmen zugrunde, um so besser. Gelingt ihm seine Tat, so wird noch immer Zeit sein, sich des allzu Ehrgeizigen zu entledigen.

Damit tritt Nuñez de Balboa seine neue Flucht in die Unsterblichkeit an; seine zweite Unternehmung ist vielleicht noch grandioser als die erste, wenn ihr auch nicht der gleiche Ruhm geschenkt ward in der Geschichte, die immer nur den Erfolgreichen rühmt. Diesmal überquert Balboa den Isthmus nicht nur mit seiner Mannschaft, sondern läßt das Holz, die Bretter, das Tauwerk, die Segel, die Anker, die Winden für vier Brigantinen von Tausenden Eingeborenen über die Berge schleppen. Denn, hat er einmal drüben eine Flotte, dann kann er aller Küsten sich bemächtigen, die Perleninseln erobern und Peru, das sagenhafte Peru. Aber diesmal ist das Schicksal gegen den Wagemutigen, und er findet unablässig neue Widerstände. Auf dem Marsch durch den feuchten Dschungel zerfressen Würmer das Holz, verfault langen die Bretter an und sind nicht zu brauchen. Ohne sich entmutigen zu lassen, läßt Balboa am Golf von Panama neue Stämme niederschlagen und frische Bretter anfertigen. Seine Energie vollbringt wahre Wunder – schon scheint alles gelungen, schon sind die Brigantinen gebaut, die ersten des Pazifischen Ozeans. Da schwemmt ein Tornadosturm die Flüsse, in denen sie fertiggestellt liegen, plötzlich riesenhaft an. Die fertigen Boote werden weggerissen und zerschellen im Meer. Noch ein drittes Mal muß begonnen werden; und jetzt endlich gelingt es, zwei Brigantinen fertigzustellen. Nur noch zwei, nur noch drei braucht Balboa mehr, und er kann sich aufmachen und das Land erobern, von dem er träumt bei Tag und Nacht, seit jener Kazike damals mit ausgebreiteter Hand nach Süden gedeutet und er zum erstenmal das verführerische Wort „Birù" vernommen. Ein paar tapfere Offiziere noch nachkommen lassen, einen guten Nachschub an Mannschaften anfordern, und er kann sein Reich gründen! Nur ein paar Monate noch, nur ein wenig Glück zu der innern Verwegenheit, und nicht Pizarro müßte die Weltgeschichte den Besieger der Inkas, den Eroberer Perus nennen, sondern Nuñez de Balboa.

Aber selbst gegen seine Lieblinge zeigt sich das Schicksal nie allzu großmütig. Selten gewähren die Götter dem Sterblichen mehr als eine einzige unsterbliche Tat.

Der Untergang

Mit eiserner Energie hat Nuñez de Balboa sein großes Unternehmen vorbereitet. Aber gerade das kühne Gelingen schafft ihm Gefahr, denn das argwöhnische Auge Pedrarias' beobachtet beunruhigt die Absichten seines Untergebenen. Vielleicht ist ihm durch Verrat Nachricht gekommen von Balboas ehrgeizigen Herrschaftsträumen, vielleicht fürchtet er bloß eifersüchtig einen zweiten Erfolg des alten Rebellen. Jedenfalls sendet er plötzlich einen sehr herzlichen Brief an Balboa, er möchte doch, ehe er endgültig seinen Eroberungszug beginne, noch zu einer Besprechung nach Acla, einer Stadt nahe von Darien, zurückkehren. Balboa, der hofft, weitere Unterstützung an Mannschaft von Pedrarias zu empfangen, leistet der Einladung Folge und kehrt sofort zurück. Vor den Toren der Stadt marschiert ihm ein kleiner Trupp Soldaten entgegen, scheinbar um ihn zu begrüßen; freudig eilt er auf sie zu, um ihren Führer, seinen Waffenbruder aus vielen Jahren, seinen Begleiter bei der Entdeckung der Südsee, seinen vertrauten Freund Francisco Pizarro, zu umarmen.

Aber schwer legt ihm Francisco Pizarro die Hand auf die Schulter und erklärt ihn für gefangen. Auch Pizarro lüstet es nach Unsterblichkeit, auch ihn lüstet es, das Goldland zu erobern, und nicht unlieb ist es ihm vielleicht, einen so verwegenen Vordermann aus dem Wege zu wissen. Der Gouverneur Pedrarias eröffnet den Prozeß wegen angeblicher Rebellion, schnell und ungerecht wird Gericht gehalten. Wenige Tage später schreitet Vasco Nuñez de Balboa mit den Treuesten seiner Gefährten zum Block; auf blitzt das Schwert des Henkers, und in einer Sekunde erlischt in dem niederrollenden Haupte für immer das Auge, das als erstes der Menschheit gleichzeitig beide Ozeane geschaut, die unsere Erde umfassen.

Die Eroberung von Byzanz

29. Mai 1453

Erkenntnis der Gefahr

Am 5. Februar 1451 bringt ein geheimer Bote dem ältesten Sohn des Sultans Murad, dem einundzwanzigjährigen Mahomet, nach Kleinasien die Nachricht, daß sein Vater gestorben sei. Ohne seine Minister, seine Berater auch nur mit einem Wort zu verständigen, wirft sich der ebenso verschlagene wie energische Fürst auf das beste seiner Pferde, in einem Zug peitscht er das herrliche Vollblut die hundertzwanzig Meilen bis zum Bosporus und setzt sofort nach Gallipoli auf das europäische Ufer über. Dort erst entschleiert er den Getreusten den Tod seines Vaters, er rafft, um jeden anderen Thronanspruch von vorneweg niederschlagen zu können, eine auserlesene Truppe zusammen und führt sie nach Adrianopel, wo er auch tatsächlich ohne Widerspruch als Gebieter des ottomanischen Reiches anerkannt wird. Gleich seine erste Regierungshandlung zeigt Mahomets furchtbar rücksichtslose Entschlossenheit. Um im voraus jeden Rivalen gleichen Blutes zu beseitigen, läßt er seinen unmündigen Bruder im Bade ertränken, und sofort darauf – auch dies beweist seine vorbedenkende Schlauheit und Wildheit – schickt er dem Ermordeten den Mörder, den er zu dieser Tat gedungen, in den Tod nach.

Die Nachricht, daß statt des bedächtigeren Murad dieser junge, leidenschaftliche und ruhmgierige Mahomet Sultan der Türken geworden sei, erfüllt Byzanz mit Entsetzen. Denn durch hundert Späher weiß man, daß dieser Ehrgeizige geschworen hat, die einstige Hauptstadt der Welt in seinen Besitz zu bringen, daß er trotz seiner Jugend Tage wie Nächte mit strategischen Erwägungen für diesen seinen Lebensplan verbringt; zugleich aber melden auch alle Berichte einmütig die außerordentlichen militärischen und diplomatischen Fähigkeiten des neuen

Padischahs. Mahomet ist beides – zugleich fromm und grausam, leidenschaftlich und heimtückisch, ein gelehrter, ein kunstliebender Mann, der seinen Cäsar und die Biographien der Römer lateinisch liest, und gleichzeitig ein Barbar, der Blut verschüttet wie Wasser. Dieser Mann mit den feinen, melancholischen Augen und der scharfen, bissigen Papageiennase erweist sich in einem als unermüdlicher Arbeiter, verwegener Soldat und skrupelloser Diplomat, und alle diese gefährlichen Kräfte wirken konzentrisch in die gleiche Idee: seinen Großvater Bajazet und seinen Vater Murad, die zum erstenmal Europa die militärische Überlegenheit der neuen türkischen Nation gelehrt, in ihren Taten noch weit zu übertreffen. Sein erster Griff aber, dies weiß man, dies fühlt man, wird Byzanz sein, dieser letztverbliebene herrliche Edelstein der Kaiserkrone Konstantins und Justinians.

Dieser Edelstein liegt für eine entschlossene Faust tatsächlich unbeschirmt und zum Greifen nahe. Das Imperium Byzantinum, das oströmische Kaiserreich, das einstens die Welt umspannte, von Persien bis zu den Alpen und wieder bis zu den Wüsten Asiens sich erstreckend, ein Weltreich, in Monaten und Monaten kaum zu durchmessen, kann man nun in drei Stunden zu Fuß bequem durchschreiten: kläglicherweise ist von jenem byzantinischen Reich nichts übriggeblieben als ein Haupt ohne Leib, eine Hauptstadt ohne Land; Konstantinopel, die Konstantinstadt, das alte Byzantium, und selbst von diesem Byzanz gehört dem Kaiser, dem Basileus, nur mehr ein Teil, das heutige Stambul, während Galata schon an die Genueser und alles Land hinter der Stadtmauer an die Türken gefallen ist; handtellergroß ist dieses Kaiserreich des letzten Kaisers, gerade nur eine riesige Ringmauer um Kirchen, Päläste und das Häusergewirr, das man Byzanz nennt. Geplündert schon einmal bis auf das Mark von den Kreuzfahrern, entvölkert von der Pest, ermattet von der ewigen Abwehr nomadischer Völker, zerrissen von nationalen und religiösen Streitigkeiten, kann diese Stadt weder Mannschaft noch Mannesmut aufbringen, um sich aus eigner Kraft eines Feindes zu erwehren, der sie mit Polypenarmen von allen Seiten längst umklammert hält; der Purpur des letzten Kaisers von Byzanz, Konstantin Dragases, ist ein Mantel aus Wind, seine Krone ein Spiel des Geschicks. Aber eben weil von den Türken schon umstellt und weil geheiligt der ganzen abendländischen Welt durch gemeinsame jahrtausendalte Kultur, bedeutet dieses Byzanz für Europa ein Symbol seiner Ehre; nur wenn die geeinte Christenheit dieses letzte und schon zerfallende Bollwerk im Osten beschirmt, kann die Hagia Sophia weiterhin eine Basilika des Glaubens bleiben, der letzte und zugleich schönste Dom des oströmischen Christentums.

Konstantin begreift sofort die Gefahr. Trotz aller Friedensreden Mahomets in begreiflicher Angst, sendet er Boten auf Boten nach Italien hinüber, Boten an den Papst, Boten nach Venedig, nach Genua, sie mögen Galeeren schicken und Soldaten. Aber Rom zögert und Venedig auch. Denn zwischen dem Glauben des Ostens und dem Glauben des Westens gähnt noch immer die alte theologische Kluft. Die griechische Kirche haßt die römische, und ihr Patriarch weigert sich, in dem Papst den obersten Hirten anzuerkennen. Zwar ist längst im Hinblick auf die Türkengefahr in Ferrara und Florenz auf zwei Konzilien die Wiedervereinigung der beiden Kirchen beschlossen und dafür Byzanz Hilfe gegen die Türken zugesichert. Aber kaum daß die Gefahr für Byzanz nicht mehr so brennend gewesen, hatten sich die griechischen Synoden geweigert, den Vertrag in Kraft treten zu lassen; jetzt erst, da Mahomet Sultan geworden ist, siegt die Not über die orthodoxe Hartnäckigkeit: gleichzeitig mit der Bitte um rasche Hilfe sendet Byzanz die Kunde seiner Nachgiebigkeit nach Rom. Nun werden Galeeren ausgerüstet mit Soldaten und Munition, auf einem Schiffe aber segelt der Legat des Papstes mit, um die Versöhnung der beiden Kirchen des Abendlandes feierlich zu vollziehen und vor der Welt zu bekunden, daß, wer Byzanz angreift, das geeinte Christentum herausfordere.

Die Messe der Versöhnung

Großartiges Schauspiel jenes Dezembertages: die herrliche Basilika, deren einstige Pracht von Marmor und Mosaik und schimmernden Köstlichkeiten wir in der Moschee von heute kaum mehr zu ahnen vermögen, feiert das große Fest der Versöhnung. Umringt von all den Würdenträgern seines Reichs ist Konstantin, der Basileus, erschienen, um mit seiner kaiserlichen Krone höchster Zeuge und Bürge der ewigen Eintracht zu sein. Überfüllt ist der riesige Raum, den zahllose Kerzen erhellen; vor dem Altar zelebrieren brüderlich der Legat des römischen Stuhles Isidorus und der orthodoxe Patriarch Gregorius die Messe; zum erstenmal wird in dieser Kirche wieder der Name des Papstes ins Gebet eingeschlossen, zum erstenmal schwingt sich gleichzeitig in lateinischer und in griechischer Sprache der fromme Gesang hinauf in die Wölbungen der unvergänglichen Kathedrale, während der Leichnam des heiligen Spiridion in feierlichem Zuge von beiden befriedeten Kleriseien einhergetragen wird. Osten und Westen, der eine und andere Glaube scheinen für ewig verbunden, und endlich ist wieder einmal nach Jahren und Jahren verbrecherischen Haders die Idee Europas, der Sinn des Abendlandes erfüllt.

Aber kurz und vergänglich sind die Augenblicke der Vernunft und der Versöhnung in der Geschichte. Noch während sich in der Kirche fromm die Stimmen im gemeinsamen Gebet vermählen, eifert bereits draußen in einer Klosterzelle der gelehrte Mönch Genadios gegen die Lateiner und den Verrat des wahren Glaubens; kaum von der Vernunft geflochten, ist das Friedensband vom Fanatismus schon wieder zerrissen, und ebensowenig wie der griechische Klerus an wirkliche Unterwerfung denkt, entsinnen sich die Freunde vom andern Ende des Mittelmeeres ihrer verheißenen Hilfe. Ein paar Galeeren, ein paar hundert Soldaten werden zwar hinübergesandt, aber dann wird die Stadt ihrem Schicksal überlassen.

Der Krieg beginnt

Gewaltherrscher, wenn sie einen Krieg vorbereiten, sprechen, solange sie nicht völlig gerüstet sind, ausgiebigst vom Frieden. So empfängt auch Mahomet bei seiner Thronbesteigung gerade die Gesandten Kaiser Konstantins mit den allerfreundlichsten und beruhigendsten Worten; er beschwört öffentlich und feierlich bei Gott und seinem Propheten, bei den Engeln und dem Koran, daß er die Verträge mit dem Basileus treulichst einhalten wolle. Gleichzeitig aber schließt der Hinterhältige eine Vereinbarung auf beiderseitige Neutralität mit den Ungarn und den Serben für drei Jahre – für eben jene drei Jahre, innerhalb welcher er ungestört die Stadt in seinen Besitz bringen will. Dann erst, nachdem Mahomet genügend den Frieden versprochen und beschworen, provoziert er mit einem Rechtsbruch den Krieg.

Bisher hatte den Türken nur das asiatische Ufer des Bosporus gehört, und somit konnten die Schiffe ungehindert von Byzanz durch die Enge ins Schwarze Meer, zu ihrem Getreidespeicher. Diesen Zugang drosselt Mahomet nun ab, indem er, ohne sich auch nur um eine Rechtfertigung zu bemühen, auf dem europäischen Ufer, bei Rumili Hissar, eine Festung zu bauen befiehlt, und zwar an jener schmälsten Stelle, wo einst in den Persertagen der kühne Xerxes die Meerenge überschritten. Über Nacht setzen Tausende, Zehntausende Erdarbeiter auf das europäische Ufer, das vertragsmäßig nicht befestigt werden darf (aber was gelten Gewalttätigen Verträge?), und sie plündern zu ihrem Unterhalt die umliegenden Felder, sie reißen nicht nur die Häuser, sondern auch die altberühmte Sankt-Michaels-Kirche nieder, um Steine für ihre Zwingburg zu gewinnen; persönlich leitet der Sultan, rastlos bei Tag und Nacht, den Festungsbau, und ohnmächtig muß Byzanz zusehen, wie man ihm den freien Zugang zum Schwarzen

29

Meer wider Recht und Vertrag abwürgt. Schon werden die ersten Schiffe, welche das bisher freie Meer passieren wollen, mitten im Frieden beschossen, und nach dieser ersten geglückten Machtprobe ist bald jede weitere Verstellung überflüssig. Im August 1452 ruft Mahomet alle seine Agas und Paschas zusammen und erklärt ihnen offen seine Absicht, Byzanz anzugreifen und einzunehmen. Bald folgt der Ankündigung die brutale Tat; durch das ganze türkische Reich werden Herolde ausgesandt, die Waffenfähigen zusammenzurufen, und am 5. April 1453 überschwillt; wie eine plötzlich vorgebrochene Sturmflut eine unübersehbare ottomanische Armee die Ebene von Byzanz bis knapp an dessen Mauern.

An der Spitze seiner Truppen, prächtigst gewandet, reitet der Sultan, um sein Zelt gegenüber der Lykaspforte aufzuschlagen. Aber ehe er die Standarte vor seinem Hauptquartier sich im Winde bauschen läßt, befiehlt er, den Gebetteppich auf der Erde zu entrollen. Barfüßig tritt er hin, dreimal beugt er, das Antlitz gegen Mekka gewandt, die Stirne bis zum Boden, und hinter ihm – großartiges Schauspiel – sprechen die Zehntausende und aber Tausende seines Heeres mit gleicher Verneigung in gleicher Richtung, im gleichen Rhythmus das gleiche Gebet zu Allah mit, er möge ihnen Stärke und den Sieg verleihen. Dann erst erhebt sich der Sultan. Aus dem Demütigen ist wieder der Herausfordernde geworden, aus dem Diener Gottes der Herr und Soldat, und durch das ganze Lager eilen jetzt seine „tellals", seine öffentlichen Ausrufer, um bei Trommelschlag und Fanfarenstoß weithin zu verkünden: „Die Belagerung der Stadt hat begonnen."

Die Mauern und die Kanonen

Byzanz hat nur eine Macht und Stärke mehr, seine Mauern; nichts ist ihm von seiner einstigen weltumspannenden Vergangenheit geblieben als dieses Erbe einer größeren und glücklicheren Zeit. Mit dreifachem Panzer ist das Dreieck der Stadt gedeckt. Niederer, aber noch immer gewaltig, decken die steinernen Mauern die beiden Flanken der Stadt gegen das Marmarameer und das Goldene Horn; gigantische Maße dagegen entfaltet die Brustwehr gegen das offene Land, die sogenannte Theodosische Mauer. Schon Konstantin hatte vordem in Erkenntnis künftiger Gefährdung Byzanz mit Quadern gegürtet und Justinian diese Wälle weiter ausgebaut und befestigt; das eigentliche Bollwerk aber schaffte erst Theodosius mit der sieben Kilometer langen Mauer, von deren quaderner Kraft noch heute die efeuumschlungenen Überreste Zeugnis ablegen. Geziert mit Scharten und Zinnen, geschützt durch Wassergräben, bewacht von mächtigen quadratischen Türmen, in doppelter und dreifacher Parallelreihe errichtet und von jedem Kaiser der tausend Jahre abermals ergänzt und erneuert, gilt dieser majestätische Ringwall seiner Zeit als das vollendete Sinnbild der Uneinnehmbarkeit. Wie einst dem zügellosen Ansturm der Barbarenhorden und den Kriegsscharen der Türken, so spotten diese quadernen Blöcke auch jetzt noch aller bislang erfundenen Kriegsinstrumente, ohnmächtig prallen die Geschosse der Sturmböcke, der Widder und selbst der neuen Feldschlangen und Mörser von ihrer aufrechten Wand, keine Stadt Europas ist fester und besser geschirmt als Konstantinopel durch die Theodosische Mauer.

Mahomet nun kennt besser als irgendeiner diese Mauern und kennt ihre Stärke. In Nachtwachen und Träumen beschäftigt ihn seit Monaten und Jahren nur der eine Gedanke, wie diese Uneinnehmbaren zu nehmen, diese Unzertrümmerbaren zu zertrümmern wären. Auf seinem Tisch häufen sich die Zeichnungen, die Maße, die Risse der feindlichen Befestigungen, er kennt jede Hügelung vor und hinter den Mauern, jede Senke, jeden Wasserlauf, und seine Ingenieure haben mit ihm jede Einzelheit durchdacht. Aber Enttäuschung: alle haben sie errechnet, daß man mit den bisher angewandten Geschützen die Theodosische Mauer nicht zertrümmern kann.

Also stärkere Kanonen schaffen! Längere, weiter tragende, schußkräftigere, als sie bisher die Kriegskunst gekannt! Und andere Geschosse aus härterem Stein formen, gewichtigere, zermalmendere, zerstörendere als alle bisher erzeugten! Eine neue Artillerie muß erfunden werden gegen diese unnahbaren Mauern, es gibt keine andere Lösung, und Mahomet erklärt sich für entschlossen, diese neuen Angriffsmittel um jeden Preis zu schaffen.

Um jeden Preis – eine solche Ankündigung erweckt immer schon aus sich selbst schöpferische und treibende Kräfte. So erscheint bald nach der Kriegserklärung bei dem Sultan der Mann, der als der erfindungsreichste und erfahrenste Kanonengießer der Welt gilt. Urbas oder Orbas, ein Ungar. Zwar ist er Christ und hat eben zuvor seine Dienste dem Kaiser Konstantin angeboten; aber in der richtigen Erwartung, bei Mahomet höhere Bezahlung und kühnere Aufgaben für seine Kunst zu finden, erklärt er sich bereit, falls man ihm unbeschränkte Mittel zur Verfügung stelle, eine Kanone zugießen, wie man sie gleich groß noch nicht auf Erden gesehen. Der Sultan, dem, wie jedem von einer einzigen Idee Besessenen, kein Geldpreis zu hoch ist, weist ihm sofort Arbeiter in beliebiger Anzahl zu, in tausend Karren wird Erz nach Adrianopel gebracht; drei Monate lang bereitet nun mit unendlichen Mühen der Kanonengießer die Lehmform nach geheimen Methoden der Härtung vor, ehe der erregende Guß der glühenden

31

Masse erfolgt. Das Werk gelingt. Die riesige Röhre, die größte, die bisher die Welt gekannt, wird aus der Form herausgeschlagen und ausgekühlt, aber bevor der erste Probeschuß abgefeuert wird, sendet Mahomet Ausrufer durch die ganze Stadt, um die schwangeren Frauen zu warnen. Als mit ungeheurem Donner dann die blitzerhelle Mündung die mächtige Steinkugel ausspeit und diese eine Mauer mit einem einzigen Probeschuß zertrümmert, befiehlt Mahomet sofort die Anfertigung einer ganzen Artillerie in diesen gigantischen Maßen.

Die erste große „Steinwerfermaschine", wie die griechischen Schriftsteller dann erschreckt diese Kanone nennen werden, wäre nun glücklich zustande gebracht. Aber noch schwierigeres Problem: wie dieses Monstrum durch ganz Thrakien schleifen, bis an die Mauern von Byzanz, diesen erzenen Lindwurm? Eine Odyssee ohnegleichen hebt an. Denn ein ganzes Volk, eine ganze Armee schleppt zwei Monate lang an diesem starren, langhalsigen Ungetüm. Zuerst sprengen Reiterscharen, um die Kostbarkeit vor jedem Überfall zu schützen, in ständigen Patrouillen voraus, hinter ihnen werken und karren Tag und Nacht Hunderte und vielleicht Tausende von Erdarbeitern, um die Straßenunebenheiten zu beseitigen für den überschweren Transport, der hinter sich für Monate wieder die Wege zerstört. Fünfzig Paar Ochsen sind der Wagenburg vorgespannt, auf deren Achsen – wie einstmals der Obelisk, als er von Ägypten nach Rom wanderte – mit genau verteiltem Gewicht die metallene Riesenröhre liegt; zweihundert Männer stützen unablässig zur Rechten und zur Linken das vor seiner eigenen Schwere schwankende Rohr, während gleichzeitig fünfzig Wagner und Zimmerleute ununterbrochen beschäftigt sind, die hölzernen Rollen auszuwechseln und zu ölen, die Stützen zu verstärken, Brücken zu legen; man versteht, daß nur Schritt um Schritt, im langsamsten Büffeltrott diese riesige Karawane sich ihren Weg bahnen kann durch Gebirg und Steppe. Staunend sammeln sich aus den Dörfern die Bauern und bekreuzigen sich vor dem erzenen Unwesen, das wie ein Gott des Krieges von seinen Dienern und Priestern von einem Land ins andere getragen wird; aber bald werden in gleicher Weise die erzgegossenen Brüder des gleichen lehmigen Mutterbetts herangeschleift; wieder einmal hat der menschliche Wille das Unmögliche möglich gemacht. Schon blecken zwanzig oder dreißig solcher Ungetüme ihre schwarzen Rundmäuler gegen Byzanz; die Schwerartillerie hat ihren Einzug in die Kriegsgeschichte gehalten, und es beginnt der Zweikampf zwischen der jahrtausendalten Mauer der oströmischen Kaiser und den neuen Kanonen des neuen Sultans.

Noch einmal Hoffnung

Langsam, zäh, aber unwiderstehlich zermalmen und zermahlen die Mammut-
kanonen mit blitzenden Bissen die Wälle von Byzanz. Zunächst kann jede nur
sechs oder sieben Schüsse täglich abgeben, aber von Tag zu Tag bringt der Sultan neue zur Aufstellung, und in Staub- und Schuttwolken tut sich bei jedem
Anprall dann immer neue Bresche in dem niederprasselnden Steinwerk auf.
Zwar werden nachts von den Belagerten diese Löcher mit immer notdürftigeren
hölzernen Palisaden und Leinwandballen geflickt, aber doch, es ist nicht die alte
eherne, unversehrbare Mauer mehr, hinter der sie kämpfen, und mit Schrecken
denken die achttausend hinter den Wällen an die entscheidende Stunde, in der
dann die hundertfünfzigtausend Mahomets zum entscheidenden Angriff gegen
die schon durchhöhlte Befestigung vorprellen werden. Es ist Zeit, höchste Zeit,
daß Europa, daß die Christenheit sich ihres Versprechens entsinne; Scharen von
Frauen liegen mit ihren Kindern den ganzen Tag vor den Reliquienschreinen in
den Kirchen auf den Knien, von allen Wachttürmen spähen Tag und Nacht die
Soldaten, ob nicht endlich in dem von türkischen Schiffen durchschwärmten
Marmarameer die verheißene päpstliche und venezianische Entsatzflotte erscheinen wolle.

Endlich, am 20. April, um drei Uhr morgens, leuchtete ein Signal. In der Ferne
hat man Segel erspäht. Es ist nicht die gewaltige, die erträumte christliche Flotte, aber immerhin: langsam vom Wind getrieben, steuern drei große genuesische Schiffe heran und hinter ihnen ein viertes, kleineres, ein byzantinisches
Getreideschiff, das die drei größeren zu seinem Schutz in die Mitte genommen.
Sofort sammelt sich ganz Konstantinopel begeistert an den Uferwällen, um die
Helfer zu begrüßen. Doch gleichzeitig wirft sich Mahomet auf sein Pferd und
galoppiert in schärfstem Ritt von seinem Purpurzelt zum Hafen hinab, wo die
türkische Flotte vor Anker liegt, und gibt Befehl, um jeden Preis das Einlaufen
der Schiffe in den Hafen von Byzanz, in das Goldene Horn, zu verhindern.

Hundertfünfzig, allerdings kleinere Schiffe, zählt die türkische Flotte, und sofort knattern Tausende Ruder ins Meer. Mit Enterhaken, mit Brandwerfern und
Steinschleudern bewehrt, arbeiten sich diese hundertfünfzig Karavellen an die
vier Galeonen heran, aber scharf getrieben vom Wind überholen und überfah-
ren die vier mächtigen Schiffe die mit Geschossen und Geschrei belfernden Boote der Türken. Majestätisch, mit breit geschwellten runden Segeln steuern sie,
unbekümmert um die Angreifer, hin zum sichern Hafen des Goldenen Horns,

wo die berühmte Kette, von Stambul bis Galata hinübergespannt, ihnen dann dauernden Schutz bieten soll gegen Angriff und Überfall. Ganz nahe sind die vier Galeonen jetzt schon ihrem Ziel: schon können die Tausende auf den Wällen jedes einzelne Gesicht erkennen, schon werfen sich Männer und Frauen auf die Knie, um Gott und den Heiligen zu danken für die glorreiche Errettung, schon klirrt die Kette im Hafen nieder, um die Entsatzschiffe zu empfangen.

Da geschieht mit einemmal etwas Entsetzliches. Der Wind setzt plötzlich aus. Wie von einem Magnet festgehalten, stehen die vier Segelschiffe völlig tot mitten im Meer, gerade nur ein paar Steinwürfe weit von dem rettenden Hafen, und mit wildem Jubelgeschrei wirft sich die ganze Meute der feindlichen Ruderboote auf die vier gelähmten Schiffe, die wie vier Türme reglos im Meer starren. Rüden gleich, die sich in einem Sechzehnender verbeißen, hängen sich mit Enterhaken die kleinen Schiffe an die Flanken der großen, mit Äxten scharf in das Holzwerk schlagend, um sie zum Sinken zu bringen, mit immer neuer Mannschaft die Ankerketten emporkletternd, Fackeln und Feuerbrände gegen die Segel schleudernd, um sie zu entzünden. Der Kapitän der türkischen Armada treibt entschlossen sein eigenes Admiralschiff gegen das Transportschiff, um es zu rammen; schon sind die beiden Schiffe wie Ringer ineinander verklammert. Zwar können sich, von ihren erhöhten Borden und durch Haubenpanzer geschützt, die genuesischen Matrosen zunächst noch der Emporkletternden erwehren, noch jagen sie mit Haken und Steinen und griechischem Feuer die Angreifer zurück. Aber bald muß das Ringen zu Ende sein. Es sind zu viele gegen zu wenige. Die genuesischen Schiffe sind verloren.

Schauriges Schauspiel für Tausende auf den Mauern! So lustvoll nah, wie das Volk sonst im Hippodrom die blutigen Kämpfe verfolgte, so schmerzvoll nahe kann es jetzt eine Seeschlacht mit nacktem Auge betrachten und den scheinbar unvermeidlichen Untergang der Ihren, denn höchstens zwei Stunden noch, und die vier Schiffe erliegen der feindlichen Meute auf der Arena des Meers. Vergebens sind die Helfer gekommen, vergebens! Die verzweifelten Griechen auf den Wällen von Konstantinopel, gerade nur einen Steinwurf weit von ihren Brüdern, stehen und schreien mit geballten Fäusten in ohnmächtiger Wut, ihren Rettern nicht helfen zu können. Manche suchen mit wilden Gesten die kämpfenden Freunde anzufeuern. Andere wieder, die Hände zum Himmel gehoben, rufen Christus und den Erzengel Michael und alle die Heiligen ihrer Kirchen und Klöster an, die Byzanz seit so vielen Jahrhunderten beschützt haben, sie mögen ein Wunder wirken. Aber auf dem gegenüberliegenden Ufer von Galata wiederum warten und schreien und beten ebenso mit gleicher Inbrunst die Türken um den Sieg der Ihren: das Meer ist zur Szene geworden, eine Seeschlacht zum Gladiatorenspiel. Der Sultan selbst ist im Galopp herangejagt. Umringt von seinen Paschas reitet er so tief ins Wasser hinein, daß sein Oberrock naß wird, und schreit durch die zum Schallrohr gehöhlten Hände mit zorniger Stimme den Seinen den Befehl zu, um jeden Preis die christlichen Schiffe zu nehmen. Immer wieder, wenn eine seiner Galeeren zurückgetrieben wird, beschimpft er und bedroht er mit geschwungenem Krummsäbel seinen Admiral. „Wenn du nicht siegst, dann komme nicht lebend zurück."

Noch halten die vier christlichen Schiffe stand. Aber schon geht der Kampf zu Ende, schon beginnen die Wurfgeschosse, mit denen sie die türkischen Galeeren zurücktreiben, auszugehen, schon ermattet den Matrosen nach stundenlangem Kampfe gegen die fünfzigfache Übermacht die Arm. Der Tag ist niedergestiegen, die Sonne senkt sich am Horizont. Eine Stunde noch, und wehrlos müssen die Schiffe, selbst wenn sie bis dahin nicht von den Türken geentert sind, durch die Strömung an das von den Türken besetzte Ufer hinter Galata getrieben werden. Verloren, verloren, verloren!

Da geschieht etwas, was der verzweifelnden, heulenden, klagenden Menge von Byzanz wie ein Wunder erscheint. Mit einmal beginnt ein leises Brausen, mit einmal erhebt sich ein Wind. Und sofort füllen sich die schlaffen Segel der vier Schiffe rund und groß. Der Wind, der ersehnte, der erbetene Wind ist wieder erwacht! Triumphierend erhebt sich der Bug der Galeonen, mit einem geschwellten Stoß überholt und überrennt ihr plötzlicher Anlauf die sie umschwärmenden Bedränger. Sie sind frei, sie sind gerettet. Unter dem brausenden Jubel der Tausende und aber Tausende auf den Wällen fährt jetzt das erste, das zweite, das dritte, das vierte in den sicheren Hafen ein, die herabgelassene Sperrkette klirrt schützend wieder empor, und hinter ihnen, auf dem Meere zerstreut, bleibt ohnmächtig die Meute der türkischen Kleinschiffe; noch einmal schwebt Jubel der Hoffnung wie ein purpurnes Gewölk über die düstere und verzweifelte Stadt.

Die Flotte wandert über den Berg

Eine Nacht lang dauert die überschwengliche Freude der Belagerten. Immer erregt ja die Nacht phantasievoll die Sinne und verwirrt die Hoffnung mit dem süßen Gift der Träume. Eine Nacht lang glauben die Belagerten sich schon gesichert und gerettet. Denn wie diese vier Schiffe Soldaten und Proviant glücklich gelandet haben, so werden jetzt Woche für Woche neue kommen, träumen sie. Europa hat sie nicht vergessen, und schon sehen sie in ihren voreiligen Erwartungen die Belagerung aufgehoben, den Feind entmutigt und besiegt.

Doch auch Mahomet ist ein Träumer, freilich ein Träumer jener anderen und viel selteneren Art, die es versteht, durch ihren Willen Träume in Wirklichkeit umzusetzen. Und während jene Galeonen sich schon sicher wähnen im Hafen des Goldenen Horns, entwirft er einen Plan von so phantastischer Verwegenheit, daß er innerhalb der Kriegsgeschichte den kühnsten Taten Hannibals und Napoleons ehrlich gleichzusetzen ist. Byzanz liegt vor ihm wie eine goldene Frucht, aber er kann sie nicht greifen: das Haupthindernis für diesen Griff und Angriff bildet die tief eingeschnittene Seezunge, das Goldene Horn, diese blinddarmförmige Bucht, welche die eine Flanke von Konstantinopel sichert. Einzudringen in diese Bucht ist praktisch unmöglich, denn am Eingange liegt die Genuesenstadt Galata, der Mahomet zur Neutralität verpflichtet ist, und von dort ist die eiserne Sperrkette quer bis zur Feindesstadt gespannt. Mit frontalem Stoß kann darum seine Flotte nicht in die Bucht, nur vom inneren Bassin her, wo das genuesische Terrain endet, wäre die christliche Flotte zu fassen. Aber wie eine Flotte schaffen für diese Binnenbucht? Man könnte eine bauen, gewiß. Aber das würde Monate und Monate dauern, und so lange will dieser Ungeduldige nicht warten.

Da faßt Mahomet den genialen Plan, seine Flotte vom äußern Meere, wo sie nutzlos ist, über die Landzunge in den Innenhafen des Goldenen Horns hinüberzutransportieren. Dieser atemberaubend kühne Gedanke, mit Hunderten von Schiffen eine bergige Landzunge zu überschreiten, erscheint von vorneweg so absurd, so unausführbar, daß die Byzantiner und die Genuesen von Galata ihn ebensowenig in ihre strategische Rechnung stellen wie vordem die Römer und nachher die Österreicher die rapiden Alpenübergänge Hannibals und Napoleons. Nach aller irdischen Erfahrung können Schiffe nur im Wasser fahren, nie aber eine Flotte über einen Berg. Doch eben dies ist allezeit das wahre Merkzeichen eines dämonischen Willens, daß er Unmögliches in Wirklichkeit verwandelt, immer erkennt man nur daran ein militärisches Genie, daß es im Kriege der Kriegsregeln spottet und im gegebenen Augenblick die schöpferische Improvisation einsetzt statt der erprobten Methoden. Eine ungeheure, eine in den Annalen der Geschichte kaum vergleichbare Aktion beginnt. In aller Stille läßt Mahomet zahllose Rundhölzer herbeischaffen und von Werkleuten zu Schlitten zimmern, auf welche man dann die aus dem Meer gezogenen Schiffe festlegt wie auf ein bewegliches Trockendock. Gleichzeitig sind schon Tausende Erdarbeiter am Werke, um den schmalen Saumpfad, der den Hügel von Pera hinauf- und

36

wieder hinunterführt, möglichst für den Transport zu ebnen. Um aber die plötzliche Ansammlung von so vielen Werkleuten vor dem Feind zu verschleiern, läßt der Sultan an jedem Tag und in jeder Nacht über die neutrale Stadt Galata hinweg eine fürchterliche Kanonade aus Mörsern eröffnen, die an sich sinnlos ist und nur den einen Sinn hat, die Aufmerksamkeit abzulenken und die Berg-und-Talreise der Schiffe von einem Gewässer ins andere zu verdecken. Während die Feinde beschäftigt sind und nur vom Lande her einen Angriff vermuten, setzen sich die zahllosen runden Holzrollen, reichlich mit Öl und Fett getränkt, in Bewegung, und auf dieser riesigen Walze wird nun, jedes in seiner Schlittenkufe, von unzähligen Büffelpaaren und unter der nachschiebenden Hilfe der Matrosen ein Schiff nach dem anderen über den Berg hinübergezogen. Kaum daß die Nacht jeden Einblick verhüllt, beginnt diese mirakulöse Wanderung. Schweigsam wie alles Große, vorbedacht wie alles Kluge vollzieht sich das Wunder der Wunder: eine ganze Flotte wandert über den Berg. Das Entscheidende bei allen großen militärischen Aktionen ist immer das Überraschungsmoment. Und hier bewährt sich großartig Mahomets besonderes Genie. Niemand ahnt etwas von seinem Vorhaben – „wüßte ein Haar in meinem Bart von meinen Gedanken, ich würde es ausreißen", hat einmal dieser genial Hinterhältige von sich gesagt –, und in vollkommenster Ordnung, während prahlerisch die Kanonen an die Mauern donnern, vollzieht sich sein Befehl. Siebzig Schiffe werden in dieser einen Nacht des 22. April von einem Meere zum anderen über Berg und Tal, durch Weinberge und Felder und Wälder transportiert. Am nächsten Morgen glauben die Bürger von Byzanz zu träumen: eine feindliche Flotte, wie von Geisterhand hergetragen, segelt bewimpelt und bemannt im Herzen ihrer unnahbar vermeinten Bucht; noch reiben sie die Augen und verstehen nicht, woher dieses Wunder kam, aber Fanfaren und Zimbeln und Trommeln jubeln schon unter ihrer bisher vom Hafen beschirmten Seitenmauer, das ganze Goldene Horn mit Ausnahme jenes engen neutralen Raumes von Galata, wo die christliche Flotte eingekapselt ist, gehört durch diesen genialen Coup dem Sultan und seiner Armee. Ungehindert kann er jetzt auf seiner Pontonbrücke seine Truppen gegen die schwächere Mauer heranführen: damit ist die schwache Flanke bedroht und die ohnehin schon spärliche Reihe der Verteidiger auf weiteren Raum verdünnt. Enger und enger hat sich die eiserne Faust um die Kehle des Opfers geschlossen.

Europa, hilf!

Die Belagerten täuschen sich nicht mehr. Sie wissen: nun auch in der aufgerissenen Flanke gepackt, werden sie nicht lange Widerstand leisten hinter ihren zerschossenen Mauern, achttausend gegen hundertfünfzigtausend, wenn nicht baldigst Hilfe kommt. Aber hat nicht feierlichst die Signoria von Venedig zugesagt, Schiffe zu entsenden? Kann der Papst gleichgültig bleiben, wenn Hagia Sophia, die herrlichste Kirche des Abendlandes, in Gefahr schwebt, eine Moschee des Unglaubens zu werden? Versteht Europa, das in Zwist befangene, durch hundertfache niedere Eifersucht zerteilte, nochimmer nicht die Gefahr für die Kultur des Abendlandes? Vielleicht – so trösten sich die Belagerten – ist die Entsatzflotte längst bereit und zögert nur aus Unkenntnis, die Segel zu setzen, und es genügte, brächte man ihnen die ungeheure Verantwortung dieses todbringenden Säumens zum Bewußtsein.

Aber wie die venezianische Flotte verständigen? Das Marmarameer ist übersät von türkischen Schiffen; mit der ganzen Flotte auszubrechen, hieße sie dem Verderben preisgeben und außerdem die Verteidigung, bei welcher doch jeder einzelne Mann zählt, um ein paar hundert Soldaten schwächen. So beschließt man, nur ein ganz kleines Schiff mit winziger Bemannung aufs Spiel zu setzen. Zwölf Männer im ganzen – gäbe es Gerechtigkeit in der Geschichte, ihr Name müßte so berühmt sein wie jener der Argonauten, und doch kennen wir keines einzelnen Namen – wagen die Heldentat. Auf der kleinen Brigantine wird die feindliche Flagge gehißt. Zwölf Männer kleiden sich auf türkische Art mit Turban oder Tarbusch, um keine Aufmerksamkeit zu erregen. Am 3. Mai wird um Mitternacht die Sperrkette des Hafens geräuschlos gelockert, und mit gedämpftem Ruderschlag gleitet das kühne Boot hinaus, geschützt von der Dunkelheit. Und siehe: das Wunderbare geschieht, und unerkannt durchfährt das winzige Schiff die Dardanellen bis ins Ägäische Meer. Immer ist es gerade das Übermaß der Kühnheit, das den Gegner lähmt. An alles hat Mahomet gedacht, nur nicht an dies Unvorstellbare, daß ein einzelnes Schiff mit zwölf Helden eine solche Argonautenfahrt durch seine Flotte wagen würde.

Aber tragische Enttäuschung: kein venezianisches Segel leuchtet am Ägäischen Meer. Keine Flotte ist bereit zum Einsatz. Venedig und der Papst, alle haben sie Byzanz vergessen, alle vernachlässigen sie, mit kleiner Kirchturmpolitik beschäftigt, Ehre und Eid. Immer wiederholen sich in der Geschichte diese tragischen Augenblicke, daß, wo höchste Zusammenfassung aller geeinten Kräfte zum Schutze der europäischen Kultur notwendig wäre, auch nicht für eine Spanne die Fürsten und die Staaten ihre kleinen Rivalitäten niederzuhalten vermögen. Genua ist es wichtiger, Venedig zurückzustellen, und Venedig wiederum Genua, als für einige Stunden vereint den gemeinsamen Feind zu bekriegen. Leer ist das Meer. Verzweifelt rudern die Tapfern auf ihrer Nußschale von Insel zu Insel. Aber überall sind die Häfen schon vom Feinde besetzt, und kein befreundetes Schiff wagt sich mehr in das kriegerische Gebiet.

Was nun tun? Einige der zwölf sind mit Recht mutlos geworden. Wozu nach Konstantinopel zurück, noch einmal den gefährlichen Weg? Hoffnung können sie keine bringen. Vielleicht ist die Stadt schon gefallen; jedenfalls erwartet sie, wenn sie zurückkehren, Gefangenschaft oder Tod. Aber – herrlich immer die Helden, die niemand kennt! – die Mehrzahl entscheidet dennoch für die Rückkehr. Ein Auftrag ist ihnen gegeben, und sie haben ihn zu erfüllen. Man hat sie um Botschaft gesandt, und sie müssen die Botschaft heimbringen, mag sie auch die bedrückendste sein. So wagt dieses winzige Schiff allein wieder den Weg zurück durch die Dardanellen, das Marmarameer und die feindliche Flotte. Am 23. Mai, zwanzig Tage nach der Ausfahrt, schon hat man längst in Konstantinopel das Fahrzeug verloren gegeben, schon denkt niemand mehr an Botschaft und Rückkehr, da schwenken plötzlich von den Wällen ein paar Wächter die Fahnen, denn mit scharfen Ruderschlägen steuert ein kleines Schiff auf das Goldene Horn zu, und als jetzt die Türken, durch den donnernden Jubel der Belagerten belehrt, erstaunend merken, daß diese Brigantine, die frecherweise mit türkischer Flagge durch ihre Gewässer gefahren, ein feindliches Schiff ist, stoßen sie mit ihren Booten von allen Seiten heran, um sie noch knapp vor dem schützenden Hafen abzufangen. Einen Augenblick schwingt Byzanz mit tausend Jubelschreien in der glücklichen Hoffnung, Europa habe sich seiner erinnert und jene Schiffe nur als Botschaft vorangesandt. Erst abends verbreitet sich die schlimme Wahrheit. Die Christenheit hat Byzanz vergessen. Die Eingeschlossenen sind allein, sie sind verloren, wenn sie sich nicht selber retten.

Die Nacht vor dem Sturm

Nach sechs Wochen beinahe täglicher Kämpfe ist der Sultan ungeduldig geworden. Seine Kanonen haben an vielen Stellen die Mauern zertrümmert, aber alle Sturmangriffe, die er anbefohlen, sind bisher blutig abgewiesen worden. Für einen Feldherrn bleiben nur mehr zwei Möglichkeiten, entweder die Belagerung aufzugeben oder nach den zahllosen einzelnen Attacken den großen, den entscheidenden Ansturm anzusetzen. Mahomet beruft seine Paschas zum Kriegsrat, und sein leidenschaftlicher Wille siegt über alle Bedenken. Der große, der entscheidende Sturm wird für den 29. Mai beschlossen. Mit gewohnter Entschlossenheit trifft der Sultan seine Vorbereitungen. Ein Festtag wird angeordnet, hundertfünfzigtausend Mann, vom ersten bis zum letzten, müssen alle festlichen Gebräuche erfüllen, die der Islam vorschreibt, die sieben Waschungen und dreimal am Tag das große Gebet. Was an Pulver und Geschossen noch vorhanden ist, wird zu forciertem Artillerieangriff herangeholt, um die Stadt sturmreif zu machen, die einzelnen Truppen werden für den Angriff verteilt. Von früh bis nachts gönnt sich Mahomet keine Stunde Rast. Vom Goldenen Horn bis zum Marmarameer, das ganze riesige Lager entlang, reitet er von einem Zelte zum anderen, überall die Führer persönlich ermutigend, die Soldaten anfeuernd. Aber als guter Psychologe weiß er, wie am besten die Kampflust der hundertfünfzigtausend bis zum äußersten zu entfachen ist; und so gibt er ein furchtbares Versprechen, das er zu seiner Ehre und Unehre auf das vollkommenste erfüllt hat. Dieses Versprechen rufen bei Trommeln und Fanfaren seine Herolde in alle Winde: „Mahomet schwört beim Namen Allahs, beim Namen Mohammeds und der viertausend Propheten, er schwört bei der Seele seines Vaters, des Sultans Murad, bei den Häuptern seiner Kinder und bei seinem Säbel, daß seinen Truppen nach der Erstürmung der Stadt unbeschränktes Recht auf drei Tage Plünderung gegeben wird. Alles, was in diesen Mauern ist: Hausrat und Habe, Schmuck und Juwelen, Münzen und Schätze, die Männer, die Frauen, die Kinder sollen den siegreichen Soldaten gehören, und er selbst verzichtet auf jeglichen Teil, außer auf die Ehre, dieses letzte Bollwerk des oströmischen Reiches erobert zu haben."

Mit rasendem Jubel nehmen die Soldaten diese wilde Verkündigung auf. Wie ein Sturm schwillt das laute Getöse des Jubels und der rasende Allah-il-Allah-Schrei der Tausende hinüber zur verängstigten Stadt. „Jagma, Jagma", „Plünderung, Plünderung!" Das Wort wird zum Feldruf, es knattert mit den Trommeln, es braust mit Zimbeln und Fanfaren, und nachts verwandelt sich das Lager in ein festliches Lichtmeer. Erschauernd sehen die Belagerten von ihren Wällen, wie Myriaden von Lichtern und Fackeln in der Ebene und auf den Hügeln entbrennen und Feinde mit Trompeten, Pfeifen, Trommeln und Tamburinen den Sieg noch vor dem Siege feiern; es ist wie die grausam geräuschvolle Zeremonie heidnischer Priester vor der Opferung. Dann plötzlich aber um Mitternacht erlöschen auf Mahomets Befehl mit einem Schlage alle Lichter, brüsk endet dieses tausendstimmige, heiße Getön. Doch dieses plötzliche Verstummen und dieses lastende Dunkel bedrückt mit seiner drohenden Entschlossenheit die verstört Lauschenden noch furchtbarer als der frenetische Jubel des lärmenden Lichts.

Die letzte Messe in Hagia Sophia

Die Belagerten benötigen keine Kundschafter, keine Überläufer, um zu wissen, was ihnen bevorsteht. Sie wissen, der Sturm ist befohlen, und Ahnung ungeheurer Verpflichtung und ungeheurer Gefahr lastet wie ein gewittriges Gewölk über der ganzen Stadt. Sonst zerteilt in Spaltungen und religiösen Streit, sammelt sich die Bevölkerung in diesen letzten Stunden – immer erschafft erst die äußerste Not die unvergleichlichen Schauspiele irdischer Einigung. Damit allen gewärtig sei, was ihnen zu verteidigen obliege: der Glaube, die große Vergangenheit, die gemeinsame Kultur, ordnet der Basileus eine ergreifende Zeremonie an. Auf seinen Befehl sammelt sich das ganze Volk, Orthodoxe und Katholiken, Priester und Laien, Kinder und Greise, zu einer einzigen Prozession. Niemand darf, niemand will zu Hause bleiben, vom Reichsten bis zum Ärmsten reihen sich fromm und singend alle zum „Kyrie eleison" in den feierlichen Zug, der erst die Innenstadt und dann auch die äußern Wälle durchschreitet. Aus den Kirchen werden die heiligen Ikonen und Reliquien geholt und vorangetragen; überall, wo eine Bresche in die Mauer geschlagen ist, hängt man dann eines der Heiligenbilder hin, damit es besser als irdische Waffen den Ansturm der Ungläubigen abwehren solle. Gleichzeitig versammelt Kaiser Konstantin um sich die Senatoren, die Edelleute und Kommandanten, um mit einer letzten Ansprache ihren Mut zu befeuern. Nicht kann er zwar wie Mahomet ihnen unermeßliche Beute versprechen. Aber die Ehre schildert er ihnen, die sie für die Christenheit und die ganze abendländische Welt erwerben, wenn sie diesen letzten entscheidenden Ansturm abwehren, und die Gefahr, wenn sie den Mordbrennern erliegen: Mahomet und Konstantin, beide wissen sie: dieser Tag entscheidet auf Jahrhunderte Geschichte.

Dann beginnt die letzte Szene, eine der ergreifendsten Europas, eine unvergeßliche Ekstase des Unterganges. In Hagia Sophia, der damals noch herrlichsten Kathedrale der Welt, die seit jenem Tage der Verbrüderung der beiden Kirchen von den einen Gläubigen und von den anderen verlassen gewesen war, versammeln sich die Todgeweihten. Um den Kaiser schart sich der ganze Hof, die Adeligen, die griechische und die römische Priesterschaft, die genuesischen und venezianischen Soldaten und Matrosen, alle in Rüstung und Waffen: und hinter ihnen knien stumm und ehrfürchtig Tausende und aber Tausende murmelnde Schatten – das gebeugte, das von Angst und Sorgen aufgewühlte Volk; und die Kerzen, die mühsam mit dem Dunkel der niederhängenden Wölbungen ringen, erleuchten diese einmütig hingebeugte Masse im Gebet wie einen einzigen Leib.

Es ist die Seele von Byzanz, die hier zu Gott betet. Der Patriarch erhebt nun mächtig und aufrufend seine Stimme, singend antworten ihm die Chöre, noch einmal ertönt die heilige, die ewige Stimme des Abendlandes, die Musik, in diesem Raume. Dann tritt einer nach dem anderen, der Kaiser zuerst, vor den Altar, um die Tröstung des Glaubens zu empfangen, bis hoch zu den Wölbungen hinauf hallt und schrillt der riesige Raum von der unaufhörlichen Brandung des Gebetes. Die letzte, die Totenmesse des oströmischen Reiches hat begonnen. Denn zum letztenmal hat der christliche Glaube gelebt in der Kathedrale Justinians.

Nach dieser erschütternden Zeremonie kehrt der Kaiser nur noch einmal flüchtig in seinen Palast zurück, um alle seine Untergebenen und Diener um Vergebung für alles Unrecht zu bitten, das er jemals im Leben gegen sie begangen habe. Dann schwingt er sich auf das Pferd und reitet – genau wie Mahomet, sein großer Gegner, in der gleichen Stunde – von einem Ende bis zum anderen die Wälle entlang, die Soldaten anzufeuern. Schon ist die Nacht tief herabgesunken. Keine Stimme erhebt sich mehr, keine Waffe klirrt. Aber mit erregter Seele warten die Tausende innerhalb der Mauern auf den Tag und den Tod.

Kerkaporta, die vergessene Tür

Um ein Uhr morgens gibt der Sultan das Signal zum Angriff. Riesig wird die Standarte entrollt, und mit einem einzigen Schrei „Allah, Allah il Allah" stürzen sich hunderttausend Menschen mit Waffen und Leitern und Stricken und Enterhaken gegen die Mauern, während gleichzeitig alle Trommeln rasseln, alle Fanfaren tosen, Pauken, Zimbeln und Flöten ihr scharfes Getöne mit menschlichen Schreien und dem Donnern der Kanonen zu einem einzigen Orkan vereinigen. Mitleidlos werden zunächst die ungeübten Truppen, die Baschibozugs, gegen die Mauern geworfen – ihre halbnackten Leiber dienen im Angriffsplan des Sultans gewissermaßen nur als Prellböcke, bestimmt, den Feind zu ermüden und zu schwächen, bevor die Kerntruppe zum entscheidenden Sturm eingesetzt wird. Mit hundert Leitern rennen im Dunkel die Vorgepeitschten heran, sie klettern die Zinnen empor, werden herabgeworfen, stürmen wieder hinan, immer, immer wieder, denn sie haben keinen Rückweg: hinter ihnen, dem bloß zur Opferung bestimmten wertlosen Menschenmaterial, stehen schon die Kerntruppen, die sie immer wieder vortreiben in den fast sicheren Tod. Noch behalten die Verteidiger die Oberhand, ihren Maschenpanzern können die zahllosen Pfeile und Steine nichts anhaben. Aber ihre wirkliche Gefahr – und dies hat Mahomet richtig errechnet – ist die Ermüdung. In schweren Rüstungen fortwährend gegen die immer wieder vorpreschenden Leichttruppen kämpfend, ständig von einer Angriffsstelle zu der anderen springend, erschöpfen sie ein gut Teil ihrer Kraft in dieser aufgezwungenen Abwehr. Und als jetzt – schon beginnt nach zweistündigem Ringen der Morgen zu grauen – die zweite Sturmtruppe, die Anatolier, vorstürmen, wird der Kampf schon gefährlicher. Denn diese Anatolier sind disziplinierte Krieger, wohlgeschult und gleichfalls mit Maschenpanzern gegürtet, sie sind außerdem in der Überzahl und völlig ausgeruht, während die Verteidiger bald die eine, bald die andere Stelle gegen die Einbrüche schützen müssen. Aber noch immer werden überall die Angreifer zurückgeworfen, und der Sultan muß seine letzten Reserven einsetzen, die Janitscharen, die Kerntruppe, die Elitegarde des ottomanischen Heeres. In eigener Person stellt er sich an die Spitze der zwölftausend jungen, ausgewählten Soldaten, der besten, die Europa damals kennt, und mit einem einzigen Schrei werfen sie sich auf die erschöpften Gegner. Es ist höchste Zeit, daß jetzt in der Stadt alle Glocken läuten, um die letzten halbwegs Kampffähigen an die Wälle zu rufen, daß man die Matrosen heranholt von den Schiffen, denn nun kommt der wahre Entscheidungskampf in Gang. Zum Verhängnis für die Verteidiger trifft ein Steinschlag den Führer der Genueser Truppe, den verwegenen Condottiere Giustiniani, der schwer verwundet zu den Schiffen abgeschleppt wird, und sein Fall bringt die Energie der Verteidiger für einen Augenblick ins Wanken. Aber schon jagt der Kaiser selbst heran, um den drohenden Einbruch zu verhindern, noch einmal gelingt es, die Sturmleitern hinabzustoßen: Entschlossenheit steht gegen letzte Entschlossenheit, und für einen Atemzug noch scheint Byzanz gerettet, die höchste Not hat wider den wildesten Angriff gesiegt. Da entscheidet ein tragischer Zwischenfall, eine jener geheimnisvollen Sekunden, wie sie manchmal die Geschichte in ihren unerforschlichen Ratschlüssen hervorbringt, mit einem Schlage das Schicksal von Byzanz.

Etwas ganz Unwahrscheinliches hat sich begeben. Durch eine der vielen Breschen der Außenmauern sind unweit der eigentlichen Angriffsstelle ein paar Türken eingedrungen. Gegen die Innenmauer wagen sie sich nicht vor. Aber als sie so neugierig und planlos zwischen der ersten und der zweiten Stadtmauer herumirren, entdecken sie, daß eines der kleineren Tore des inneren Stadtwalls, die sogenannte Kerkaporta, durch ein unbegreifliches Versehen offengeblieben ist. Es ist an sich nur eine kleine Türe, in Friedenszeiten für die Fußgänger bestimmt während jener Stunden, da die großen Tore noch geschlossen sind; gerade weil sie keine militärische Bedeutung besitzt, hat man in der allgemeinen Aufregung der letzten Nacht offenbar ihre Existenz vergessen. Die Janitscharen finden nun zu ihrem Erstaunen diese Tür inmitten des starrenden Bollwerks ihnen gemächlich aufgetan. Erst vermuten sie eine Kriegslist, denn zu unwahrscheinlich scheint ihnen das Absurdum, daß, während sonst vor jeder Bresche, jeder Luke, jedem Tor der Befestigung Tausende Leichen sich türmen und brennendes Öl und Wurfspieße niedersausen, hier sonntäglich friedlich die Tür, die Kerkaporta, offensteht zum Herzen der Stadt. Auf jeden Fall rufen sie Verstärkung heran, und völlig widerstandslos stößt ein ganzer Trupp hinein in die Innenstadt, den ahnungslosen Verteidigern des Außenwalls unvermutet in den Rücken fallend. Ein paar Krieger gewahren die Türken hinter den eigenen Reihen, und verhängnisvoll erhebt sich jener Schrei, der in jeder Schlacht mörderischer ist als alle Kanonen, der Schrei des falschen Gerüchts: „Die Stadt ist genommen!" Laut und lauter jubeln die Türken ihn jetzt weiter: „Die Stadt ist genommen!", und dieser Schrei zerbricht allen Widerstand. Die Söldnertruppen, die sich verraten glauben, verlassen ihren Posten, um sich noch rechtzeitig in den Hafen und auf die Schiffe zu retten. Vergeblich, daß Konstantin sich mit ein paar Getreuen den Eindringlingen entgegen wirft, er fällt, unerkannt erschlagen, mitten im Gewühl, und erst am nächsten Tage wird man in einem Leichenhaufen an den purpurnen, mit einem goldenen Adler geschmückten Schuhen feststellen können, daß ehrenvoll im römischen Sinne der letzte Kaiser Ostroms sein Leben mit seinem Reiche verloren. Ein Staubkorn Zufall, Kerkaporta, die vergessene Tür, hat Weltgeschichte entschieden.

Das Kreuz stürzt nieder

Manchmal spielt die Geschichte mit Zahlen. Denn genau tausend Jahre, nachdem Rom von den Vandalen so denkwürdig geplündert worden, beginnt die Plünderung Byzanz'. Fürchterlich, seinen Eiden getreu, hält Mahomet, der Sieger, sein Wort. Wahllos überläßt er nach dem ersten Massaker seinen Kriegern Häuser und Paläste, Kirchen und Klöster, Männer, Frauen und Kinder zur Beute, und wie Höllenteufel jagen die Tausende durch die Gassen, um einer dem anderen zuvorzukommen. Der erste Sturm geht gegen die Kirchen, dort glühen die goldenen Gefäße, dort funkeln Juwelen, aber wo sie in ein Haus einbrechen, hissen sie gleich ihre Banner davor, damit die Nächstgekommenen wissen, hier sei die Beute schon mit Beschlag belegt; und diese Beute besteht nicht nur in Edelsteinen, Stoffen und Geld und tragbarer Habe, auch die Frauen sind Ware für die Serails, die Männer und Kinder für den Sklavenmarkt. In ganzen Rudeln werden die Unglückseligen, die sich in die Kirchen geflüchtet haben, hinausgepeitscht, die alten Leute als unbrauchbare Esser und unverkäuflicher Ballast ermordet, die jungen, wie Vieh zusammengebunden, weggeschleppt, und gleich-

44

zeitig mit dem Raub wütet die sinnlose Zerstörung. Was die Kreuzfahrer bei ihrer vielleicht ebenso fürchterlichen Plünderung an wertvollen Reliquien und Kunstwerken noch übriggelassen, wird von den rasenden Siegern zerschlagen, zerfetzt, zertrennt, die kostbaren Bilder werden vernichtet, die herrlichsten Statuen zerhämmert, die Bücher, in denen die Weisheit von Jahrhunderten, der unsterbliche Reichtum des griechischen Denkens und Dichtens bewahrt sein sollte für alle Ewigkeit, verbrannt oder achtlos weggeworfen. Nie wird die Menschheit zur Gänze wissen, was für Unheil in jener Schicksalsstunde durch die offene Kerkaporta eingebrochen ist und wieviel bei den Plünderungen Roms, Alexandriens und Byzanz' der geistigen Welt verlorenging.

Erst am Nachmittag des großen Sieges, da die Schlächterei schon beendet ist, zieht Mahomet in die eroberte Stadt ein. Stolz und ernst reitet er auf seinem prächtigen Roß vorbei an den wilden Szenen der Plünderung, ohne den Blick zu wenden, getreu bleibt er seinem Wort, den Soldaten, die ihm den Sieg gewonnen, ihr fürchterliches Geschäft nicht zu stören. Sein erster Weg aber gilt nicht dem Gewinn, denn er hat alles gewonnen, stolz reitet er hin zur Kathedrale, dem strahlenden Haupt von Byzanz. Mehr als fünfzig Tage hat er von seinen Zelten zu der schimmernd unerreichbaren Kuppel dieser Hagia Sophia sehnsüchtig hingeblickt; nun darf er als Sieger ihre bronzene Tür durchschreiten. Aber noch einmal bezähmt Mahomet seine Ungeduld: erst will er Allah danken, ehe er ihm für ewige Zeiten diese Kirche weiht. Demütig steigt der Sultan vom Pferde und beugt das Haupt tief auf den Boden zum Gebet. Dann nimmt er eine Handvoll Erde und streut sie auf sein Haupt, um sich zu erinnern, daß er selbst ein Sterblicher sei und seines Triumphes sich nicht überheben möge. Und nun erst, nachdem er Gott seine Demut gezeigt, richtet der Sultan sich hoch auf und betritt, der erste Diener Allahs, die Kathedrale Justinians, die Kirche der heiligen Weisheit, die Kirche Hagia Sophia.

Neugierig und ergriffen betrachtet der Sultan das herrliche Haus, die hohen Wölbungen, schimmernd in Marmor und Mosaiken, die zarten Bögen, die aus Dämmerung sich zum Licht aufheben; nicht ihm, sondern seinem Gotte, fühlte er, gehört dieser erhabene Palast des Gebets. Sofort läßt er einen Imam holen, der die Kanzel besteigt und von dort das mohammedanische Bekenntnis verkündet, während der Padischah, das Antlitz gegen Mekka gewendet, das erste Gebet zu Allah, dem Herrscher der Welten, in diesem christlichen Dome spricht. Am nächsten Tage schon erhalten die Werkleute den Auftrag, alle Zeichen des früheren Glaubens zu entfernen; weggerissen werden die Altäre, übertüncht die frommen Mosaiken, und das hocherhobene Kreuz von Hagia Sophia, das tausend Jahre seine Arme entbreitet, um alles Leid der Erde zu umfassen, stürzt dumpf polternd zu Boden.

Laut hallt der steinerne Ton durch die Kirche und weit über sie hinaus. Denn von diesem Sturze erbebt das ganze Abendland. Schreckhaft hallt die Nachricht wider in Rom, in Genua, in Venedig, in Florenz, wie ein warnender Donner rollt sie nach Frankreich, nach Deutschland hinüber, und schaudernd erkennt Europa, daß dank seiner dumpfen Gleichgültigkeit durch die verhängnisvolle vergessene Tür, die Kerkaporta, eine schicksalhaft zerstörende Gewalt hereingebrochen ist, die jahrhundertelang seine Kräfte binden und lähmen wird. Aber in der Geschichte wie im menschlichen Leben bringt Bedauern einen verlorenen Augenblick nicht mehr wieder, und tausend Jahre kaufen nicht zurück, was eine einzige Stunde versäumt.

Georg Friedrich Händels Auferstehung

21. August 1741

Der Diener Georg Friedrich Händels saß am Nachmittag des 13. April 1737, auf das sonderbarste beschäftigt, vor dem Parterrefenster des Hauses in Brookstreet. Er hatte ärgerlich bemerkt, daß sein Tabakvorrat ausgegangen war, und eigentlich hätte er nur zwei Straßen weit zu laufen gehabt, um sich in der Bude seiner Freundin Dolly frischen Knaster zu besorgen, aber er wagte sich nicht vom Hause aus Furcht vor seinem jähzornigen Herrn und Meister. Georg Friedrich Händel war in vollsaftiger Wut aus der Probe nach Hause gekommen, prallrot das Gesicht von aufwallendem Blut, und dick die Adersträhnen an den Schläfen, mit einem Knall hatte er die Haustür zugeworfen und wandert jetzt, der Diener konnte es hören, so heftig im ersten Stock auf und ab, daß die Decke bebte: es war nicht ratsam, an solchen Zorntagen lässig im Dienste zu sein. So suchte der Diener ablenkende Beschäftigung für seine Langeweile, indem er statt schön gekringelten blauen Rauches aus seiner kurzen Tonpfeife Seifenblasen aufsteigen ließ. Er hatte sich einen kleinen Napf mit Seifenschaum zurechtgemacht und vergnügte sich, aus dem Fenster die bunten farbigen Blasen auf die Straße zu jagen. Die Vorübergehenden blieben stehen, zerstäubten im Spaß mit dem Stock eine und die andere der farbigen Kugeln, sie lachten und winkten, aber sie wunderten sich nicht. Denn von diesem Hause in Brookstreet konnte man alles erwarten; hier dröhnte plötzlich nachts das Cembalo, hier hörte man Sängerinnen

46

heulen und schluchzen, wenn sie der cholerische Deutsche in seinem Berserker-
zorn bedrohte, weil sie um einen Achtelton zu hoch oder zu tief gesungen. Für
die Nachbarn von Grosvenorsquare galt Brookstreet 25 seit langem als Narren-
haus.

Der Diener blies still und beharrlich seine bunten Blasen. Nach einiger Zeit
hatte sich seine Geschicklichkeit schon sichtlich gemehrt, immer größer und
dünnhäutiger wurden die marmorierten Kugeln, immer höher und leichter
schwebten sie empor, und eine sogar über den niederen First des gegenüberliegenden Hauses. Da, plötzlich schrak er auf, denn das ganze Haus erbebte von einem dumpfen Schlag. Die Gläser klirrten, die Gardinen schwankten; etwas Mas-
siges und Schweres mußte im obern Stockwerk hingeschmettert haben. Und
schon sprang der Diener auf und in einem Rand die Stufen empor zu dem Arbeitszimmer.

Der Sessel war leer, auf dem der Meister bei der Arbeit saß, das Zimmer war
leer, und schon wollte der Diener weitereilen in den Schlafraum, da entdeckte er
Händel, regungslos auf dem Boden liegend, die Augen starr offen, und jetzt, als
der Diener im ersten Schreck stillestand, hörte er ein dumpfes, schweres Röcheln. Der starke Mann lag auf dem Rücken und stöhnte, oder vielmehr: es
stöhnte aus ihm mit kurzen, immer schwächeren Stößen.

Er stirbt, dachte der erschrockene Diener, und kniete rasch hin, dem Halb-
ohnmächtigen zu helfen. Er versuchte ihn aufzuheben, ihn hinzutragen bis zu
dem Sofa, aber der Leib des riesigen Mannes war zu lastend, zu schwer. So riß er
ihm nur das engende Halstuch ab, und sofort verstummte das Röcheln.

Aber da kam schon vom unteren Stockwerk Christof Schmidt, der Famulus,
der Helfer des Meisters, der eben sich eingefunden hatte, um einige Arien auszu-
kopieren; auch ihn hatte der dumpfe Fall aufgeschreckt. Zu zweit hoben sie jetzt
den schweren Mann auf – die Arme fielen schlaff herab wie die eines Toten –
und betteten ihn hin, das Haupt erhoben. „Kleide ihn aus", herrschte Schmidt
den Diener an, „ich laufe nach dem Arzt. Und spreng ihn an mit Wasser, bis er
erwacht."

Christof Schmidt lief ohne Rock, er ließ sich keine Zeit, durch Brookstreet gegen Bondstreet, allen Kutschen winkend, die gravitätischen Trotts vorübertrab-
ten, ohne dem hemdärmligen, keuchenden, dicken Mann die geringste Beach-
tung zu schenken. Endlich hielt eine an, der Kutscher des Lord Chandos hatte
Schmidt erkannt, der alle Etikette vergaß und den Wagenschlag aufriß. „Händel

stirbt!" rief er dem Herzog zu, den er als großen Musikfreund und den besten Gönner seines geliebten Meisters kannte, „ich muß zu einem Arzt." Sofort lud ihn der Herzog in den Wagen, die Pferde schmeckten scharf die Peitsche, und so holten sie Doktor Jenkins aus einer Stube in Fleetstreet, wo er eben mit einer Harnprobe dringlich beschäftigt war. In seinem leichten Hansomcab fuhr er sogleich mit Schmidt in die Brookstreet. „Der viele Ärger hat es verschuldet", klagte der Famulus verzweifelt, während der Wagen rollte, „sie haben ihn zu Tode gequält, diese verfluchten Sänger und Kastraten, die Schmierer und Kritikaster, das ganze eklige Gewürm. Vier Opern hat er geschrieben in diesem Jahr, um das Theater zu retten, aber die anderen stecken sich hinter die Weiber und den Hof, und vor allem macht der Italiener sie alle toll, dieser verfluchte Kastrat, dieser zuckige Brüllaffe. Ach, was haben sie unserem guten Händel angetan! Seine ganzen Ersparnisse hat er eingesetzt, zehntausend Pfund, und nun quälen sie ihn mit Schuldscheinen und hetzen ihn zu Tode. Nie hat ein Mann so Herrliches geleistet, nie so ganz sich hingegeben, aber das muß auch einen Riesen zerbrechen. Oh, welch ein Mann! Welch ein Genius!"

Doktor Jenkins, kühl und schweigsam, hörte zu. Ehe sie das Haus betraten, tat er noch einen Zug und klopfte die Asche aus der Pfeife. „Wie alt ist er?"

„Zweiundfünfzig Jahre", antwortete Schmidt.

„Schlimmes Alter. Er hat geschuftet wie ein Stier. Aber er ist auch stark wie ein Stier. Nun, man wird sehen, was man tun kann."

Der Diener hielt die Schüssel hin, Christof Schmidt hob Händel den Arm, jetzt schlug der Arzt die Ader an. Ein Blutstoß spritzte auf, hellrotes, heißes Blut, und im nächsten Augenblick stieß sich ein Seufzer der Erleichterung aus der verbissenen Lippe. Händel atmete tief und öffnete die Augen. Sie waren noch müd, fremd und unbewußt. Der Glanz in ihnen war erloschen.

Der Arzt verband den Arm. Es war nicht mehr viel zu tun. Schon wollte er aufstehen, da merkte er, daß Händels Lippen sich regten. Er näherte sich. Ganz leise, es war wie ein Atem bloß, röchelte Händel: „Vorbei ..., vorbei mit mir ..., keine Kraft ..., ich will nicht leben ohne Kraft ..." Dr. Jenkins beugte sich tiefer über ihn. Er merkte, daß ein Auge, das rechte, starr sah und das andere belebt. Versuchsweise hob er den rechten Arm. Er fiel wie tot zurück. Dann hob er den linken. Der linke blieb in der neuen Lage. Jetzt wußte Dr. Jenkins genug.

Als er das Zimmer verlassen hatte, folgte Schmidt ihm zur Treppe nach, ängstlich, verstört. „Was ist es?"

„Apoplexia. Die rechte Seite ist gelähmt."

„Und wird" – Schmidt stockte das Wort – „wird er genesen?"

Dr. Jenkins nahm umständlich eine Prise Schnupftabak. Er liebte derlei Fragen nicht.

„Vielleicht. Alles ist möglich."

„Und wird er gelähmt bleiben?"

„Wahrscheinlich, wenn kein Wunder geschieht."

Aber Schmidt, dem Meister verschworen mit jeder Ader seines Leibes, ließ nicht ab.

„Und wird er, wird er wenigstens wieder arbeiten können? Er kann nicht leben, ohne zu schaffen."

Dr. Jenkins stand schon an der Treppe.

„Das nie mehr", sagte er sehr leise. „Vielleicht können wir den Mann erhalten. Den Musikus haben wir verloren. Der Schlag ging bis ins Hirn."

Schmidt starrte ihn an. Eine so ungeheure Verzweiflung war in seinem Blick, daß der Arzt sich betroffen fühlte. „Wie gesagt", wiederholte er, „wenn kein Wunder geschieht. Ich habe freilich noch keines gesehen."

Vier Monate lebte Georg Friedrich Händel ohne Kraft, und die Kraft war sein Leben. Die rechte Hälfte seines Leibes blieb tot. Er konnte nicht gehen, er konnte nicht schreiben, nicht mit seiner Rechten eine einzige Taste zum Klingen bringen. Er konnte nicht sprechen, schief hing ihm die Lippe von dem furchtbaren Riß, der durch seinen Leib gegangen, nur lallend und verdumpft quoll ihm das Wort aus dem Munde. Wenn Freunde Musik für ihn machten, floß ein wenig Licht in sein Auge, dann regte sich der schwere ungebärdige Körper wie ein Kranker im Traum, er wollte mit in den Rhythmus, aber es war ein Frost in den Gliedern, eine grausige Starre, die Sehnen, die Muskeln gehorchten nicht mehr; der einst riesige Mann fühlte sich hilflos eingemauert in ein unsichtbares Grab. Sobald die Musik zu Ende war, fielen ihm die Lider schwer zu, und er lag wieder wie eine Leiche. Schließlich riet der Arzt aus Verlegenheit – der Meister war offensichtlich unheilbar –, man solle den Kranken in die heißen Bäder von Aachen senden, vielleicht brächten sie ein wenig Besserung.

Aber unter der starren Hülle, ähnlich jenen geheimnisvollen heißen Gewässern unterhalb der Erde, lebte eine unerfaßliche Kraft: der Wille Händels, die Urkraft seines Wesens, sie war nicht berührt worden von dem vernichtenden Schlage, sie wollte das Unsterbliche noch nicht untergehen lassen in dem sterblichen Leib. Noch hatte der riesige Mann sich nicht besiegt gegeben, noch wollte er, noch wollte er leben, wollte er schaffen, und dieser Wille schuf das Wunder gegen das Gesetz der Natur. In Aachen warnten die Ärzte ihn dringend, länger als drei Stunden in dem heißen Wasser zu bleiben, sein Herz würde es nicht überdauern, es könnte ihn töten. Aber der Wille wagte den Tod um des Lebens und um seiner wildesten Lust willen: des Gesundens. Neun Stunden blieb Händel täglich zum Schrecken der Ärzte in dem heißen Bade, und mit dem Willen wuchs ihm die Kraft. Nach einer Woche konnte er sich schon wieder hinschleppen, nach einer zweiten den Arm bewegen und, ungeheurer Sieg des Willens und der Zuversicht, noch einmal riß er sich los aus der lähmenden Umstrickung des Todes, um das Leben zu umfassen, heißer, glühender als je zuvor mit jener unsäglichen Beglückung, die nur der Genesende kennt.

Am letzten Tage, völlig Herr seines Leibes, da er abreisen sollte von Aachen, machte Händel halt vor der Kirche. Nie war er sonderlich fromm gewesen, aber nun, da er im gnädig wiedergegebenen freien Gang zum Emporium hinaufschritt, wo die Orgel stand, fühlte er sich vom Unermeßlichen bewegt. Er rührte mit der Linken versuchend die Tasten. Es klang, es klang hell und rein durch den wartenden Raum. Nun versuchte sich zögernd die Rechte, die lange verschlossen und erstarrt gewesen. Und siehe, auch unter ihr sprang wie silberne Quelle der Klang empor. Allmählich begann er zu spielen, zu phantasieren, und es riß ihn mit in das große Strömen. Wunderbar türmten und bauten sich ins Unsichtbare die klingenden Quadern, herrlich wieder stiegen und stiegen die luftigen Gebäude seines Genius schattenlos empor, wesenlose Helle, tönendes Licht. Unten lauschten namenlos die Nonnen und die Frommen. So hätten sie niemals einen Irdischen spielen gehört. Und Händel, das Haupt demütig geneigt, spielte und spielte. Er hatte wieder seine Sprache gefunden, mit der er redete zu Gott, zur Ewigkeit und zu den Menschen. Er konnte wieder musizieren, er konnte wieder schaffen. Nun erst fühlte er sich genesen.

„Aus dem Hades bin ich zurückgekehrt", sagte stolz, die breite Brust aufgespannt, die mächtigen Arme ausreckend, Georg Friedrich Händel zu dem Londoner Arzt, der nicht umhin konnte, das medizinische Wunder zu bestaunen. Und mit voller Kraft, mit seiner berserkerischen Arbeitswut warf sich unverzüglich und mit verdoppelter Gier der Genesende wieder ins Werk. Die alte Kampflust war neuerdings über den Dreiundfünfzigjährigen gekommen. Eine Oper schreibt er – herrlich gehorcht ihm die gesundete Hand –, eine zweite, eine dritte, die großen Oratorien „Saul" und „Israel in Ägypten" und das „Allegro e Pensieroso"; wie aus einer lange gestauten Quelle schwillt unerschöpflich die schöpferische Lust empor. Aber die Zeit ist wider ihn. Der Tod der Königin unterbricht die Aufführungen, dann beginnt der spanische Krieg, auf den öffentlichen Plätzen sammelt sich täglich schreiend und singend die Menge, doch das Theater bleibt leer, und die Schulden türmen sich. Dann kommt der harte Winter. Solche Kälte fällt über London, daß die Themse gefriert und mit klirrenden Schellen die Schlitten über die spiegelnde Fläche fahren; geschlossen stehen während dieser schlimmen Zeit alle Säle, denn keine Engelsmusik trotzte solch grausamem Frost in den Räumen. Dann erkranken die Sänger, eine Vorstellung nach der andern muß abgesagt werden; immer schlimmer wird Händels mißliche Lage. Die Gläubiger drängen, die Kritiker höhnen, das Publikum bleibt gleichgültig und stumm; allmählich bricht dem verzweifelt Ringenden der Mut. Eine Benefizvorstellung hat ihn gerade noch vor dem Schuldturm gerettet, aber welche Schande, als Bettelnder sich das Leben zu erkaufen! Immer mehr schließt Händel sich ab, immer düsterer wird sein Sinn. War es nicht besser, da die eine Seite des Leibes gelähmt war, als nun die ganze Seele? Schon im Jahre 1740 fühlt sich Händel neuerdings als besiegter, geschlagener Mann, Schlacke und Asche seines einstigen Ruhmes. Mühsam rafft er noch aus früheren Werken Stücke zusammen, ab und zu schafft er noch kleinere Tat. Aber versiegt ist das große Strömen, dahin die Urkraft in dem wieder gesunden Leib; zum erstenmal fühlt er sich müde, der riesige Mann, zum erstenmal besiegt der herrliche Kämpfer, zum erstenmal den heiligen Strom der Schaffenslust in sich stocken und versiegen, der schöpferisch seit fünfunddreißig Jahren eine Welt überströmt. Noch einmal ist es zu Ende, noch einmal. Und er weiß oder meint es zu wissen, der ganz Verzweifelte: zu Ende für immerdar. Wozu, seufzt er auf, hat Gott mich auferstehen lassen aus meiner Krankheit, wenn die Menschen mich wieder begraben? Besser, ich wäre gestorben, statt, ein Schatten meiner selbst, im Kalten, im Leeren dieser Welt dahinzuschleichen. Und im Zorn murmelt er manchmal das Wort dessen, der am Kreuze hing: „Gott, mein Gott, warum hast du mich verlassen?"

Ein verlorener, ein verzweifelter Mann, müde seiner selbst, ungläubig an seine Kraft, ungläubig vielleicht auch an Gott, irrt Händel in jenen Monaten abends in London herum. Erst spät wagt er sich aus dem Haus, denn bei Tag warten die Gläubiger mit den Schuldzetteln vor der Tür, ihn zu fassen, und auf der Straße widern ihn die Blicke, die gleichgültigen und verächtlichen, der Menschen. Manchmal überlegt er, ob er nicht flüchten solle nach Irland hinüber, wo man noch an seinen Ruhm glaubt – ach, sie ahnen nicht, wie zerbrochen die Kraft ist in seinem Leibe –, oder nach Deutschland, nach Italien; vielleicht, daß dort noch einmal der innere Frost auftaut, daß noch einmal, von süßem Südwind berührt, die Melodie aufbricht aus dem verwüsteten Felsland der Seele. Nein, er erträgt es nicht, dies eine, nicht schaffen, nicht wirken zu können, er erträgt es nicht, Georg Friedrich Händel, besiegt zu sein. Manchmal bleibt er stehen vor einer Kirche. Aber er weiß, Worte geben ihm keinen Trost. Manchmal sitzt er in einer Schenke; aber wer den hohen Rausch, den seligen und reinen des Schaffens, gekannt, den ekelt der Fusel des gebrannten Wassers. Und manchmal starrt er von der Brücke der Themse nieder in das nachtschwarze, stumme Strömen, ob es nicht besser wäre, mit einem entschlossenen Ruck alles von sich zu werfen! Nur die Last dieser Leere nicht mehr tragen, nur nicht das Einsamkeitsgrauen, von Gott und den Menschen verlassen zu sein.

Wiederum war er so nächtens herumgeirrt. Es war ein glühendheißer Tag gewesen, dieser 21. August 1741, wie geschmolzenes Metall hatte dunstig und schwül der Himmel über London gelegen; erst nachts war Händel fortgegangen, im Green Park ein wenig Luft zu atmen. Dort, im unergründlichen Schatten der Bäume, wo niemand ihn sehen, niemand ihn quälen konnte, hatte er müde gesessen, denn wie eine Krankheit lastete nun diese Müdigkeit auf ihm, Müdigkeit zu reden, zu schreiben, zu spielen, zu denken, Müdigkeit zu fühlen, Müdigkeit zu leben. Denn wozu und für wen? Wie ein Trunkener war er dann die Straße heimgegangen, Pall Mall entlang und St. Jamesstreet, nur von dem einzigen süchtigen Gedanken bewegt: schlafen, schlafen, nichts mehr wissen, nur ausruhen, ruhen, und am besten für immer. Im Hause Brookstreet war niemand mehr wach. Langsam – ach, wie müde er doch geworden war, wie müde sie ihn gehetzt hatten, die Menschen! – klomm er die Stiege empor, bei jedem der schweren Schritte knirschte das Holz. Endlich war er im Zimmer. Er schlug das Feuerzeug an und entflammte die Kerze an dem Schreibpult: ohne zu denken tat er es, mechanisch, wie er es Jahre getan, um sich an die Arbeit zu setzen. Denn damals – ein wehmütiger Seufzer brach unwillkürlich ihm über die Lippe – holte er von jedem Spaziergang eine Melodie, ein Thema heim, immer zeichnete er es dann hastig auf, um das Erdachte nicht an den Schlaf zu verlieren. Jetzt aber war der

Tisch leer. Kein Notenblatt lag dort, nichts war zu beginnen nichts zu beenden. Das heilige Mühlrad stand still im erfrorenen Strome. Es gab nichts zu beginnen, nichts zu beenden. Der Tisch lag leer. Doch nein: nicht leer! Leuchtete dort nicht im hellen Viereck etwas Papierenes und Weißes? Händel griff hin. Es war ein Paket, und er fühlte Geschriebenes darin. Rasch brach er das Siegel auf. Ein Brief lag zuoberst, ein Brief von Jennens, dem Dichter, der ihm den Text zu „Saul" und „Israel in Ägypten" geschrieben. Er sende ihm, schrieb er, eine neue Dichtung und hoffe, der hohe Genius der Musik, phoenix musicae, werde sich gnädigst seiner armen Worte erbarmen und sie auf seinen Flügeln dahintragen durch den Äther der Unsterblichkeit. Händel fuhr auf, wie von etwas Widrigem berührt. Wollte dieser Jennens ihn noch höhnen, ihn, den Abgestorbenen, den Erlahmten? Mit einem Riß zerfetzte er den Brief, warf ihn zerknüllt zu Boden und stampfte darauf. „Schuft! Schurke!" brüllte er; in seine tiefste, brennendste Wunde hatte dieser Ungeschickte gestoßen und sie aufgerissen bis zur Galle, bis in die bitterste Bitternis seiner Seele. Zornig blies er dann das Licht aus, tappte verworren in sein Schlafgemach und warf sich hin auf die Lagerstatt: Tränen brachen ihm plötzlich aus den Augen, und der ganze Leib zitterte in der Wut seiner Ohnmacht. Wehe dieser Welt, in welcher der Beraubte noch immer gehöhnt wird und der Leidende gequält! Warum ihn noch anrufen, da ihm das Herz schon erstarrt war und die Kraft genommen, warum ihn noch fordern zu einem Werke, da ihm die Seele lahm geworden und die Sinne ohne Kraft? Nur schlafen jetzt, dumpf wie ein Tier, nur vergessen, nur nicht mehr sein! Schwer lag er auf seinem Lager, der verstörte, verlorene Mann.

Aber er konnte nicht schlafen. Eine Unruhe war in ihm, aufgewühlt vom Zorn wie das Meer vom Sturm, eine böse und geheimnisvolle Unruhe. Er warf sich von der Linken zur Rechten und von der Rechten wieder zur Linken und ward immer wacher und wacher. Ob er nicht doch aufstehen sollte und die Textworte prüfen? Aber nein, was vermöchte noch das Wort über ihn, den Erstorbenen! Nein, es gab keinen Trost mehr für ihn, den Gott in die Tiefe fallen gelassen, den er abgeschieden vom heiligen Strome des Lebens! Und doch, immer pochte noch eine Kraft in ihm, geheimnisvoll neugierig, die ihn drängte, und seine Ohnmacht konnte ihr nicht wehren. Händel stand auf, ging in das Zimmer zurück und schlug nochmals das Licht an mit vor Erregung zitternden Händen. Hatte ihn nicht schon einmal ein Wunder aufgehoben aus der Lähmung des Leibes? Vielleicht wußte Gott auch der Seele Heilkraft und Trost. Händel schob die Leuchte heran an die beschriebenen Blätter. „The Messiah!" stand auf der ersten Seite. Ach, wieder ein Oratorio! Die letzten hatten versagt. Aber unruhig, wie er war, schlug er das Titelblatt um und begann.

Beim ersten Wort fuhr er auf. „Comfort ye", so begann der geschriebene Text. „Sei getrost!" – wie ein Zauber war es, dieses Wort – nein, nicht Wort: Antwort war es, göttlich gegeben, Engelsruf aus verhangenen Himmeln in sein verzagendes Herz. „Comfort ye" – wie dies klang, wie es aufrüttelte innen die verschüchterte Seele, schaffendes, erschaffendes Wort. Und schon, kaum gelesen, kaum durchfühlt, hörte Händel es als Musik, in Tönen schwebend, rufend, rauschend, singend. O Glück, die Pforten waren auf getan, er fühlte, er hörte wieder in Musik!

Die Hände bebten ihm, wie er nun Blatt um Blatt wandte. Ja, er war aufgerufen, angerufen, jedes Wort griff in ihn ein mit unwiderstehlicher Macht. „Thus saith the Lord („So spricht der Herr!"), war dies nicht ihm gesagt, und ihm allein, war dies nicht dieselbe Hand, die ihn zu Boden geschlagen, die ihn nun selig aufhob von der Erde? „And he shall purify" („Er wird dich reinigen") – ja, dies war ihm geschehen; weggefegt war mit einemmal die Düsternis aus dem Herzen, Helle war eingebrochen und die kristallische Reinheit des tönenden Lichtes. Wer anders hatte solche aufhebende Wortgewalt diesem armen Jennens, diesem Dichterling in Gopsall, in die Feder gedrängt, wenn nicht Er, der einzig seine Not kannte? „That they may offer unto the Lord" („Daß sie Opfer darbrächten dem Herrn") – ja, eine Opferflamme entzünden aus dem lodernden Herzen, daß sie aufschlage bis in den Himmel, Antwort geben, Antwort auf diesen herrlichen Ruf. Ihm war es gesagt, nur ihm allein, dieses „Ruf aus dein Wort mit Macht" – oh, ausrufen dies, ausrufen mit der Gewalt der dröhnenden Posaunen, des brausenden Chors, mit dem Donner der Orgel, daß noch einmal wie am ersten Tag das Wort, der heilige Logos, die Menschen erwecke, sie alle, die andern, die noch verzweifelt im Dunkel gingen, denn wahrlich „Behold, darkness shall cover the earth", noch deckt Dunkel die Erde, noch wissen sie nicht um die Seligkeit der Erlösung, die ihm in dieser Stunde geschehen. Und kaum gelesen, schon brauste er ihm auf, vollgeformt, der Dankruf „Wonderful, counsellor, the mighty God" – ja, so ihn preisen, den Wundervollen, der Rat wußte und Tat, ihn, der den Frieden gab dem verstörten Herzen! „Denn der Engel des Herrn trat zu ihnen" – ja, mit silberner Schwinge war er niedergefahren in den Raum und hatte ihn angerührt und erlöst. Wie da nicht danken, wie nicht aufjauchzen und jubeln mit tausend Stimmen in der einen und eigenen, wie nicht singen und lobpreisen: „Glory to God!"

Händel beugte sein Haupt über die Blätter wie unter großem Sturm. Alle Müdigkeit war dahin. So hatte er nie seine Kraft gefühlt, noch nie sich ähnlich durchströmt empfunden von aller Lust des Schöpfertums. Und immer wieder wie Güsse von warmem, lösendem Licht strömten die Worte über ihn, jedes in sein Herz gezielt, beschwörend, befreiend! „Rejoice" („Freue dich") - wie dieser Chorgesang herrlich aufriß, unwillkürlich hob er das Haupt, und die Arme spannten sich weit. „Er ist der wahre Helfer" - ja, dies wollte er bezeugen, wie nie es ein Irdischer getan, aufheben wollte er sein Zeugnis wie eine leuchtende Tafel über die Welt. Nur der viel gelitten, weiß um die Freude, nur der Geprüfte ahnt die letzte Güte der Begnadigung, sein ist es, vor den Menschen zu zeugen von der Auferstehung um des erlebten Todes willen. Als Händel die Worte las: „He was despised" („Er ward verachtet"), da kam ein schweres Erinnern, in dunklen, drückenden Klang verwandelt, zurück. Schon hatten sie ihn besiegt gemeint, schon ihn lebendigen Leibes begraben, mit Spott ihn verfolgt - „And they that see him, laugh" - sie hatten gelacht, da sie ihn sahen. „Und da war keiner, der Trost dem Dulder gab." Niemand hatte ihm geholfen, niemand ihn getröstet in seiner Ohnmacht, aber, wunderbare Kraft, „He trusted in God", er vertraute Gott, und siehe, er ließ ihn nicht im Grabe ruhen - „But thou didst not leave his soul in hell". Nein, nicht im Grabe seiner Verzweiflung, nicht in der Hölle seiner Ohnmacht, einem Gebundenen, einem Entschwundenen, hatte ihm Gott die Seele gelassen, nein, aufgerufen noch einmal hatte er ihn, daß er die Botschaft der Freude zu den Menschen trage. „Lift up your heads" („Auf hebt eure Häupter") - wie das tönend nun aus ihm drang, großer Befehl der Verkündigung! Und plötzlich erschauerte er, denn da stand, von des armen Jennens Hand geschrieben: „The Lord gave the word."

Der Atem stockte ihm. Hier war Wahrheit gesagt durch einen zufälligen Menschenmund: der Herr hatte ihm das Wort gesandt, von oben war es an ihn ergangen. „The Lord gave the word": von ihm kam das Wort, von ihm kam der Klang, von ihm die Gnade! Zu ihm zurück muß es gehen, zu ihm aufgehoben werden von der Flut des Herzens, ihm lobzusingen war jedes Schaffenden Lust und Pflicht. Oh, es fassen und halten und heben und schwingen, das Wort, es dehnen und spannen, daß es weit werde wie die Welt, daß es allen Jubel des Daseins umfasse, daß es groß werde wie Gott, der es gegeben, oh, das Wort, das sterbliche und vergängliche, durch Schönheit und unendliche Inbrunst zurückverwandeln in Ewigkeit! Und siehe: da war es ja hingeschrieben, da klang es, das Wort, unendlich wiederholbar, verwandelbar, da war es: „Halleluja! Halleluja! Halleluja!" Ja, alle Stimmen dieser Erde darin zusammenfassen, die hellen und die dunklen, die beharrende des Mannes, die nachgiebige der Frau, sie füllen und steigern und wandeln, sie binden und lösen im rhythmischen Chore, sie aufsteigen lassen und niedersteigen die Jakobsleiter der Töne, sie schwichtigen mit dem süßen Strich der Geigen, sie anfeuern mit dem scharfen Stoß der Fanfaren, sie brausen lassen im Donner der Orgel: Halleluja! Halleluja! Halleluja! – aus diesem Wort, aus diesem Dank einen Jubel schaffen, der von dieser Erde zurückdröhnte bis zum Schöpfer des Alls!

Tränen dunkelten Händel das Auge, so ungeheuer drängte die Inbrunst in ihm. Noch waren Blätter zu lesen, der dritte Teil des Oratoriums. Aber nach diesem „Halleluja, Halleluja" vermochte er nicht mehr weiter. Vokalisch füllte ihn dieses Jauchzen innen an, es dehnte und spannte, es schmerzte schon wie flüssiges Feuer, das strömen wollte, entströmen. Oh, wie es engte und drängte, denn es wollte aus ihm, wollte auf und in den Himmel zurück. Hastig griff Händel zur Feder und zeichnete Noten auf, mit magischer Eile formte sich Zeichen auf Zeichen. Er konnte nicht innehalten, wie ein Schiff, die Segel vom Sturm gefaßt, riß es ihn fort und fort. Rings schwieg die Nacht, stumm lag das feuchte Dunkel über der großen Stadt. Aber in ihm strömte das Licht, und unhörbar dröhnte das Zimmer von der Musik des Alls.

Als der Diener am nächsten Morgen behutsam eintrat, saß Händel noch am Arbeitstisch und schrieb. Er antwortete nicht, als Christof Schmidt, sein Adlatus, scheu ihn fragte, ob er beim Kopieren behilflich sein könne, er knurrte nur dumpf und gefährlich. Keiner wagte sich mehr an ihn heran, und er verließ das Zimmer nicht in diesen drei Wochen, und wenn man ihm das Essen brachte, brockte er mit der linken Hand hastig ein paar Krumen Brot ab, die rechte schrieb, weiter. Denn er vermochte nicht innezuhalten, es war wie eine große Trunkenheit über ihm. Wenn er aufstand und durch das Zimmer ging, laut singend und taktierend, blickten seine Augen fremd; wenn man ihn ansprach, schrak er auf, und seine Antwort war ungewiß und ganz verworren. Der Diener hatte unterdes schwere Tage. Es kamen die Gläubiger, ihre Schuldscheine einzulösen, es kamen die Sänger, um eine Festtagskantate zu erbitten, es kamen Boten, Händel in das königliche Schloß zu laden; alle mußte der Diener abweisen, denn wenn er versuchte, nur mit einem Wort sich an den hingerissen Arbeitenden zu wenden, so fuhr ihm löwenhaft der Zorn des Aufgereizten entgegen. Georg Friedrich Händel wußte in jenen Wochen nicht mehr um Zeit und Stunde, er schied nicht mehr Tag und Nacht, er lebte vollkommen in jener Sphäre, die Zeit nur mißt in Rhythmus und Takt, er wogte nur mitgerissen von dem Strömen, das aus ihm immer wilder, immer drängender quoll, je mehr das Werk sich der heiligen Stromschnelle näherte, dem Ende. Gefangen in sich selber, durchmaß er mit stampfenden, taktierenden Schritten immer nur den selbstgeschaffenen Kerker des Raumes, er sang, er griff in das Cembalo, dann setzte er sich wieder hin und schrieb und schrieb, bis ihm die Finger brannten; nie hatte zeitlebens ein solcher Sturz des Schöpfertums ihn überkommen, nie hatte er so gelebt, so gelitten in Musik.

Endlich, nach drei knappen Wochen – unfaßbar noch heute und für alle Ewigkeit! –, am 14. September, war das Werk beendet. Das Wort war Ton geworden, unverwelklich blühte und klang, was eben noch trockne, dürre Rede gewesen. Das Wunder des Willens war vollbracht von der entzündeten Seele wie einst von dem gelähmten Leibe das Wunder der Auferstehung. Alles war geschrieben, geschaffen, gestaltet, in Melodie und Aufschwung entfaltet – nur ein Wort fehlte noch, das letzte des Werkes: „Amen". Aber dieses „Amen", diese zwei knappen, raschen Silben, sie faßte Händel nun, um aus ihnen ein klingendes Stufenwerk bis in den Himmel zu bauen. Den einen Stimmen warf er sie zu und den andern im wechselnden Chore, er dehnte sie, die beiden Silben, und riß sie immer wieder auseinander, um sie immer wieder neu und noch glühender zu verschmelzen, und wie Gottes Atem fuhr seine Inbrunst in dieses Ausklangswort seines großen Gebetes, daß es weit ward wie die Welt und voll ihrer Fülle. Dieses eine, dieses letzte Wort, es ließ ihn nicht, und er ließ es nicht, in großartiger Fuge baute er dies „Amen" auf aus dem ersten Vokal, dem hallenden A, dem Urklang des Anfanges, bis es ein Dom war, dröhnend und voll, und mit der Spitze reichend bis in den Himmel, immer noch höher steigend und wieder fallend und wieder steigend, und schließlich von dem Orgelsturm gepackt, von der Gewalt der vereinten Stimmen noch und nochmals emporgeschleudert, alle Sphären erfüllend, bis daß es war, als ob in diesem Päan des Dankes auch die Engel mitsängen, und das Gebälk splitterte zu seinen Häupten von diesem ewigen „Amen! Amen! Amen!"

Händel stand mühsam auf. Die Feder fiel ihm aus der Hand. Er wußte nicht, wo er war. Er sah nicht mehr, er hörte nicht mehr. Nur Müdigkeit fühlte er, unermeßliche Müdigkeit. Er mußte sich halten an den Wänden, so taumelte er. Entschwunden war ihm die Kraft, todgemüdet der Leib, verworren die Sinne. Wie ein Blinder tappte er weiter die Wand entlang. Dann fiel er hin auf das Bett und schlief wie ein Toter.

Dreimal hatte im Laufe des Vormittags der Diener leise die Tür aufgeklinkt. Der Meister schlief noch immer; reglos, wie aus blassem Stein gehauen, lag sein verschlossenes Gesicht. Mittags versuchte der Diener zum viertenmal, ihn zu wecken. Er räusperte sich laut, er klopfte vernehmlich. Aber in die unermeßliche Tiefe dieses Schlafes drang kein Laut und reichte kein Wort hinab. Christof Schmidt kam nachmittags zu Hilfe, noch immer lag Händel in dieser Starre. Er beugte sich über den Schlafenden: wie ein toter Held auf der Walstatt nach dem errungenen Sieg, so lag er da, erschlagen von der Müdigkeit nach unsäglicher Tat. Aber Christof Schmidt und der Diener, sie wußten nicht um die Tat und den Sieg; nur Schrecknis kam sie an, da sie ihn so lange liegen sahen, so unheimlich reglos; sie fürchteten, abermals könnte ein Schlag ihn niedergeschmettert haben. Und als abends trotz allem Rütteln Händel noch immer nicht erwachen wollte – siebzehn Stunden schon lag er so dumpf und starr –, lief Christof Schmidt wieder zum Arzt. Er fand ihn nicht gleich, denn Dr. Jenkins war, den milden Abend nützend, ans Themseufer gegangen, um zu angeln, und knurrte, endlich aufgefunden, über die unwillkommene Störung. Erst als er hörte, daß es Händel galt, räumte er Schnur und Fischzeug zusammen, holte – es verging reichlich Zeit – sein chirurgisches Besteck, um den wahrscheinlich nötigen Aderlaß zu applizieren, und endlich trabte das Pony mit den beiden nach Brookstreet.

Aber da war schon der Diener, mit beiden Armen ihnen entgegenwinkend. „Er ist aufgestanden", rief er noch über die Straße ihnen zu. „Und jetzt ißt er wie sechs Lastträger. Den halben Yorkshirer Schinken hat er in einem Ruck und Riß hinuntergeschlungen, vier Pinten Bier hab' ich ihm füllen müssen, und immer will er noch mehr."

Und wirklich, da saß Händel gleich einem Bohnenkönig vor dem überfüllten Tisch, und wie er in einer Nacht und einem Tag den Schlaf dreier Wochen geschlafen, so aß und trank er jetzt mit aller Lust und Gewalt seines riesigen Leibes, als wollte er auf einmal in sich wieder zurückraffen, was er in Wochen an Kraft an sein Werk gegeben. Kaum ward er des Doktors ansichtig, so begann er zu lachen, es wurde allmählich ein ungeheures, ein schallendes, ein dröhnendes, ein hyperbolisches Lachen; Schmidt erinnerte sich, daß er in all diesen Wochen kein Lächeln um Händels Lippen gesehen, nur Anspannung und Zorn; jetzt aber barst sie vor, die gestaute Urfroheit seiner Natur, sie dröhnte wie die Flut gegen den Felsen, sie schäumte und überschlug sich in kollernden Lauten – nie hatte Händel so elementarisch gelacht in seinem Leben wie nun, da er den Arzt erblickte in der Stunde, da er sich heil wußte wie nie und die Lust des Daseins ihn rauschend durchströmte. Hoch hob er den Krug und schwenkte ihn dem Schwarzgewandeten grüßend entgegen. „Hol' mich dieser oder jener", staunte Dr. Jenkins. „Was ist's mit Euch? Was für ein Elixier habt Ihr getrunken? Ihr platzt ja vor Leben! Was ist mit Euch geschehen?"

Händel blickte ihn an, lachend, mit funkelnden Augen. Dann ward er allmählich ernst. Er stand langsam auf und schritt an das Cembalo. Er setzte sich hin, die Hände gingen erst leer über die Tasten. Dann wandte er sich um, lächelte sonderbar und begann leise, halb sprechend, halb singend, die Melodie des Rezitativs „Behold, I tell you a mystery" („Vernehmt, ich spreche ein Geheimnis aus") – es waren die Worte aus dem „Messiah", und scherzhaft waren sie begonnen. Aber kaum daß er die Finger in die laue Luft getaucht, so zog sie ihn mit. Im Spielen vergaß Händel die anderen und sich selbst, großartig riß ihn die eigene Strömung mit. Plötzlich war er wieder mitten im Werke, er sang, er spielte die letzten Chöre, die er bisher nur wie im Traum gestaltet; jetzt aber hörte er sie wach zum erstenmal: „Oh death where is thy sting" („Ja, wo ist er, dein Stachel, o Tod"), fühlte er innerlich, durchdrungen von der Feurigkeit des Lebens, und stärker hob er die Stimme, selbst der Chor, der jubelnde, der jauchzende, und weiter, weiter spielte und sang er bis zu dem „Amen, Amen, Amen", und fast brach der Raum ein von den Tönen, so stark, so wuchtig warf er seine Kraft in die Musik. Dr. Jenkins stand wie betäubt. Und als Händel sich endlich erhob, sagte er verlegen bewundernd, nur um etwas zu sagen: „Mann, so was habe ich nie gehört. Ihr habt ja den Teufel im Leibe."

Aber da verdüsterte sich Händels Gesicht. Auch er war erschrocken über das Werk und die Gnade, die über ihn wie im Schlafe gekommen. Auch er schämte sich. Er wandte sich ab und sagte leise, kaum konnten die anderen es hören: „Ich glaube, vielmehr, daß Gott mit mir gewesen ist."

Einige Monate später klopften zwei wohlgekleidete Herren an das Miethaus in Abbeystreet, in dem der vornehme Gast aus London, der große Meister Händel, Wohnung in Dublin genommen hatte. Ehrerbietig brachten sie ihre Bitte vor, Händel habe in diesen Monaten die Hauptstadt Irlands mit so herrlichen Werken erfreut, wie sie nie hierzulande vernommen worden seien. Nun hätten sie gehört, daß er auch sein neues Oratorio „The Messiah" zum erstenmal hier zur Aufführung bringen wolle; nicht gering sei die Ehre, daß er gerade dieser Stadt, noch vor London, die Darbietung seiner jüngsten Schöpfung gewähren wolle, und in Anbetracht der Außerordentlichkeit jenes Concertos sei ein besonderes Erträgnis zu erwarten. Nun kämen sie fragen, ob der Meister nicht in seiner allbekannten Großmütigkeit das Erträgnis jener ersten Aufführung den wohltätigen Anstalten zuführen wolle, welche sie zu vertreten die Ehre hätten.

Händel sah sie freundlich an. Er liebte diese Stadt, weil sie ihm Liebe gegeben, und sein Herz war aufgetan. Gern sei er einverstanden, lächelte er, und sie mögen nur sagen, welchen Anstalten das Erträgnis zufallen solle. „Der Unterstützung der Gefangenen in den verschiedenen Gefängnissen", sagte der erste, ein gütiger weißhaariger Mann. „Und den Kranken in Merciers Hospital", fügte der andere bei. Aber selbstverständlich bezöge sich diese großherzige Widmung nur auf das Erträgnis der ersten Aufführung, die anderen verblieben dem Meister.

Doch Händel wehrte ab. „Nein", sagte er leise, „kein Geld für dieses Werk. Nie will ich je Geld dafür nehmen, niemals, ich stehe da einem anderen in Schuld. Immer soll es den Kranken gehören und den Gefangenen. Denn ich bin selbst ein Kranker gewesen und bin daran gesundet. Und ich war ein Gefangener, und es hat mich befreit."

Die beiden Männer blickten auf, etwas verwundert. Sie verstanden nicht ganz. Aber dann dankten sie sehr, verbeugten sich und gingen, die frohe Botschaft in Dublin zu verbreiten.

Am 7. April 1742 war endlich die letzte Probe angesetzt. Nur wenige Anverwandte der Chorsänger aus beiden Kathedralen waren als Zuhörer zugelassen, und man hatte, um zu sparen, den Raum der Music Hall in Fishamble Street nur schwach erleuchtet. Vereinzelt und verstreut saß da ein Paar und dort eine Gruppe auf den leeren Bänken, um das neue Opus des Meisters aus London zu vernehmen, dunkel und kalt nebelte die weite Halle. Aber ein Merkwürdiges geschah, kaum daß die Chöre, klingenden Katarakten gleich, niederzubrausen begannen. Unwillkürlich rückten die einzelnen Gruppen auf den Bänken zusammen und ballten sich allmählich zu einem einzigen dunklen Block des Hörens und Staunens, denn jedem war, als sei die Wucht dieser nie gehörten Musik für ihn, den einzelnen, zuviel, als müsse sie ihn wegschwemmen und wegreißen. Immer näher drängten sie aneinander, es war, als wollten sie mit einem einzigen Herzen hören, als eine einzige fromme Gemeinde das Wort Zuversicht empfangen, das, immer anders gesagt und geformt, ihnen entgegenbrauste aus den verschlungenen Stimmen. Schwach fühlte sich jeder vor dieser urhaften Stärke und doch selig von ihr gefaßt und getragen, und ein Schauer von Lust ging durch sie alle wie durch einen einzigen Leib. Als das „Halleluja" zum erstenmal dröhnte, riß es einen empor, und alle wie mit einem Ruck erhoben sich mit ihm; sie fühlten, man konnte nicht an der Erde kleben, angepackt von solcher Gewalt, sie standen auf, um mit ihren Stimmen Gott um einen Zoll näher zu sein und ihm dienend ihre Ehrfurcht zu bieten. Und dann gingen sie und erzählten von Tür zu Tür, ein Werk der Tonkunst sei geschaffen wie noch nie eines auf Erden. Und in Spannung und Freude bebte die ganze Stadt, dies Meisterwerk zu vernehmen.

Sechs Tage später, am 13. April, abends, staute sich die Menge vor den Türen. Die Damen waren ohne Reifröcke gekommen, die Kavaliere ohne Degen, damit mehr Zuhörer Raum finden konnten in dem Saale; siebenhundert Menschen, eine nie erreichte Zahl, drängten heran, so rasch hatte der Ruhm des Werkes sich im voraus verbreitet; aber kein Atem war zu hören, als die Musik begann, und immer lautloser wurde das Lauschen. Dann aber brachen die Chöre herab, orkanische Gewalt, und die Herzen begannen zu schauern. Händel stand bei der Orgel. Er wollte sein Werk überwachen und führen, aber es riß sich los von ihm, er verlor sich in ihm, es ward ihm fremd, als hätte er es nie vernommen, nie geschaffen und gestaltet, abermals strömte er mit in dem eigenen Strome. Und als am Ende das „Amen" anhub, da brachen ihm unwissend die Lippen auf, und er sang mit in dem Chor, er sang, wie er nie gesungen in seinem Leben. Aber dann, kaum daß der Jubel der anderen tosend den Raum erfüllte, schlich er still seitab, um nicht den Menschen zu danken, die ihm danken wollten, sondern der Gnade, die ihm dies Werk gegeben. Die Schleuse hatte sich geöffnet. Nun strömte durch Jahre und Jahre wieder der klingende Strom. Nichts vermochte von jetzt ab Händel zu beugen, nichts den Auferstandenen wieder niederzuzwingen. Abermals wurde die Operngesellschaft, die er in London gegründet, bankrott, abermals hetzten ihn die Gläubiger mit Schulden: nun aber stand er aufrecht und bestand alle Widrigkeiten, unbekümmert schritt der Sechzigjährige seinen Weg die Meilensteine der Werke entlang. Man machte ihm Schwierigkeiten über Schwierigkeiten, aber glorreich wußte er sie zu besiegen. Das Alter höhlte mählich seine Kraft, es lahmten ihm die Arme, die Gicht krampfte die Beine, aber mit unermüdlicher Seele schuf er weiter und schuf. Schließlich versagte das Augenlicht; während er seinen „Jephta" schrieb, erblindete er. Doch noch mit verschlossenem Auge, wie Beethoven mit verschlossenem Ohr, schuf er weiter und weiter, unermüdlich, unbesiegbar, und nur noch demütiger vor Gott, je großartiger seine Siege auf Erden waren.

Wie alle wahren und strengen Künstler rühmte er seine eigenen Werke nicht. Aber eines liebte er, den „Messiah", er liebte dieses Werk aus Dankbarkeit, weil es ihn aus dem eigenen Abgrund gerettet, weil er sich in ihm selber erlöst. Jahr für Jahr führte er es in London auf, jedesmal den vollen Ertrag, jedesmal fünfhundert Pfund zum Besten des Hospitals, überweisend, der Genesene an die Gebrestigen, der Befreite an jene, die noch in den Banden lagen. Und mit diesem Werke, mit dem er aus dem Hades aufgestiegen, wollte er auch Abschied nehmen. Am 6. April 1759, schon schwer erkrankt, ließ sich der Vierundsiebzigjährige noch einmal nach Covent Garden aufs Podium führen. Und da stand er, der riesige blinde Mann, inmitten seiner Getreuen, inmitten der Musiker und der Sänger: seine leeren, seine erloschenen Augen konnten sie nicht sehen. Aber als nun in großem, rauschendem Schwung die Wogen der Töne gegen ihn rollten, als der Jubel der Gewißheit orkanisch aus hunderten Stimmen ihm entgegenschwoll, da erleuchtete sich das müde Gesicht und ward hell. Er schwang die Arme zum Takt, er sang so ernst und gläubig mit, als stünde er priesterlich zu Häupten seines eigenen Sarges, und betete mit allen um seine und aller Erlösung. Nur einmal, als bei dem Anruf „The trumpet shall round" („Die Posaune soll erschallen") scharf die Trompeten ansetzten, zuckte er auf und sah mit seinen starren Augen nach oben, als wäre er schon jetzt bereit zum Jüngsten Gericht; er wußte, er hatte sein Werk gut getan. Er konnte aufrechten Hauptes vor Gott hintreten. Ergriffen führten die Freunde den Blinden nach Hause. Auch sie fühlten: es war ein Abschied gewesen. Auf dem Bette regte er noch leise die Lippen. Am Karfreitag möchte er sterben, murmelte er. Die Ärzte staunten, sie verstanden ihn nicht, denn sie wußten nicht, daß dieser Karfreitag der 13. April war, der Tag, da die schwere Hand ihn zu Boden geschlagen, und der Tag, da sein „Messiah" zum erstenmal in die Welt geklungen. Am Tage, da alles in ihm erstorben gewesen, war er auferstanden. Am Tage, da er auferstanden war, wollte er sterben, um Gewißheit zu haben des Auferstehens zum ewigen Leben. Und wirklich, wie über das Leben, hatte auch über den Tod noch dieser einzige Wille Gewalt. Am 13. April verließen Händel die Kräfte. Er sah nichts mehr, er hörte nichts mehr, unbeweglich lag der massige Leib in den Kissen, ein leeres, schweres Gehäuse. Aber wie die leere Muschel dröhnt vom Tosen des Meeres, so rauschte innen unhörbar Musik, fremder und herrlicher, als er sie jemals vernommen. Langsam löste ihr drängendes Schwellen die Seele ab von dem ermatteten Leibe, sie emporzutragen ins Schwerelose. Flut in Flut, ewigen Klang in die ewige Sphäre. Und am nächsten Tage, noch waren die Osterglocken nicht erwacht, starb endlich dahin, was an Georg Friedrich Händel sterblich gewesen.

Das Genie einer Nacht

Die Marseillaise, 25. April 1792

Das Genie einer Nacht

1792. Zwei Monate, drei Monate schon schwankt in der französischen Nationalversammlung die Entscheidung: Krieg gegen die Koalition der Kaiser und Könige oder Frieden. Ludwig XVI. ist selbst unentschlossen; er ahnt die Gefahr eines Sieges der Revolutionäre, er ahnt die Gefahr ihrer Niederlage. Ungewiß sind auch die Parteien. Die Girondisten drängen zum Kriege, um die Macht zu behalten, Robespierre und die Jakobiner fechten für den Frieden, um inzwischen selbst die Macht an sich zu reißen. Von Tag zu Tag wird die Lage gespannter, die Journale lärmen, die Klubs diskutieren, immer wilder schwirren die Gerüchte, und immer mehr wird die öffentliche Meinung durch sie erregt. Wie immer eine Entscheidung, wird es darum eine Art von Befreiung, wie am 20. April der König von Frankreich endlich den Krieg an den Kaiser von Österreich und den König von Preußen erklärt.

Lastend und seelenverstörend hat in diesen Wochen und Wochen die elektrische Spannung über Paris gelegen; aber noch drückender, noch drohender schwült die Erregung in den Grenzstädten. In allen Biwaks sind schon die Truppen versammelt, in jedem Dorf, in jeder Stadt werden Freiwillige und Nationalgarden ausgerüstet, überall die Festungen instand gesetzt, und vor allem im Elsaß weiß man, daß auf seiner Scholle, wie immer zwischen Frankreich und Deutschland, die erste Entscheidung fallen wird. An den Ufern des Rheins ist der Feind, der Gegner, nicht wie in Paris ein verschwommener, ein pathetisch-rhetorischer Begriff, sondern sichtbare, sinnliche Gegenwart; denn an dem befestigten Brückenkopf, von dem Turm der Kathedrale, kann man die heranrückenden Regimenter der Preußen mit freiem Auge wahrnehmen. Nachts trägt der Wind das Rollen der feindlichen Artilleriewagen, das Klirren der Waffen, die Trompetensignale über den gleichgültig im Mondlicht glitzernden Strom. Und alle wissen: nur ein einziges Wort, nur ein einziges Dekret ist vonnöten, und aus dem schweigenden Mund der preußischen Kanonen fährt Donner und Blitz, und der tausendjährige Kampf zwischen Deutschland und Frankreich hat abermals begonnen – diesmal im Namen der neuen Freiheit auf der einen Seite und im Namen der alten Ordnung auf der andern.

Unvergleichlicher Tag darum, da am 25. April 1792 Stafetten die Nachricht der erfolgten Kriegserklärung aus Paris nach Straßburg bringen. Sofort strömt aus allen Gassen und Häusern das Volk auf die offenen Plätze, kriegsbereit marschiert die ganze Garnison zur letzten Parade, Regiment nach Regiment. Auf dem Hauptplatz erwartet sie der Bürgermeister Dietrich, die dreifarbige Schärpe um den Leib, die Kokarde auf dem Hut, den er grüßend den Soldaten entgegenschwenkt. Fanfarenruf und Trommelwirbel mahnt zur Stille. Mit lauter Stimme liest Dietrich an diesem und allen andern Plätzen der Stadt französisch und deutsch den Wortlaut der Kriegserklärung vor. Nach seinen letzten Worten intonieren die Regimentsmusiker das erste, das vorläufige Kriegslied der Revolution, das „Ça ira", eigentlich eine prickelnde, übermütige, spöttische Tanzmelodie, aber die klirrenden, die donnernden Schritte der ausmarschierenden Regimenter geben ihr martialischen Takt. Dann zerstreut sich die Menge und trägt die angefachte Begeisterung in alle Gassen und Häuser; in den Cafés, in den Klubs werden zündende Ansprachen gehalten und Proklamationen verteilt. „Aux armes, citoyens! L'étendard de la guerre est déployé! Le signal est donné!"; so und mit ähnlichen Anrufen beginnen sie, und überall, in allen Reden, in allen Zeitungen, auf allen Plakaten, auf allen Lippen wiederholen sich solche schlagkräftige, rhythmische Rufe wie „Aux armes, citoyens! Qu'ils tremblent donc, les despotes couronnés! Marchons, enfants de la liberté!", und jedesmal jubelt und jubelt die Masse den feurigen Worten zu.

Immer jubelt die große Masse auf den Straßen und Plätzen bei einer Kriegserklärung, immer aber regen sich in solchen Augenblicken des Straßenjubels auch andere Stimmen, leisere, abseitige; auch die Angst, auch die Sorge wacht auf bei einer Kriegserklärung, nur daß sie heimlich in den Stuben flüstert oder mit blasser Lippe schweigt. Ewig und überall sind Mütter, die sich sagen: Werden die fremden Soldaten nicht meine Kinder hinmorden, in allen Ländern sind die Bauern, die um ihre Habe sorgen, ihre Felder, ihre Hütten, ihr Vieh und ihre Ernte. Wird ihre Saat nicht zerstampft werden, ihr Haus nicht geplündert von den brutalen Horden, nicht mit Blut die Felder ihrer Arbeit gedüngt? Aber der Bürgermeister von Straßburg, Friedrich Baron Dietrich, eigentlich ein Aristokrat, aber wie die beste Aristokratie Frankreichs damals der Sache der neuen Freiheit mit ganzer Seele hingegeben, will nur die lauten, die klingenden Stimmen der Zuversicht zu Wort kommen lassen; bewußt verwandelt er den Tag der Kriegserklärung in ein öffentliches Fest. Die Schärpe quer um die Brust, eilt er von einer Versammlung zur andern, um die Bevölkerung anzufeuern. Er läßt Wein und Zehrung an die abmarschierenden Soldaten verteilen, und am Abend versammelt er in seinem geräumigen Hause auf der Place de Broglie die Generalität, die Offiziere und wichtigsten Amtspersonen zu einem Abschiedsfest, dem Begeisterung schon im vornherein den Charakter eines Siegesfestes gibt. Die Generäle, siegessicher wie immer Generäle, präsidieren, die jungen Offiziere, die im Krieg den Sinn ihres Lebens erfüllt sehen, haben freies Wort. Einer feuert den andern an. Man schwingt die Säbel, man umarmt sich, man trinkt sich zu, man hält bei gutem Wein leidenschaftliche und immer leidenschaftlichere Reden. Und abermals kehren dieselben stimulierenden Worte der Journale und Proklamationen in allen Ansprachen wieder: „Auf zu den Waffen, Bürger! Marschieren wir! Retten wir das Vaterland! Bald werden sie zittern, die gekrönten Despoten. Jetzt, da sich die Fahne des Sieges entrollt hat, ist der Tag gekommen, die Trikolore über die Welt zu tragen! Jeder muß jetzt sein Bestes geben, für den König, für die Fahne, für die Freiheit!" Das ganze Volk, das ganze Land will in solchen Augenblicken eine heilige Einheit werden durch den Glauben an den Sieg und durch Begeisterung für die Sache der Freiheit.

Plötzlich, mitten im Reden und Toastieren, wendet sich der Bürgermeister Dietrich einem jungen Hauptmann vom Festungskorps, namens Rouget, zu, der an seiner Seite sitzt. Er hat sich erinnert, daß dieser nette, nicht gerade hübsche, aber sympathische Offizier vor einem halben Jahr anläßlich der Proklamierung der Konstitution eine recht nette Hymne an die Freiheit geschrieben hat, die der Regimentsmusikus Pleyel gleich vertonte. Die anspruchslose Arbeit hatte sich sangbar erwiesen, die Militärkapelle hatte sie eingelernt, man hatte sie am öffentlichen Platz gespielt und im Chor gesungen. Wären jetzt die Kriegserklärung und der Abmarsch nicht gegebener Anlaß, eine ähnliche Feier zu inszenieren? So fragt Bürgermeister Dietrich ganz lässig, wie man eben einen guten Bekannten um eine Gefälligkeit bittet, den Kapitän Rouget (der sich völlig unberechtigterweise selbst geadelt hat und Rouget de Lisle nennt), ob er nicht den patriotischen Anlaß wahrnehmen wolle und für die ausmarschierenden Truppen etwas dichten, ein Kriegslied für die Rheinarmee, die morgen gegen den Feind ausrücken soll.

Rouget, ein bescheidener, unbedeutender Mann, der sich nie für einen großen Komponisten hielt – seine Verse wurden nie gedruckt, seine Opern refüsiert –, weiß, daß ihm Gelegenheitsverse leicht in die Feder fließen. Um der hohen Amtsperson und dem guten Freunde gefällig zu sein, erklärt er sich bereit. Ja, er wolle es versuchen. „Bravo, Rouget", trinkt ein General von gegenüber ihm zu und mahnt ihn, er solle ihm dann gleich das Lied ins Feld nachschicken; irgendeinen schrittbeflügelnden, patriotischen Marschgesang könne die Rheinarmee wirklich brauchen. Inzwischen beginnt ein anderer eine Rede zu schwingen. Wieder wird toastiert, gelärmt, getrunken. Mit starker Woge geht die allgemeine Begeisterung über die kleine zufällige Zwiesprache hinweg. Immer ekstatischer, immer lauter, immer frenetischer wird das Gelage, und die Stunde steht schon bedenklich spät nach Mitternacht, da die Gäste das Haus des Bürgermeisters verlassen. Es ist spät nach Mitternacht. Der 25. April, der für Straßburg so erregende Tag der Kriegserklärung, ist zu Ende, eigentlich hat der 26. April schon begonnen. Nächtliches Dunkel liegt über den Häusern; aber trügerisch ist dieses Dunkel, denn noch fiebert die Stadt vor Erregung. In den Kasernen rüsten die Soldaten zum Ausmarsch und manche der Vorsichtigen hinter verschlossenen Läden vielleicht schon heimlich zur Flucht. Auf den Straßen marschieren einzelne Peletons, dazwischen jagen die klappernden Hufe der Meldereiter, dann rasselt wieder ein schwerer Zug Artillerie heran, und immer wieder hallt monoton der Ruf der Schildwache von Posten zu Posten. Zu nahe ist der Feind, zu unsicher und zu erregt die Seele der Stadt, als daß sie Schlaf fände in so entscheidendem Augenblick.

Auch Rouget, der jetzt in sein bescheidenes Zimmerchen in der Grande Rue 126 die runde Treppe hinaufgeklettert ist, fühlt sich merkwürdig erregt. Er hat sein Versprechen nicht vergessen, möglichst rasch ein Marschlied, ein Kriegslied für die Rheinarmee zu versuchen. Unruhig stapft er in seinem engen Zimmer auf und nieder. Wie beginnen? Wie beginnen? Noch schwirren ihm alle die anfeuernden Rufe der Proklamationen, der Reden, der Toaste chaotisch durch den Sinn. „Aux armes, citoyens!... Marchons, enfants de la liberté!... Ecrasons la tyrannie!... L'étendard de la guerre est déployé! ...“ Aber auch der andern Worte entsinnt er sich, die er im Vorübergehen gehört, die Stimmen der Frauen, die um ihre Söhne zittern, die Sorge der Bauern, Frankreichs Felder könnten zerstampft werden und mit Blut gedüngt von den fremden Kohorten. Halb unbewußt schreibt er die ersten beiden Zeilen hin, die nur Widerhall, Widerklang, Wiederholung sind jener Anrufe.

„Allons, enfants de la patrie,
Le jour de gloire est arrivé!“

Dann hält er inne und stutzt. Das sitzt. Der Ansatz ist gut. Jetzt nur gleich den rechten Rhythmus finden, die Melodie zu den Worten. Er nimmt seine Geige vom Schrank, er probiert. Und wunderbar: gleich in den ersten Takten paßt sich der Rhythmus vollkommen den Worten an. Hastig schreibt er weiter, nun schon getragen, nun schon mitgerissen von der Kraft, die in ihn gefahren ist. Und mit einemmal strömt alles zusammen: alle die Gefühle, die sich in dieser Stunde entladen, alle die Worte, die er auf der Straße, die er bei dem Bankett gehört, der Haß gegen die Tyrannen, die Angst umdie Heimaterde, das Vertrauen zum Siege, die Liebe zur Freiheit. Rouget braucht gar nicht zu dichten, zu erfinden, er braucht nur in Reime zu bringen, in den hinreißenden Rhythmus seiner Melodie die Worte zu setzen, die heute, an diesem einzigen Tage, von Mund zu Mund gegangen, und er hat alles ausgesprochen, alles ausgesagt, alles ausgesungen, was die Nation in innerster Seele empfand. Und er braucht nicht zu komponieren, denn durch die verschlossenen Fensterläden dringt der Rhythmus der Straße, der Stunde herein, dieser Rhythmus des Trotzes und der Herausforderung, der in dem Marschtritt der Soldaten, dem Schmettern der Trompeten, dem Rasseln der Kanonen liegt. Vielleicht vernimmt er ihn nicht selbst, nicht sein eigenes waches Ohr, aber der Genius der Stunde, der für diese einzige Nacht Hausung genommen hat in seinem sterblichen Leibe, hat ihn vernommen. Und immer fügsamer gehorcht die Melodie dem hämmernden, dem jubelnden Takt, der Herzschlag eines ganzen Volkes ist. Wie unter fremdem Diktat schreibt hastig und immer hastiger Rouget die Worte, die Noten hin – ein Sturm ist über ihn gekommen, wie er nie seine enge bürgerliche Seele durchbrauste. Eine Exaltation, eine Begeisterung, die nicht die seine ist, sondern magische Gewalt, zusammengeballt in eine einzige explosive Sekunde, reißt den armen Dilettanten hunderttausendfach über sein eigenes Maß hinaus und schleudert ihn wie eine Rakete – eine Sekunde lang Licht und strahlende Flamme – bis zu den Sternen. Eine Nacht ist es dem Kapitänleutnant Rouget de Lisle gegönnt, Bruder der Unsterblichen zu sein: aus den übernommenen, der Straße, den Journalen abgeborgten Rufen des Anfangs formt sich ihm schöpferisches Wort und steigt empor zu einer Strophe, die in ihrer dichterischen Formulierung so unvergänglich ist wie die Melodie unsterblich.

> „Amour sacré de la patrie,
> Conduis, soutiens nos bras vengeurs,
> Liberté, liberté chérie,
> Combats avec tes défenseurs."

Dann noch eine fünfte Strophe, die letzte, und aus einer Erregung und in einem Guß gestaltet, vollkommen das Wort der Melodie verbindend, ist noch vor dem Morgengrauen das unsterbliche Lied vollendet. Rouget löscht das Licht und wirft sich hin auf sein Bett. Irgend etwas, er weiß nicht was, hat ihn aufgehoben in eine nie gefühlte Helligkeit seiner Sinne, irgend etwas schleudert ihn jetzt nieder in eine dumpfe Erschöpfung. Er schläft einen abgründigen Schlaf, der wie ein Tod ist. Und tatsächlich ist schon wieder der Schöpfer, der Dichter, der Genius in ihm gestorben. Auf dem Tische aber liegt, losgelöst von dem Schlafenden, den dies Wunder wahrhaft im heiligen Rausch überkommen, das vollendete Werk. Kaum ein zweites Mal in der Geschichte aller Völker und Zeiten ist ein Lied so rasch und so vollkommen gleichzeitig Wort und Musik geworden.

Dieselben Glocken vom Münster wie immer verkünden den neuen Morgen. Ab und zu trägt der Wind vom Rhein her Schüsse herüber, die ersten Geplänkel haben begonnen. Rouget erwacht. Mit Mühe tastet er sich aus dem Abgrund seines Schlafes empor. Etwas ist geschehen, fühlt er dumpf, etwas mit ihm geschehen, an das er nur dumpf sich erinnert. Dann erst bemerkt er auf dem Tisch das frischbeschriebene Blatt. Verse? Wann habe ich die geschrieben? Musik, in meiner eigenen Handschrift? Wann habe ich das komponiert? Ach ja, das Lied, das Freund Dietrich gestern erbeten, das Marschlied für die Rheinarmee! Rouget liest seine Verse, summt dazu die Melodie, fühlt aber, wie immer der Schöpfer vor dem eben geschaffenen Werk, sich völlig ungewiß. Aber nebenan wohnt ein Regimentskamerad, dem zeigt und singt er es vor. Der Freund scheint zufrieden und schlägt nur einige kleine Änderungen vor. An dieser ersten Zustimmung gewinnt Rouget ein gewisses Zutrauen. Mit der ganzen Ungeduld eines Autors und stolz auf sein rasch erfülltes Versprechen, fällt er gleich dem Bürgermeister Dietrich ins Haus, der im Garten seinen Morgenspaziergang macht und dabei eine neue Rede meditiert. Wie, Rouget? Schon fertig? Nun, da wollen wir gleich eine Probe abhalten. Die beiden gehen aus dem Garten in den Salon des Hauses, Dietrich setzt sich ans Klavier und spielt die Begleitung, Rouget singt den Text. Angelockt von der unerwarteten morgendlichen Musik kommt die Frau des Bürgermeisters ins Zimmer und verspricht, Kopien von dem neuen Lied zu machen und als gelernte Musikerin, die sie ist, gleich die Begleitung auszuarbeiten, damit man schon heute nacht bei der Abendgesellschaft es den Freunden des Hauses zwischen allerhand andern Liedern vorsingen könne. Der Bürgermeister Dietrich, stolz auf seine nette Tenorstimme, übernimmt es, das Lied nun gründlicher zu studieren, und am 26. April, am Abend desselben Tages, in dessen Morgenstunden das Lied gedichtet und komponiert war, wird es zum erstenmal einer zufällig gewählten Gesellschaft im Salon des Bürgermeisters vorgesungen.

Die Zuhörer scheinen freundlich applaudiert zu haben, und wahrscheinlich hat es an allerhand höflichen Komplimenten für den anwesenden Autor nicht gefehlt. Aber selbstverständlich hat nicht die leiseste Ahnung die Gäste des Hôtel de Broglie an dem großen Platz von Straßburg überkommen, daß mit unsichtbaren Flügeln eine ewige Melodie sich niedergeschwungen in ihre irdische Gegenwart. Selten begreifen die Zeitgenossen auf den ersten Blick die Größe eines Menschen oder die Größe eines Werkes, und wie wenig sich die Frau Bürgermeisterin jenes erstaunlichen Augenblicks bewußt wurde, beweist sie mit dem Brief an ihren Bruder, in dem sie ein Wunder zu einem gesellschaftlichen Ereignis banalisiert. „Du weißt, daß wir viele Leute im Haus empfangen und man immer etwas erfinden muß, um Abwechslung in die Unterhaltung zu bringen. Und so hat mein Mann die Idee gehabt, irgendein Gelegenheitslied komponieren zu lassen. Der Kapitän vom Ingenieurkorps, Rouget de Lisle, ein liebenswürdiger Dichter und Kompositeur, hat sehr schnell diese Musik eines Kriegsliedes gemacht. Mein Mann, der eine gute Tenorstimme hat, hat das Stück gleich gesungen, das sehr anziehend ist und eine gewisse Eigenart zeigt. Es ist ein besserer Gluck, lebendiger und belebter. Ich für mein Teil habe meine Begabung für Orchestrierung dabei angewandt und arrangierte die Partitur für Klavier und andere Instrumente, so daß ich viel zu arbeiten habe. Das Stück ist bei uns gespielt worden, zur großen Zufriedenheit der ganzen Gesellschaft."

„Zur großen Zufriedenheit der ganzen Gesellschaft" – das scheint uns heute überraschend kühl. Aber der bloß freundliche Eindruck, die bloß laue Zustimmung ist verständlich, denn noch hat sich bei dieser ersten Darbietung die Marseillaise nicht wahrhaft in ihrer Kraft enthüllen können. Die Marseillaise ist kein Vortragsstück für eine behagliche Tenorstimme und nicht bestimmt, in einem kleinbürgerlichen Salon zwischen Romanzen und italienischen Arien mit einer einzelnen Singstimme vorgetragen zu werden. Ein Lied, das aufrauscht zu den hämmernden, federnden, fordernden Takten „Aux armes, citoyens", wendet sich an eine Masse, eine Menge, und seine wahre Orchestrierung sind klirrende Waffen, schmetternde Fanfaren, marschierende Regimenter. Nicht für Zuhörer, für kühl sitzende und behaglich genießende, war sie gedacht, sondern für Mittäter, Mitkämpfer. Nicht einem einzelnen Sopran, einem Tenor ist sie zugesungen, sondern der tausendkehligen Masse, das vorbildliche Marschlied, Siegeslied, Todeslied, Heimatlied, Nationallied eines ganzen Volkes. Erst Begeisterung, aus der es zuerst geboren ward, wird dem Lied Rougets die begeisternde Gewalt verleihen. Noch hat das Lied nicht gezündet, noch haben in magischer Resonanz nicht die Worte, nicht die Melodie die Seele der Nation erreicht, noch kennt die Armee nicht ihr Marschlied, ihr Siegeslied, noch kennt die Revolution nicht ihren ewigen Päan.

Auch er selbst, dem über Nacht dieses Wunder geschehen, Rouget de Lisle, ahnt ebensowenig wie die andern, was er traumwandlerisch und von einem treulosen Genius geführt, in jener einen Nacht geschaffen. Er freut sich natürlich herzhaft, der brave, liebenswürdige Dilettant, daß die eingeladenen Gäste kräftig applaudieren, daß man ihn als Autor höflich komplimentiert. Mit der kleinen Eitelkeit eines kleinen Menschen sucht er diesen kleinen Erfolg in seinem kleinen Provinzkreise fleißig auszunützen. Er singt in den Kaffeehäusern seinen Kameraden die neue Melodie vor, er läßt Abschriften herstellen und schickt sie an die Generäle der Rheinarmee. Inzwischen hat auf Befehl des Bürgermeisters und Empfehlung der Militärbehörden das Straßburger Musikkorps das „Kriegslied für die Rheinarmee" einstudiert, und vier Tage später, beim Abmarsch der Truppen, spielt das Musikkorps der Straßburger Nationalgarde auf dem großen Platz den neuen Marsch. In patriotischer Weise erklärt sich auch der Straßburger Verleger bereit, den „Chant de guerre pour l'armée du Rhin" zu drucken, der respektvoll dem General Luckner von seinem militärischen Untergebenen gewidmet wird. Aber nicht ein einziger der Generäle der Rheinarmee denkt daran, die neue Weise beim Vormarsch wirklich spielen oder singen zu lassen, und so scheint, wie alle bisherigen Versuche Rougets, der Salonerfolg des „Allons, enfants de la patrie" ein Eintagserfolg, eine Provinzangelegenheit zu bleiben und als solche vergessen zu werden. Aber nie läßt sich die eingeborene Kraft eines Werkes auf die Dauer verbergen oder verschließen. Ein Kunstwerk kann vergessen werden von der Zeit, es kann verboten werden und versargt, immer aber erzwingt sich das Elementare den Sieg über das Ephemere. Einen Monat, zwei Monate hört man nichts vom Kriegslied der Rheinarmee. Die gedruckten und handgeschriebenen Exemplare liegen und wandern herum in gleichgültigen Händen. Aber immer genügt es, wenn ein Werk auch nur einen einzigen Menschen wirklich begeistert, denn jede echte Begeisterung wird selber schöpferisch. Am andern Ende von Frankreich, in Marseille, gibt der Klub der Verfassungsfreunde am 22. Juni ein Bankett für die abmarschierenden Freiwilligen. An langer Tafel sitzen fünfhundert junge, feurige Menschen in ihren neuen Uniformen der Nationalgarde; in ihrem Kreise fiebert genau die gleiche Stimmung wie an dem 25. April in Straßburg, nur noch heißer, hitziger und leidenschaftlicher, dank dem südlichen Temperament der Marseiller, und nicht mehr so eitel siegesgewiß wie in jener ersten Stunde der Kriegserklärung. Denn nicht wie jene Generäle flunkerten, sind die revolutionären französischen Truppen gleich über den Rhein marschiert und überall mit offenen Armen empfangen worden. Im Gegenteil, der Feind ist tief ins französische Land vorgestoßen, die Freiheit ist bedroht, die Sache der Freiheit in Gefahr.

Plötzlich, inmitten des Festmahls, schlägt einer – er heißt Mireur und ist ein Medizinstudent von der Universität in Montpellier – an sein Glas und erhebt sich. Alle verstummen und blicken auf ihn. Man erwartet eine Rede und eine Ansprache. Aber statt dessen schwingt der junge Mensch die Rechte empor und stimmt ein Lied an, ein neues Lied, das sie alle nicht kennen und von dem niemand weiß, wie es in seine Hand geraten ist, „Allons, enfants de la patrie". Und nun zündet der Funke, als wäre er in ein Pulverfaß gefallen. Gefühl und Gefühl, die ewigen Pole, haben sich berührt. Alle diese jungen Menschen, die morgen ausrücken, die für die Freiheit kämpfen wollen und für das Vaterland zu sterben bereit sind, empfinden ihren innersten Willen, ihren ureigensten Gedanken in diesen Worten ausgedrückt; unwiderstehlich reißt der Rhythmus sie auf in eine einhellige, ekstatische Begeisterung. Strophe um Strophe wird bejubelt, noch einmal, noch ein zweites Mal muß das Lied wiederholt werden, und schon ist die Melodie ihr eigen geworden, schon singen sie, erregt aufgesprungen, die Gläser erhoben, den Refrain donnernd mit. „Aux armes, citoyens! Formez vos bataillons!" Neugierig drängen von der Straße Menschen heran, um zu hören, was hier mit solcher Begeisterung gesungen wird, und schon singen sie selber mit; am nächsten Tage ist die Melodie auf tausend und zehntausend Lippen. Ein Neudruck verbreitet sie, und wie die fünfhundert Freiwilligen am 2. Juli abmarschieren, wandert das Lied mit ihnen. Wenn sie müde werden auf der Landstraße, wenn ihr Schritt schlapp wird, braucht nur einer die Hymne anzustimmen, und schon gibt ihr mitreißender, ihr vorwärtsreißender Takt ihnen allen erneuten Schwung. Wenn sie durch ein Dorf marschieren und staunend die Bauern, neugierig die Einwohner sich versammeln, stimmen sie es im Chore an. Es ist ihr Lied geworden, sie haben, ohne es zu wissen, daß es für die Rheinarmee bestimmt war, ohne zu ahnen, von wem und wann es gedichtet war, den Hymnus als den ihres Bataillons, als Bekenntnis ihres Lebens und Sterbens übernommen. Es gehört zu ihnen wie die Fahne, und in leidenschaftlichem Vormarsch wollen sie ihn über die Welt tragen.

Der erste große Sieg der Marseillaise – denn so wird die Hymne Rougets bald sich nennen – ist Paris. Am 30. Juni marschiert das Bataillon durch die Faubourgs ein, die Fahne voran und das Lied. Tausende und Zehntausende stehen und warten in den Straßen, um sie festlich zu empfangen, und wie die Marseiller nun anrücken, fünfhundert Männer, gleichsam aus einer Kehle zum Taktschritt das Lied singend und immer wieder singend, horcht die Menge auf. Was ist das für eine herrliche, hinreißende Hymne, welche die Marseiller da singen? Was für ein Fanfarenruf dies, der in alle Herzen fährt, begleitet vom prasselnden Trommelschlag, dies „Aux armes, citoyens!" Zwei Stunden später, drei Stunden später, und schon klingt der Refrain in allen Gassen wieder. Vergessen ist das „Ça ira", vergessen die alten Märsche, die abgebrauchten Couplets: die Revolution hat ihre eigne Stimme erkannt, die Revolution hat ihr Lied gefunden.

Lawinenhaft wird nun die Verbreitung, unaufhaltsam der Siegeslauf. Auf den Banketten wird die Hymne gesungen, in den Theatern und Klubs, dann sogar in den Kirchen nach dem Tedeum und bald anstatt des Tedeum. In einem, in zwei Monaten ist die Marseillaise das Lied des Volkes geworden und der ganzen Armee. Servan, der erste republikanische Kriegsminister, erkennt mit klugem Blick die tonische, die exaltierende Kraft eines so einzigartigen nationalen Schlachtgesanges. In eiliger Ordre befiehlt er, daß hunderttausend Exemplare an alle Kommandos überstellt werden sollen, und in zwei oder drei Nächten ist das Lied des Unbekannten mehr verbreitet als alle Werke Molières, Racines und Voltaires.

71

Kein Fest, das nicht mit der Marseillaise schließt, keine Schlacht, wo nicht vor-
erst die Regimentsmusiker das Kriegslied der Freiheit intonieren. Bei Jemappes
und Nerwinden ordnen sich die Regimenter im Chorgesang zum entscheidenden Sturme, und die feindlichen Generäle, die nur mit dem alten Rezept der ver-
doppelten Branntweinration ihre Soldaten stimulieren können, sehen erschreckt, daß sie nichts der explosiven Kraft dieser „fürchterlichen" Hymne ent-
gegenzusetzen haben, wenn sie, gleichzeitig von Tausenden und Tausenden gesungen, wie eine klingende, klirrende Welle gegen ihre eigenen Reihen stürmt.
Über allen Schlachten Frankreichs schwebt nun, Unzählige mitreißend in Begeisterung und Tod, die Marseillaise, wie Nike, die geflügelte Göttin des Sieges.

Unterdessen sitzt in der kleinen Garnison von Hüningen ein höchst unbekannter Hauptmann des Festungswesens, Rouget, und entwirft brav Wälle und
Verschanzungen. Vielleicht hat er schon das „Kriegslied der Rheinarmee" vergessen, das er in jener verschollenen Nacht des 26. April 1792 geschaffen, und
wagt gar nicht zu ahnen, wenn er in den Gazetten von jener andern Hymne, jenem andern Kriegslied liest, das im Sturm Paris erobert, daß dieses sieghafte
„Lied der Marseiller" Wort für Wort und Takt für Takt nichts anderes ist als das
in ihm und an ihm geschehene Wunder jener Nacht. Denn grausame Ironie des
Schicksals – in alle Himmel rauschend, zu den Sternen brausend, trägt diese
Melodie nur einen einzigen Menschen nicht hoch, nämlich den Menschen, der
sie ersonnen. Niemand in ganz Frankreich kümmert sich um den Hauptmann
Rouget de Lisle, der riesigste Ruhm, den je ein Lied gekannt, bleibt dem Liede,
und nicht ein Schatten davon fällt auf seinen Schöpfer Rouget. Sein Name wird
nicht mitgedruckt auf den Texten, und er selbst bliebe völlig unbeachtet bei den
Herren der Stunde, brächte er sich nicht selbst in ärgerliche Erinnerung. Denn –
geniale Paradoxie, wie sie nur die Geschichte erfinden kann – der Schöpfer der
Revolutionshymne ist kein Revolutionär; im Gegenteil: der wie kein anderer die
Revolution durch sein unsterbliches Lied fortgetrieben, möchte sie mit allen
Kräften nun wieder zurückdämmen. Als die Marseiller und der Pariser Pöbel –
seinen Gesang auf den Lippen – die Tuilerien stürmen und man den König ab-
setzt, hat Rouget de Lisle genug von der Revolution. Er weigert sich, den Eid auf
die Republik zu leisten, und quittiert lieber seinen Dienst, als den Jakobinern zu
dienen. Das Wort von der „liberté chérie", der geliebten Freiheit, in seiner Hymne ist diesem aufrechten Manne kein leeres Wort: er verabscheut die neuen Tyrannen und Despoten im Konvent nicht minder, als er die gekrönten und gesalb-
ten jenseits der Grenzen haßte. Offen macht er seinem Unmut gegen den Wohl-
fahrtsausschuß Luft, als sein Freund, der Bürgermeister Dietrich, der Pate der
Marseillaise, als der General Luckner, dem sie gewidmet war, als alle die Offizie-

re und Adeligen, die an jenem Abend ihre ersten Zuhörer waren, auf die Guillotine geschleppt werden, und bald ereignet sich die groteske Situation, daß der Dichter der Revolution als Konterrevolutionär gefangengesetzt wird, daß man ihm, und gerade ihm den Prozeß macht mit der Anschuldigung, sein Vaterland verraten zu haben. Nur der 9. Thermidor, der mit dem Sturz Robespierres die Gefängnisse öffnet, hat der Französischen Revolution die Schmach erspart, den Dichter ihres unsterblichsten Liedes dem „nationalen Rasiermesser" überantwortet zu haben.

Immerhin, es wäre ein heldischer Tod gewesen und nicht ein so klägliches Verdämmern im Dunkel, wie es Rouget verhängt ist. Denn um mehr als vierzig Jahre, um Tausende und Tausende von Tagen überlebt der unglückliche Rouget den einzigen wirklich schöpferischen Tag seines Lebens. Man hat ihm die Uniform ausgezogen, man hat ihm die Pension gestrichen; die Gedichte, die Opern, die Texte, die er schreibt, werden nicht gedruckt, nicht gespielt. Das Schicksal verzeiht es dem Dilettanten nicht, sich unberufen in die Reihe der Unsterblichen eingedrängt zu haben. Mit allerhand kleinen und nicht immer sauberen Geschäften fristet der kleine Mann sein kleines Leben. Vergebens versuchen aus Mitleid Carnot und später Bonaparte, ihm zu helfen. Aber etwas in dem Charakter Rougets ist rettungslos vergiftet und verschroben geworden durch die Grausamkeit jenes Zufalls, der ihn Gott und Genius sein ließ drei Stunden lang und dann verächtlich wieder zurückwarf in die eigene Nichtigkeit. Er zankt und queruliert mit allen Mächten, er schreibt an Bonaparte, der ihm helfen wollte, freche und pathetische Briefe, er rühmt sich öffentlich, bei der Volksabstimmung gegen ihn gestimmt zu haben. Seine Geschäfte verwickeln ihn in dunkle Affären, und wegen eines unbezahlten Wechsels muß er sogar mit dem Schuldgefängnis St. Pelargie Bekanntschaft machen. Unbeliebt an allen Stellen, von Schuldnern gejagt, von der Polizei ständig bespitzelt, verkriecht er sich schließlich irgendwo in der Provinz, und wie aus einem Grabe, abgeschieden und vergessen, lauscht er von dort dem Schicksal seines unsterblichen Liedes; er erlebt es noch, daß die Marseillaise mit den siegreichen Armeen über alle Länder Europas stürmt, dann noch, daß Napoleon, kaum Kaiser geworden, sie als zu revolutionär aus allen Programmen streichen läßt, daß die Bourbonen sie dann gänzlich verbieten. Nur ein Staunen kommt den verbitterten Greis an, wie nach einem Menschenalter die Julirevolution 1830 seine Worte, seine Melodie in alter Kraft auferstehen läßt an den Barrikaden von Paris und der Bürgerkönig Louis Philippe ihm als dem Dichter ein kleines Pensiönchen verleiht. Wie ein Traum scheint es dem Verschollenen, dem Vergessenen, daß man sich seiner überhaupt noch erinnert, aber es ist nur ein kleines Erinnern mehr, und als der Sechsundsiebzigjährige endlich in Choisy-le-Roi 1836 stirbt, nennt und kennt niemand seinen Namen mehr. Abermals muß ein Menschenalter vergehen: erst im Weltkrieg, da die Marseillaise, längst Nationalhymnus geworden, an allen Fronten Frankreichs wieder kriegerisch erklingt, wird angeordnet, daß der Leichnam des kleinen Hauptmanns Rouget an derselben Stelle im Invalidendom bestattet werde wie der des kleinen Leutnants Bonaparte, und so ruht endlich der höchst unberühmte Schöpfer eines ewigen Liedes in der Ruhmeskrypta seines Vaterlandes von der Enttäuschung aus, nichts gewesen zu sein als der Dichter einer einzigen Nacht.

Die Weltminute von Waterloo

Napoleon, 18. Juni 1815

Das Schicksal drängt zu den Gewaltigen und Gewalttätigen. Jahrelang macht es sich knechtisch gehorsam einem einzelnen hörig: Cäsar, Alexander, Napoleon; denn es liebt den elementaren Menschen, der ihm selber ähnlich wird, dem unfaßbaren Element.

Manchmal aber, ganz selten in allen Zeiten, wirft es in sonderbarer Laune irgendeinem Gleichgültigen sich hin. Manchmal – und dies sind die erstaunlichsten Augenblicke der Weltgeschichte – fällt der Faden des Fatums für eine zuckende Minute in eines ganz Nichtigen Hand. Immer sind dann solche Menschen mehr erschreckt als beglückt von dem Sturm der Verantwortung, der sie in heroisches Weltspiel mengt, und fast immer lassen sie das zugeworfene Schicksal zitternd aus den Händen. Selten nur reißt einer die Gelegenheit mächtig empor und sich selber mit ihr. Denn bloß eine Sekunde lang gibt sich das Große hin an den Geringen; wer sie versäumt, den begnadet sie nie mehr ein zweites Mal.

Grouchy

Zwischen Tanz, Liebschaften, Intrigen und Streit des Wiener Kongresses fährt als schmetternde Kanonenkugel sausend die Nachricht, Napoleon, der gefesselte Löwe, sei ausgebrochen aus seinem Käfig in Elba; und schon jagen andere Stafetten nach; er hat Lyon erobert, er hat den König verjagt, die Truppen gehen mit fanatischen Fahnen zu ihm über, er ist in Paris, in den Tuilerien, vergeblich waren Leipzig und zwanzig Jahre menschenmörderischen Krieges. Wie von ei-

74

ner Kralle gepackt, fahren die eben noch quengelnden und streitenden Minister zusammen, ein englisches, ein preußisches, ein österreichisches, ein russisches Heer wird eilig aufgeboten, noch einmal und nun endgültig den Usurpator der Macht niederzuschmettern: nie war das legitime Europa der Kaiser und Könige einiger als in dieser Stunde ersten Entsetzens. Von Norden rückt Wellington gegen Frankreich, an seiner Seite schiebt sich eine preußische Armee unter Blücher hilfreich heran, am Rhein rüstet Schwarzenberg, und als Reserve marschieren quer durch Deutschland langsam und schwer die russischen Regimenter.

Napoleon übersieht mit einem Ruck die tödliche Gefahr. Er weiß, keine Zeit bleibt, zu warten, bis die Meute sich sammelt. Er muß sie zerteilen, muß sie einzeln anfallen, die Preußen, die Engländer, die Österreicher, ehe sie zur europäischen Armee werden und zum Untergang seines Kaiserreichs. Er muß eilen, weil sonst die Mißvergnügten im eigenen Lande erwachen, er muß schon Sieger sein, ehe die Republikaner erstarken und sich mit den Royalisten verbünden, bevor Fouché, der Zweizüngige und Unfaßbare, im Bunde mit Talleyrand, seinem Gegenspieler und Spiegelbild, ihm hinterrücks die Sehnen zerschneidet. In einem einzigen Elan muß er, den rauschenden Enthusiasmus der Armee nützend, gegen seine Feinde los; jeder Tag ist Verlust, jede Stunde Gefahr. So wirft er hastig den klirrenden Würfel auf das blutigste Schlachtfeld Europas, nach Belgien. Am 15. Juni, um drei Uhr morgens, überschreiten die Spitzen der großen – und nun auch einzigen – Armee Napoleons die Grenze. Am 16. schon rennen sie bei Ligny gegen die preußische Armee an und werfen sie zurück. Es ist der erste Prankenschlag des ausgebrochenen Löwen, ein furchtbarer, aber kein tödlicher. Geschlagen, aber nicht vernichtet, zieht sich die preußische Armee gegen Brüssel zurück.

Nun holt Napoleon aus zum zweiten Schlage, gegen Wellington. Er darf nicht Atem holen, nicht Atem lassen, denn jeder Tag bringt dem Gegner Verstärkung, und das Land hinter ihm, das ausgeblutete, unruhige französische Volk muß berauscht werden mit dem feurigen Fusel der Siegesbulletins. Noch am 17. marschiert er mit seiner ganzen Armee bis an die Höhen von Quatre-Bras, wo Wellington, der kalte, stahlnervige Gegner, sich verschanzt hat. Nie waren Napoleons Dispositionen umsichtiger, seine militärischen Befehle klarer als an diesem Tage: er erwägt nicht nur den Angriff, sondern auch seine Gefahren, nämlich, daß die geschlagene, aber nicht vernichtete Armee Blüchers sich mit jener Wellingtons vereinigen könnte. Dies zu verhindern, spaltet er einen Teil seiner Armee ab, damit sie Schritt für Schritt die preußische Armee vor sich her jage und die Vereinigung mit den Engländern verhindere.

Den Befehl dieser Verfolgungsarmee übergibt er dem Marschall Grouchy. Grouchy: ein mittlerer Mann, brav, aufrecht, wacker, verläßlich, ein Reiterführer, oftmals bewährt, aber ein Reiterführer und nicht mehr. Kein heißer, mitreißender Kavallerieberserker wie Murat, kein Stratege wie Saint-Cyr und Berthier, kein Held wie Ney. Kein kriegerischer Küraß schmückt seine Brust, kein Mythus umrankt seine Gestalt, keine sichtbare Eigenheit gibt ihm Ruhm und Stellung in der heroischen Welt der Napoleonischen Legende: nur sein Unglück, nur sein Mißgeschick hat ihn berühmt gemacht. Zwanzig Jahre hat er gekämpft in allen Schlachten, von Spanien bis Rußland, von Holland bis Italien, langsam ist er die Staffel bis zur Marschallswürde aufgestiegen, nicht unverdient, aber ohne sonderliche Tat. Die Kugeln der Österreicher, die Sonne Ägyptens, die Dolche der Araber, der Frost Rußlands haben ihm die Vorgänger weggeräumt, Desaix bei Marengo, Kleber in Kairo, Lannes bei Wagram: den Weg zur obersten Würde, er hat ihn nicht erstürmt, sondern er ist ihm freigeschossen worden durch zwanzig Jahre Krieg.

Daß er in Grouchy keinen Heros hat und keinen Strategen, nur einen verläßlichen, treuen, braven, nüchternen Mann, weiß Napoleon wohl. Aber die Hälfte seiner Marschälle liegt unter der Erde, die andern sind verdrossen auf ihren Gütern geblieben, müde des unablässigen Biwaks. So ist er genötigt, einem mittleren Mann entscheidende Tat zu vertrauen.

Am 17. Juni, um elf Uhr vormittags, einen Tag nach dem Siege bei Ligny, einen Tag vor Waterloo, übergibt Napoleon dem Marschall Grouchy zum erstenmal ein selbständiges Kommando. Für einen Augenblick, für einen Tag tritt der bescheidene Grouchy aus der militärischen Hierarchie in die Weltgeschichte. Für einen Augenblick nur, aber für welch einen Augenblick! Napoleons Befehle sind klar. Während er selbst auf die Engländer losgeht, soll Grouchy mit einem Drittel der Armee die preußische Armee verfolgen. Ein einfacher Auftrag anscheinend dies, gerade und unverkennbar, aber doch auch biegsam und zweischneidig wie ein Schwert. Denn gleichzeitig mit jener Verfolgung ist Grouchy geboten, ständig in Verbindung mit der Hauptarmee zu bleiben.

Zögernd übernimmt der Marschall den Befehl. Er ist nicht gewohnt, selbständig zu wirken, seine Besonnenheit ohne Initiative fühlt sich nur sicher, wenn der geniale Blick des Kaisers ihr die Tat zuweist. Außerdem spürt er im Rücken die Unzufriedenheit seiner Generäle, vielleicht auch, vielleicht, den dunklen Flügelschlag des Schicksals. Nur die Nähe des Hauptquartiers beruhigt ihn: denn bloß drei Stunden Eilmarsch trennen seine Armee von der kaiserlichen. Im strömenden Regen nimmt Grouchy Abschied. Langsam rücken im schwammigen, lehmigen Grund seine Soldaten den Preußen nach, oder in die Richtung zumindest, in der sie Blücher und die Seinen vermuten.

Die Nacht in Caillou

Der nordische Regen strömt ohne Ende. Wie eine nasse Herde trotten im Dunkel die Regimenter Napoleons heran, jeder Mann zwei Pfund Schmutz an seinen Sohlen; nirgends Unterkunft, kein Haus und kein Dach. Das Stroh, zu schwammig, um sich darauf hinzulegen – so drücken sich immer zehn oder zwölf Soldaten zusammen und schlafen, aufrecht sitzend, Rücken an Rücken, im strömenden Regen. Auch der Kaiser selbst hält keine Rast. Eine fiebrige Nervosität jagt ihn auf und nieder, denn die Rekognoszierungen versagen an der Undurchdringlichkeit des Wetters, Kundschafter melden höchst verworrenen Bericht. Noch weiß er nicht, ob Wellington die Schlacht annimmt, und von Grouchy fehlt Nachricht über die Preußen. So schreitet er selbst um ein Uhr nachts – gleichgültig gegen den sausenden Wolkenbruch – die Vorposten entlang bis auf Kanonenschußweite an die englischen Biwaks heran, die ab und zu ein dünnes, rauchiges Licht im Nebel zeigen, und entwirft den Angriff. Erst mit Tagesgrauen kehrt er in die kleine Hütte Caillou, in sein ärmliches Hauptquartier, zurück, wo er die ersten Depeschen Grouchys findet; unklare Nachrichten über den Rückzug der Preußen, immerhin aber das beruhigende Versprechen, ihnen zu folgen. Allmählich hört der Regen auf. Ungeduldig geht der Kaiser im Zimmer auf und ab und starrt gegen den gelben Horizont, ob nicht endlich sich die Ferne enthüllen wolle und damit die Entscheidung.

Um fünf Uhr morgens – der Regen hat aufgehört – klärt sich auch das innere Gewölk des Entschließens. Der Befehl wird gegeben, um neun Uhr habe sturmbereit die ganze Armee anzutreten. Die Ordonnanzen sprengen in alle Richtungen. Bald knattern die Trommeln zur Sammlung. Nun erst wirft sich Napoleon auf sein Feldbett, um zwei Stunden zu schlafen.

Der Morgen von Waterloo

Neun Uhr morgens. Aber die Truppen sind noch nicht vollzählig beisammen. Der von dreitägigem Regen durchweichte Grund erschwert jede Bewegung und hemmt das Nachrücken der Artillerie. Erst allmählich erscheint die Sonne und leuchtet unter scharfem Wind: aber es ist nicht die Sonne von Austerlitz,

blankstrahlend und glückverheißend, sondern nur falben Scheins glitzert mißmutig dieses nordische Licht. Endlich sind die Truppen bereit, und nun, ehe die
Schlacht beginnt, reitet noch einmal Napoleon auf seiner weißen Stute die ganze Front entlang. Die Adler auf den Fahnen senken sich nieder wie unter brau-
sendem Wind, die Reiter schütteln martialisch ihre Säbel, das Fußvolk hebt zum
Gruß seine Bärenmützen auf die Spitzen der Bajonette. Alle Trommeln rollen
frenetischen Wirbel, die Trompeten stoßen ihre scharfe Lust dem Feldherrn entgegen, aber alle diese funkelnden Töne überwogt donnernd der über die Regimenter hinrollende, aus siebzigtausend Soldatenkehlen sonor brausende Jubel-
schrei: „Vive l'Empereur!"

Keine Parade der zwanzig Napoleonsjahre war großartiger und enthusiasti-
scher als diese seine letzte. Kaum sind die Rufe verhallt, um elf Uhr – zwei Stunden später als vorausgesehen, um zwei verhängnisvolle Stunden zu spät! –, er-
geht an die Kanoniere der Befehl, die Rotröcke am Hügel niederzukartätschen.
Dann rückt Ney, „le brave des braves", mit dem Fußvolk vor; die entscheidende
Stunde Napoleons beginnt. Unzählige Male ist diese Schlacht geschildert worden, aber man wird nicht müde, ihre aufregenden Wechselfälle zu lesen, bald in
der großartigen Darstellung Walter Scotts, bald in der episodischen Darstellung
Stendhals. Sie ist groß und vielfältig von nah und fern gesehen, ebenso vom Hügel des Feldherrn wie vom Sattel des Kürassiers. Sie ist ein Kunstwerk der Spannung und Dramatik mit ihrem unablässigen Wechsel von Angst und Hoffnung,
der plötzlich sich löst in einem äußersten Katastrophenmoment, Vorbild einer
echten Tragödie, weil in diesem Einzelschicksal das Schicksal Europas bestimmt
war und das phantastische Feuerwerk der Napoleonischen Existenz prachtvoll
wie eine Rakete noch einmal aufschießt in alle Himmel, ehe es in zuckendem
Sturz für immer erlischt.

Von elf bis ein Uhr stürmen die französischen Regimenter die Höhen, nehmen
Dörfer und Stellungen, werden wieder verjagt, stürmen wieder empor. Schon bedecken zehntausend Tote die lehmigen, nassen Hügel des leeren Landes, und
noch nichts ist erreicht als Erschöpfung hüben und drüben. Beide Heere sind
ermüdet, beide Feldherren beunruhigt. Beide wissen, daß dem der Sieg gehört,
der zuerst Verstärkung empfängt, Wellington von Blücher, Napoleon von
Grouchy. Immer wieder greift Napoleon nervös zum Teleskop, immer neue Ordonnanzen jagt er hinüber; kommt sein Marschall rechtzeitig heran, so leuchtet
über Frankreich noch einmal die Sonne von Austerlitz.

Der Fehlgang Grouchys

Grouchy, der unbewußt Napoleons Schicksal in Händen hält, ist indessen befehlsgemäß am 17. Juni abends aufgebrochen und folgt in der vorgeschriebenen Richtung den Preußen. Der Regen hat aufgehört. Sorglos wie in Friedensland schlendern die jungen Kompanien dahin, die gestern zum erstenmal Pulver geschmeckt haben: noch immer zeigt sich nicht der Feind, noch immer ist keine Spur zu finden von der geschlagenen preußischen Armee.

Da plötzlich, gerade als der Marschall in einem Bauernhaus ein rasches Frühstück nimmt, schüttert leise der Boden unter ihren Füßen. Sie horchen auf. Wieder und wieder rollt dumpf und schon verlöschend der Ton heran: Kanonen sind das, feuernde Batterien von ferne, doch nicht gar zu ferne, höchstens drei Stunden weit. Ein paar Offiziere werfen sich nach Indianerart auf die Erde, um deutlich die Richtung zu erlauschen. Stetig und dumpf dröhnt dieser ferne Schall. Es ist die Kanonade von Saint-Jean, der Beginn von Waterloo. Grouchy hält Rat. Heiß und feurig verlangt Gerard, sein Unterbefehlshaber, „il faut marcher au canon", rasch hin in die Richtung des Geschützfeuers! Ein zweiter Offizier stimmt zu: hin, nur rasch hinüber! Es ist für sie alle zweifellos, daß der Kaiser auf die Engländer gestoßen ist und eine schwere Schlacht begonnen hat. Grouchy wird unsicher. An Gehorchen gewöhnt, hält er sich ängstlich an das geschriebene Blatt, an den Befehl des Kaisers, die Preußen auf ihrem Rückzug zu verfolgen. Gerard wird heftiger, als er sein Zögern sieht. „Marchez au canon!" – Wie ein Befehl klingt die Forderung des Unterkommandanten vor zwanzig Offizieren und Zivilisten, nicht wie eine Bitte. Das verstimmt Grouchy. Er erklärt härter und strenger, nicht abweichen zu dürfen von seiner Pflicht, solange keine Gegenordre vom Kaiser eintreffe. Die Offiziere sind enttäuscht, und die Kanonen poltern in ein böses Schweigen.

Da versucht Gerard sein Letztes: er bittet flehentlich, wenigstens mit einer Division und etwas Kavallerie hinüber auf das Schlachtfeld zu dürfen, und verpflichtet sich, rechtzeitig zur Stelle zu sein. Grouchy überlegt. Er überlegt eine Sekunde lang.

Weltgeschichte in einem Augenblick

Eine Sekunde überlegt Grouchy, und diese eine Sekunde formt sein eigenes Schicksal, das Napoleons und das der Welt. Sie entscheidet, diese Sekunde im Bauernhaus von Walhaim, über das ganze neunzehnte Jahrhundert, und sie hängt an den Lippen – Unsterblichkeit – eines recht braven, recht banalen Menschen, sie liegt flach und offen in den Händen, die nervös die verhängnisvolle Ordre des Kaisers zwischen den Fingern knittern. Könnte Grouchy jetzt Mut fassen, kühn sein, ungehorsam der Ordre aus Glauben an sich und das sichtliche Zeichen, so wäre Frankreich gerettet. Aber der subalterne Mensch gehorcht immer dem Vorgeschriebenen und nie dem Anruf des Schicksals.

So winkt Grouchy energisch ab. Nein, das wäre unverantwortlich; ein so kleines Korps noch einmal zu teilen. Seine Aufgabe gebietet, die Preußen zu verfolgen, nichts als dies. Und er weigert sich, gegen den Befehl des Kaisers zu handeln. Die Offiziere schweigen verdrossen. Es entsteht eine Stille um ihn. Und in ihr entschwebt unwiderruflich, was Worte und Taten dann nie mehr fassen können – die entscheidende Sekunde. Wellington hat gesiegt.

So marschieren sie weiter, Gerard, Vandamme, mit zornigen Fäusten, Grouchy, bald beunruhigt und von Stunde zu Stunde unsicherer: denn sonderbar, noch immer zeigen sich die Preußen nicht, offenbar haben sie die Richtung auf Brüssel verlassen. Bald melden Botschafter verdächtige Anzeichen, daß ihr Rückzug sich in einen Flankenmarsch zum Schlachtfeld verwandelt habe. Noch wäre es Zeit, mit letzter Eile dem Kaiser zu Hilfe zu kommen, und immer ungeduldiger wartet Grouchy auf die Botschaft, auf den Befehl, zurückzukehren. Aber keine Nachricht kommt. Nur dumpf rollen immer ferner von drüben die Kanonen über die schauernde Erde: die eisernen Würfel von Waterloo.

Der Nachmittag von Waterloo

Unterdessen ist es ein Uhr geworden. Vier Attacken sind zwar zurückgeworfen, aber sie haben das Zentrum Wellingtons empfindlich aufgelockert; schon rüstet Napoleon zum entscheidenden Sturm. Er läßt die Batterien vor Belle-Alliance verstärken, und ehe der Kampf der Kanonade seinen wolkigen Vorhang zwischen die Hügel zieht, wirft Napoleon noch einen letzten Blick über das Schlachtfeld.

Da bemerkt er nordöstlich einen dunkel vorrückenden Schatten, der aus den Wäldern zu fließen scheint: neue Truppen! Sofort wendet sich jedes Fernglas hin: ist es schon Grouchy, der kühn den Befehl überschritten hat und nun wunderbar zur rechten Stunde kommt? Nein, ein eingebrachter Gefangener meldet, es sei die Vorhut der Armee des Generals von Blücher, preußische Truppen. Zum erstenmal ahnt der Kaiser, jene geschlagene preußische Armee müsse sich der

Verfolgung entzogen haben, um sich vorzeitig mit den Engländern zu vereinigen, indes ein Drittel seiner eigenen Truppen nutzlos im Leeren herummanövriere. Sofort schreibt er einen Brief an Grouchy mit dem Auftrag, um jeden Preis die Verbindung aufrechtzuerhalten und die Einmengung der Preußen in die Schlacht zu verhindern.

Zugleich erhält der Marschall Ney die Ordre zum Angriff. Wellington muß geworfen werden, ehe die Preußen eintreffen: kein Einsatz scheint mehr zu verwegen bei so plötzlich verringerten Chancen. Nun folgen den ganzen Nachmittag jene furchtbaren Attacken auf das Plateau mit immer frisch vorgeworfener Infanterie. Immer wieder erstürmt sie die zerschossenen Dörfer, immer wieder wird sie herabgeschmettert, immer wieder erhebt sich mit flatternden Fahnen die Welle gegen die schon zerhämmerten Karrees. Aber noch hält Wellington stand, und noch immer kommt keine Nachricht von Grouchy.

Wo ist Grouchy? Wo bleibt Grouchy?" murmelt der Kaiser nervös, als er den Vortrab der Preußen allmählich eingreifen sieht. Auch die Befehlshaber unter ihm werden ungeduldig. Und entschlossen, gewaltsam ein Ende zu machen, schleudert Marschall Ney – ebenso tollkühn wie Grouchy allzu bedächtig (drei Pferde wurden ihm schon unter dem Leibe weggeschossen) – mit einem Wurf die ganze französische Kavallerie in einer einzigen Attacke heran. Zehntausend Kürassiere und Dragoner versuchen diesen fürchterlichen Todesritt, zerschmettern die Karrees, hauen die Kanoniere nieder und sprengen die ersten Reihen. Zwar werden sie selbst wieder herabgedrängt, aber die Kraft der englischen Armee ist im Erlöschen, die Faust, die jene Hügel umkrallt, beginnt sich zu lockern. Und als nun die dezimierte französische Kavallerie vor den Geschützen zurückweicht, rückt die letzte Reserve Napoleons, die alte Garde, schwer und langsamen Schrittes heran, um den Hügel zu stürmen, dessen Besitz das Schicksal Europas verbürgt.

Die Entscheidung

Vierhundert Kanonen donnern ununterbrochen seit Morgen auf beiden Seiten. An der Front klirren die Kavalkaden der Reiterei gegen die feuernden Karrees, Trommelschläge prasseln auf das dröhnende Fell, die ganze Ebene bebt vom vielfältigen Schall! Aber oben, auf den beiden Hügeln, horchen die beiden Feldherrn über das Menschengewitter hinweg. Sie horchen beide auf leiseren Laut.

Zwei Uhren ticken leise wie Vogelherzen in ihrer Hand über die gewitternden Massen. Napoleon und Wellington, beide greifen sie ununterbrochen nach dem Chronometer und zählen die Stunden, die Minuten, die ihnen jene letzte entscheidende Hilfe bringen müssen. Wellington weiß Blücher nah, und Napoleon hofft auf Grouchy. Beide haben sie keine Reserven mehr, und wer zuerst eintrifft, hat die Schlacht entschieden. Beide spähen sie mit dem Teleskop nach dem Waldrand, wo jetzt wie ein leichtes Gewölk der preußische Vortrab zu erscheinen beginnt. Aber sind es nur Plänkler oder die Armee selbst, auf ihrer Flucht vor Grouchy? Schon leisten die Engländer nur noch letzten Widerstand, aber auch die französischen Truppen ermatten. Wie zwei Ringer keuchend, stehen sie mit schon gelähmten Armen einander gegenüber, atemholend, ehe sie einander zum letztenmal fassen: die unwiderrufliche Runde der Entscheidung ist gekommen.

Da endlich donnern Kanonen an der Flanke der Preußen: Geplänkel, Füsilierfeuer! „Enfin Grouchy!" Endlich Grouchy! atmet Napoleon auf. Im Vertrauen auf die nun gesicherte Flanke sammelt er seine letzte Mannschaft und wirft sie noch einmal gegen Wellingtons Zentrum, den englischen Riegel vor Brüssel zu zerbrechen, das Tor Europas aufzusprengen.

Aber jenes Gewehrfeuer war bloß ein irrtümliches Geplänkel, das die anrückenden Preußen, durch die andere Uniform verwirrt, gegen die Hannoveraner begonnen: bald stellen sie das Fehlfeuer ein, und ungehemmt, breit und mächtig, quellen jetzt ihre Massen aus der Waldung hervor. Nein, es ist nicht Grouchy, der mit seinen Truppen anrückt, sondern Blücher, und damit das Verhängnis. Die Botschaft verbreitet sich rasch unter den kaiserlichen Truppen, sie beginnen zurückzuweichen, in leidlicher Ordnung noch. Aber Wellington erfaßt den kritischen Augenblick. Er reitet bis an den Rand des siegreich verteidigten Hügels, lüftet den Hut und schwenkt ihn über dem Haupt gegen den weichenden Feind. Sofort verstehen die Seinen die triumphierende Geste. Mit einem Ruck erhebt sich, was von englischen Truppen noch übrig ist, und wirft sich auf die gelockerte Masse. Von der Seite stürzt gleichzeitig preußische Kavallerie in die ermattete, zertrümmerte Armee: der Schrei gellt auf, der tödliche: „Sauve qui peut!" Ein paar Minuten nur, und die Grande Armee ist nichts mehr als ein zügellos jagender Angststrom, der alles, auch Napoleon selbst, mitreißt. Wie in wehrloses, fühlloses Wasser schlägt die nachspornende Kavallerie in diesen rasch und flüssig rückrennenden Strom, mit lockerem Zug fischen sie die Karosse Napoleons, den Heerschatz, die ganze Artillerie aus dem schreienden Schaum von Angst und Entsetzen, und nur die einbrechende Nacht rettet dem

Kaiser Leben und Freiheit. Aber der dann mitternachts, verschmutzt und betäubt, in einem niedern Dorfwirtshaus müde in den Sessel fällt, ist kein Kaiser mehr. Sein Reich, seine Dynastie, sein Schicksal ist zu Ende: die Mutlosigkeit eines kleinen, unbedeutenden Menschen hat zerschlagen, was der Kühnste und Weitblickendste in zwanzig heroischen Jahren erbaut.

Rücksturz ins Tägliche

Kaum schmettert der englische Angriff Napoleon nieder, so jagt ein damals fast Namenloser auf einer Extrakalesche die Straße nach Brüssel und von Brüssel an das Meer, wo ein Schiff seiner wartet. Er segelt hinüber nach London, um dort vor den Stafetten der Regierung einzutreffen, und es gelingt ihm, dank der noch unbekannten Nachricht, die Börse zu sprengen: es ist Rothschild, der mit diesem genialen Zug ein anderes Kaiserreich begründet, eine neue Dynastie. Am nächsten Tage weiß England um den Sieg und weiß in Paris Fouché, der ewige Verräter, um die Niederlage: schon dröhnen in Brüssel und Deutschland die Siegesglocken.

Nur einer weiß am nächsten Morgen noch nichts von Waterloo, obzwar nur vier Stunden weit von dem Schicksalsort: der unglückselige Grouchy; beharrlich und planmäßig ist er, genau nach dem Befehl, den Preußen nachgerückt. Aber sonderbar, er findet sie nirgends, das wirft Unsicherheit in sein Gefühl. Und immer noch poltern von nahe her die Kanonen lauter und lauter, als schrien sie um Hilfe. Sie spüren die Erde beben und spüren jeden Schuß bis ins Herz. Alle wissen nun, das gilt keinem Geplänkel, sondern eine gigantische Schlacht ist entbrannt, die Schlacht der Entscheidung.

Nervös reitet Grouchy zwischen seinen Offizieren. Sie vermeiden, mit ihm zu diskutieren: ihr Ratschlag ist ja verworfen.

Erlösung darum, wie sie bei Wavre endlich auf ein einzelnes preußisches Korps stoßen, auf Blüchers Nachhut. Gleich Rasenden stürmen sie gegen die Verschanzungen, Gerard allen voran, als suche er, von düsterer Ahnung getrieben, den Tod. Eine Kugel schlägt ihn nieder: der lauteste der Mahner ist nun stumm. Mit Nachteinbruch stürmen sie das Dorf, aber sie fühlen's, dieser kleine Nachhutsieg hat keinen Sinn mehr, denn mit einmal ist es von drüben, vom Schlachtfeld her, vollkommen still geworden. Beängstigend stumm, grauenhaft friedlich, ein gräßliches, totes Schweigen. Und alle spüren sie, daß das Rollen der Geschütze noch besser war als diese nervenzerfressende Ungewißheit. Die

Schlacht muß entschieden sein, die Schlacht bei Waterloo, von der endlich Grouchy (zu spät!) jenes hilfedrängende Billet Napoleons erhalten hat. Sie muß entschieden sein, die gigantische Schlacht, doch für wen?

Und sie warten die ganze Nacht. Vergeblich! Keine Botschaft kommt von drüben. Es ist, als hätte die Große Armee sie vergessen, und sie ständen leer und sinnlos im undurchsichtigen Raum. Am Morgen brechen sie die Biwaks ab und nehmen den Marsch wieder auf, todmüde und längst bewußt, daß all ihr Marschieren und Manövrieren ganz zwecklos geworden ist. Da endlich, um zehn Uhr vormittags, sprengt ein Offizier des Generalstabes heran. Sie helfen ihm vom Pferde und überschütten ihn mit Fragen. Aber er, das Antlitz verwüstet von Grauen, die Haare naß an den Schläfen und zitternd von übermenschlicher Anstrengung, stammelt nur unverständliche Worte, Worte, die sie nicht verstehen, nicht verstehen können und wollen. Für einen Wahnsinnigen, für einen Trunkenen halten sie ihn, wie er sagt, es gäbe keinen Kaiser mehr, keine kaiserliche Armee, Frankreich sei verloren. Aber nach und nach entreißen sie ihm die ganze Wahrheit, den niederschmetternden, tödlich lähmenden Bericht. Grouchy steht bleich und stützt sich zitternd auf seinen Säbel: er weiß, daß jetzt das Martyrium seines Lebens beginnt. Aber er nimmt entschlossen die undankbare Aufgabe der vollen Schuld auf sich. Der subalterne, zaghafte Untergebene, der in der großen Sekunde der unsichtbaren Entscheidung versagte, wird jetzt, Blick in Blick mit einer nahen Gefahr, wieder Mann und beinahe Held. Er versammelt sofort alle Offiziere und hält – Tränen des Zorns und der Trauer in den Augen – eine kurze Ansprache, in der er sein Zögern rechtfertigt und gleichzeitig beklagt. Schweigend hören ihn seine Offiziere an, die ihm gestern noch grollten. Jeder könnte ihn anklagen und sich rühmen, besserer Meinung gewesen zu sein. Aber keiner wagt und will es. Sie schweigen und schweigen. Die rasende Trauer macht sie alle stumm.

Und gerade in jener Stunde nach seiner versäumten Sekunde zeigt Grouchy – nun zu spät – seine ganze militärische Kraft. Alle seine großen Tugenden, Besonnenheit, Tüchtigkeit, Umsicht und Gewissenhaftigkeit werden klar, seit er wieder sich selbst vertraut und nicht mehr geschriebenem Befehl. Von fünffacher Übermacht umstellt, führt er – eine meisterhafte taktische Leistung – mitten durch die Feinde seine Truppen zurück, ohne eine Kanone, ohne einen Mann zu verlieren, und rettet Frankreich, rettet dem Kaiserreich sein letztes Heer. Aber kein Kaiser ist, wie er heimkehrt, mehr da, ihm zu danken, kein Feind, dem er die Truppen entgegenstellen kann. Er ist zu spät gekommen, zu spät für immer; und wenn nach außen sein Leben noch aufsteigt und man ihn zum Oberkommandanten ernennt, zum Pair von Frankreich, und er in jedem Amt sich mannhaft-tüchtig bewährt, nichts kann ihm mehr diesen einen Augenblick zurückkaufen, der ihn zum Herrn des Schicksals gemacht und dem er nicht gewachsen war.

So furchtbar rächt sich die große Sekunde, sie, die selten in das Leben der Irdischen niedersteigt, an dem zu Unrecht Gerufenen, der sie nicht zu nützen weiß. Alle bürgerlichen Tugenden, wohl wappnend gegen die Ansprüche still rollenden Tags, Vorsicht, Gehorsam, Eifer und Bedächtigkeit, sie alle schmelzen ohnmächtig in der Glut des großen Schicksalsaugenblicks, der immer nur den Genius fordert und zum dauernden Bildnis formt. Verächtlich stößt er den Zaghaften zurück; einzig den Kühnen hebt er, ein anderer Gott der Erde, mit feurigen Armen in den Himmel der Helden empor.

Die Marienbader Elegie

Goethe zwischen Karlsbad und Weimar. 5. September 1823

Am 5. September 1823 rollt ein Reisewagen langsam die Landstraße von Karlsbad gegen Eger zu: der Morgen schauert schon herbstlich kühl, scharfer Wind geht durch die abgeernteten Felder, aber blau spannt sich der Himmel über geweitete Landschaft. In der Kalesche sitzen drei Männer, der großherzoglich sachsen-weimarsche Geheimrat v. Goethe (wie ihn die Kurliste Karlsbad rühmend verzeichnet) und die beiden Getreuen, Stadelmann, der alte Diener, und John, der Sekretär, dessen Hand fast alle Goethe-Werke des neuen Jahrhunderts zum erstenmal geschrieben. Keiner von beiden spricht ein Wort, denn seit der Abfahrt von Karlsbad, wo junge Frauen und Mädchen mit Gruß und Kuß den Scheidenden umdrängten, hat sich die Lippe des alternden Mannes nicht mehr geregt. Unbewegt sitzt er im Wagen, nur der sinnende, in sich gefangene Blick deutet auf innere Bewegung. In der ersten Relaisstation steigt er aus, die beiden Gefährten sehen ihn hastig mit der Bleifeder Worte auf ein zufälliges Blatt schreiben, und das gleiche wiederholt sich auf dem ganzen Wege bis Weimar bei Fahrt und Rast. In Zwotau, kaum angekommen, im Schloß Hartenberg am nächsten Tage, in Eger und dann in Pößneck, überall ist es sein erstes, das im rollenden Gefährt Übersonnene in eilender Schrift zu vermerken. Und das Tagebuch verrät nur lakonisch: „An dem Gedicht redigiert" (6. September), „Sonntag das Gedicht fortgesetzt" (7. September), „das Gedicht abermals unterwegs durchgegangen" (12. September). In Weimar, am Ziele, ist auch das Werk vollendet; kein geringeres als die „Marienbader Elegie", das bedeutendste, das persön-lich intimste und darum von ihm auch geliebteste Gedicht seines Alters, sein he-roischer Abschied und sein heldenhafter Neubeginn.

„Tagebuch innerer Zustände" hat Goethe einmal im Gespräch die Gedichte ge-nannt, und vielleicht kein Blatt seines Lebenstagebuches liegt so offen, so klar in Ursprung und Entstehung vor uns wie dies tragisch fragende, tragisch klagende Dokument seines innersten Gefühls: kein lyrischer Erguß seiner Jünglingsjahre ist so unmittelbar aus Anlaß und Geschehnis entsprungen, kein Werk können wir dermaßen Zug um Zug, Strophe um Strophe, Stunde um Stunde sich bilden sehen wie dies „wundersame Lied, das uns bereitet", dieses tiefste, reifste, wahr-haft herbstlich erglühende Spätlingsgedicht des Vierundsiebzigjährigen. „Pro-dukt eines höchst leidenschaftlichen Zustandes", wie er es Eckermann gegen-über nannte, vereint es gleichzeitig erhabenste Bändigung der Form: so wird of-fenbar und geheimnisvoll zugleich feurigster Lebensaugenblick in Gestaltung verwandelt. Noch heute, nach mehr als hundert Jahren, ist nichts welk und ab-gedunkelt an diesem herrlichen Blatt seines weitverzweigten rauschenden Le-bens, und noch Jahrhunderte bewahrt sich dieser 5. September denkwürdig im Gedächtnis und Gefühl kommenden deutschen Geschlechts.

Über diesem Blatt, diesem Gedicht, diesem Menschen, dieser Stunde steht strahlend der seltene Stern der Neugeburt. Im Februar 1822 hatte Goethe schwerste Krankheit zu überstehen, heftige Fieberschauer durchschüttlen den Körper, zu manchen Stunden ist das Bewußtsein schon verloren, und er selbst scheint es nicht minder. Die Ärzte, die kein deutliches Symptom erkennen und nur die Gefahr spüren, sind ratlos. Aber plötzlich, wie sie gekommen, ent-schwindet die Krankheit: im Juni geht Goethe nach Marienbad, ein vollkommen Verwandelter, denn fast hat es den Anschein, als ob jener Anfall nur Symptom einer inneren Verjüngung, einer „neuen Pubertät" gewesen wäre; der verschlos-sene, verhärtete, pedantische Mann, in dem das Dichterische fast ganz zur Ge-lehrsamkeit verkrustet war, gehorcht seit Jahrzehnten wieder nur noch ganz dem Gefühl. Musik „faltet ihn auseinander", wie er sagt, kaum kann er Klavier spielen und besonders von einer so schönen Frau wie Szymanowska spielen hö-ren, ohne daß seine Augen in Tränen stehen; er sucht aus tiefstem Triebe Jugend auf, und staunend sehen die Genossen den Vierundsiebzigjährigen bis Mitter-nacht mit Frauen schwärmen, sehen ihn, wie er seit Jahren wieder zum Tanz antritt, wobei ihm, wie er stolz erzählt, „beim Damenwechsel die meisten hüb-schen Kinder in die Hand kamen". Sein starres Wesen ist magisch aufgeschmol-zen in diesem Sommer, und aufgetan, wie seine Seele nun ist, verfällt sie dem alten Zauber, der ewigen Magie. Das Tagebuch vermeldet verräterisch „konziliante Träume", der „alte Werther" wird wieder in ihm wach: Frauennähe begeistert ihn zu kleinen Gedichten, zu scherzhaften Spielen und Neckereien, wie er sie vor einem halben Jahrhundert mit Lili Schönemann geübt. Noch schwankt unsicher die Wahl dem Weiblichen zu: erst ist es die schöne Polin, dann aber die neunzehnjährige Ulrike von Levetzow, der sein genesenes Gefühl entgegenschlägt. Vor fünfzehn Jahren hat er ihre Mutter geliebt und verehrt, und vor einem Jahre noch „das Töchterlein" bloß väterlich geneckt, nun aber wächst Neigung jäh zur Leidenschaft, nun eine andere Krankheit, sein ganzes Wesen ergreifend, tiefer ihn aufrüttelnd in der vulkanischen Welt des Gefühls als seit Jahren ein Erlebnis. Wie ein Knabe schwärmt der Vierundsiebzigjährige: kaum daß er die lachende Stimme auf der Promenade hört, läßt er die Arbeit und eilt ohne Hut und Stock zu dem heiteren Kinde hinab. Aber er wirbt auch wie ein Jüngling, wie ein Mann: das groteskeste Schauspiel, leicht satyrhaft im Tragischen, tut sich auf. Nachdem er mit dem Arzt geheim beraten, offenbart Goethe sich dem ältesten seiner Gefährten, dem Großherzog, mit der Bitte, er möchte für ihn bei Frau Levetzow um die Hand ihrer Tochter Ulrike werben. Und der Großherzog, gedenkend mancher tollen gemeinsamen Weibernacht vor fünfzig Jahren, vielleicht still und schadenfroh lächelnd über den Mann, den Deutschland, den Europa als den Weisesten der Weisen, den reifsten und abgeklärtesten Geist des Jahrhunderts verehrt – der Großherzog legt feierlich Stern und Orden an und geht für den Vierundsiebzigjährigen die Hand des neunzehnjährigen Mädchens von ihrer Mutter erbitten. Über die Antwort ist Genaues nicht bekannt – sie scheint abwartend, hinausschiebend gewesen zu sein. So ist Goethe Werber ohne Gewißheit, beglückt von bloß flüchtigem Kusse, liebgemeinten Worten, indes leidenschaftlicher und leidenschaftlicher das Verlangen ihn durchwogt, noch einmal Jugend in so zarter Gestalt zu besitzen. Noch einmal ringt der ewig Ungeduldige um höchste Gunst des Augenblicks: treulich folgt er von Marienbad der Geliebten nach Karlsbad, auch hier nur Ungewißheit für die Feurigkeit seines Wunsches findend, und mit dem sinkenden Sommer mehrt sich seine Qual. Endlich naht der Abschied, nichts versprechend, weniges verheißend, und als nun der Wagen rollt, fühlt der große Ahnende, daß ein Ungeheures in seinem Leben zu Ende ist. Aber tiefsten Schmerzes ewiger Genosse, ist in verdunkelter Stunde der alte Tröster da: über den Leidenden neigt sich der Genius, und der im Irdischen Trost nicht findet, ruft nach dem Gott. Noch einmal flieht, wie unzählige Male schon und nun zum letztenmal Goethe aus dem Erlebnis in die Dichtung, und in wundersamer Dankbarkeit für diese letzte Gnade schreibt der

Vierundsiebzigjährige über dies sein Gedicht die Verse seines Tasso, die er vor vierzig Jahren gedichtet, um sie nun noch einmal staunend zu erleben:

> Und wenn der Mensch in seiner Qual verstummt,
> Gab mir ein Gott zu sagen, was ich leide.

Sinnend sitzt nun der greise Mann im fortrollenden Wagen, unmutig bewegt von der Ungewißheit innerer Fragen. Noch war Ulrike frühmorgens mit der Schwester beim „tumultuarischen Abschied" zu ihm hingeeilt, noch hatte ihn der jugendliche, der geliebte Mund geküßt, aber war dieser Kuß ein zärtlicher, war er ein töchterlicher? Wird sie ihn lieben können, wird sie ihn nicht vergessen? Und der Sohn, die Schwiegertochter, die unruhig das reiche Erbe erharren, werden sie eine Heirat dulden, die Welt, wird sie seiner nicht spotten? Wird er im nächsten Jahre ihr nicht weggealtert sein? Und wenn er sie sieht, was darf er vom Wiedersehen erhoffen? Unruhig wogen die Fragen. Und plötzlich formt sich eine, die wesentlichste, zur Zeile, zur Strophe – die Frage, die Not wird zum Gedicht, der Gott hat ihm gegeben, „zu sagen, was ich leide". Unmittelbar, nackt geradezu, stößt sich der Schrei hinein in das Gedicht, gewaltigster Anschwung innerer Bewegung:

> Was soll ich nun vom Wiedersehen hoffen,
> Von dieses Tages noch geschloßner Blüte?
> Das Paradies, die Hölle steht dir offen;
> Wie wankelsinnig regt sich's im Gemüte!

Und nun strömt der Schmerz in kristallene Strophen, wunderbar von der eigenen Wirrnis gereinigt. Und wie der Dichter seines inneren Zustandes chaotische Not, die „schwüle Atmosphäre" durchirrt, hebt sich ihm zufällig der Blick. Aus dem rollenden Wagen sieht er morgendlich still die böhmische Landschaft, göttlichen Frieden gegen seine Unruhe gestellt, und schon fließt das eben erst geschaute Bildnis der Gegend über in sein Gedicht:

> Ist denn die Welt nicht übrig? Felsenwände,
> Sind sie nicht mehr gekrönt von heiligen Schatten?
> Die Ernte, reift sie nicht? Ein grün Gelände,
> Zieht sich's nicht hin am Fluß durch Busch und Matten?

Und wölbt sich nicht das überweltlich Große,
Gestaltenreiche, bald Gestaltenlose?

Aber zu unbeseelt ist ihm diese Welt. In solch leidenschaftlicher Sekunde vermag er alles nur in Verbindung mit der Gestalt der Geliebten zu begreifen, und magisch verdichtet sich die Erinnerung zu verklärender Erneuerung:

Wie leicht und zierlich, klar und zart gewoben,
Schwebt, seraphgleich, aus ernster Wolken Chor,
Als glich' es ihr, am blauen Äther droben
Ein schlank Gebild aus lichtem Duft empor!
So sahst du sie in frohem Tanze walten,
Die lieblichste der lieblichsten Gestalten.

Doch nur Momente darfst dich unterwinden,
Ein Luftgebild statt ihrer festzuhalten;
Ins Herz zurück! Dort wirst du's besser finden,
Dort regt sie sich in wechselnden Gestalten:
Zu Vielen bildet Eine sich hinüber,
So tausendfach, und immer, immer lieber.

Kaum beschworen, bildet sich aber Ulrikens Bildnis schon sinnlich geformt. Er schildert, wie sie ihn empfing und „stufenweis' beglückte", wie sie nach dem letzten Kuß ihm noch den „letztesten" auf die Lippen drückte, und in selig erinnernder Beglückung dichtet nun in erhabenster Form der alte Meister eine der reinsten Strophen über das Gefühl der Hingabe und Liebe, die jemals die deutsche und irgendeine Sprache geschaffen:

In unsers Busens Reine wogt ein Streben,
Sich einem Höhern, Reinern, Unbekannten
Aus Dankbarkeit freiwillig hinzugeben,
Enträtselnd sich den ewig Ungenannten;
Wir heißen's: fromm sein! – Solcher seligen Höhe
Fühl' ich mich teilhaft, wenn ich vor ihr stehe.

Aber gerade im Nachgefühl dieses seligsten Zustandes leidet der Verlassene unter der Trennung der Gegenwart, und nun bricht ein Schmerz hervor, der die erhaben elegische Stimmung des großartigen Gedichtes fast zerreißt, eine Offenheit des Empfindens, wie sie nur das spontane Verwandeln eines unmittelbaren Erlebnisses einmal in Jahren verwirklicht. Erschütternd ist diese Klage:

> Nun bin ich fern! Der jetzigen Minute,
> Was ziemt denn der? Ich wüßt' es nicht zu sagen.
> Sie bietet mir zum Schönen manches Gute;
> Das lastet nur, ich muß mich ihm entschlagen.
> Mich treibt umher ein unbezwinglich Sehnen,
> Da bleibt kein Rat als grenzenlose Tränen.

Dann steigert sich, kaum steigerungsfähig, der letzte, furchtbarste Aufschrei:

> Verlaßt mich hier, getreue Weggenossen,
> Laßt mich allein am Fels, in Moor und Moos!
> Nur immer zu! euch ist die Welt erschlossen,
> Die Erde weit, der Himmel hehr und groß;
> Betrachtet, forscht, die Einzelheiten sammelt,
> Naturgeheimnis werde nachgestammelt.

> Mir ist das All, ich bin mir selbst verloren,
> Der ich noch erst den Göttern Liebling war;
> Sie prüften mich, verliehen mir Pandoren,
> So reich an Gütern, reicher an Gefahr;
> Sie drängten mich zum gabeseligen Munde,
> Sie trennen mich – und richten mich zu Grunde.

Nie war dem sonst Verhaltenen eine ähnliche Strophe entklungen. Der sich als Jüngling zu verbergen, als Mann zu enthalten wußte, der sonst fast immer nur in Spiegelbildern, Chiffren und Symbolen sein tiefstes Geheimnis verriet, hier offenbart er als Greis zum erstenmal großartig frei sein Gefühl. Seit fünfzig Jahren war der fühlende Mensch, der große lyrische Dichter in ihm vielleicht nicht lebendiger als auf diesem unvergeßlichen Blatt, an diesem denkwürdigen Wendepunkt seines Lebens. So geheimnisvoll, als eine seltene Gnade des Schicksals, hat auch Goethe selbst dieses Gedicht empfunden. Kaum nach Weimar heimgekehrt, ist es sein erstes, noch ehe er sich irgendeiner anderen Arbeit oder häuslichen Dingen zuwendet, eine kunstvolle Abschrift der Elegie eigenhändig zu kalligraphieren. Drei Tage schreibt er auf besonders gewähltem Papier mit großen, feierlichen Lettern, wie ein Mönch in seiner Zelle, das Gedicht nieder und birgt es selbst vor den nächsten Hausgenossen, auch vor dem vertrautesten, als Geheimnis. Selbst die Buchbinderarbeit fertigt er, damit geschwätzige Kunde sich nicht voreilig verbreite, und befestigt das Manuskript mit einer seidenen Schnur in einer Decke von rotem Maroquin (die er dann später durch einen blauen, wundervollen Leinwandband ersetzen ließ, der noch heute im Goethe- und Schiller-Archiv zu sehen ist). Die Tage sind ärgerlich und verdrießlich, sein Heiratsplan hat im Hause nur Hohn gefunden, den Sohn sogar zu Ausbrüchen offenen Hasses verleitet; nur in den eigenen dichterischen Worten kann er bei dem geliebten Wesen weilen. Erst als die schöne Polin, die Szymanowska, wieder zu Besuch kommt, erneuert sich das Gefühl der hellen Marienbader Tage und macht ihn mitteilsam. Am 27. Oktober endlich ruft er Eckermann zu sich herein, und schon an der besonderen Feierlichkeit, mit der er die Verlesung einleitet, verrät sich's, mit welcher besonderen Liebe er an diesem Gedichte gehangen. Der Diener muß zwei Wachslichter auf den Schreibtisch stellen, dann erst wird Eckermann ersucht, vor den Lichtern Platz zu nehmen und die Elegie zu lesen. Nach und nach bekommen sie auch die anderen, aber nur die Vertrautesten, zu Gehör, denn Goethe hütet sie nach Eckermanns Worten „wie ein Heiligtum". Daß sie besondere Bedeutung für sein Leben besitzt, zeigen schon die nächsten Monate. Dem gesteigerten Wohlbefinden des Verjüngten folgt bald ein Zusammenbruch. Wieder scheint er dem Tode nahe, schleppt sich vom Bett zum Lehnsessel, vom Lehnsessel zum Bett, ohne Ruhe zu finden; die Schwiegertochter ist auf Reisen, der Sohn voll Haß, niemand pflegt oder berät den verlassenen, alten Kranken. Da kommt, offenbar von den Freunden gerufen, Zelter aus Berlin, der Vertrauteste seines Herzens, und erkennt sofort den inneren Brand. „Was finde ich", schreibt er erstaunt, „einen, der aussieht, als hätte er die Liebe, die ganze Liebe mit Qualen der Jugend im Leibe." Um ihn zu heilen, liest er ihm immer und immer wieder „mit inniger Teilnahme" das eigene Gedicht vor, und Goethe wird nicht müde, es zu hören. „Es war doch eigen", schreibt er dann als Genesender, „daß du mich durch dein gefühlvolles, sanftes Organ mehrmals vernehmen ließest, was mir in einem Grade lieb ist, den ich mir selbst nicht gestehen mag." Und schreibt dann weiter: „Ich darf es nicht aus Händen geben, aber lebten wir zusammen, so müßtest du mir's so lange vorlesen und vorsingen, bis du's auswendig könntest."

So kommt, wie Zelter sagt, „die Heilung vom Speer, der ihn verwundet hatte." Goethe rettet sich – man darf es wohl sagen – durch dieses Gedicht. Endlich ist die Qual überwunden, die letzte tragische Hoffnung besiegt, der Traum von einem gemeinsamen ehelichen Leben mit dem geliebten „Töchterchen" zu Ende. Er weiß, er wird niemals mehr nach Marienbad, nach Karlsbad, nie mehr in die heitere Spielwelt der Sorglosen gehen, fortan gehört sein Leben allein noch der Arbeit. Dem Neubeginnen des Schicksals hat der Geprüfte entsagt, dafür tritt ein anderes großes Wort in seinen Lebenskreis, es heißt: vollenden. Ernst wendet er seinen Blick zurück auf sein Werk, das sechzig Jahre umspannt, sieht es zersplittert und verstreut und beschließt, da er nun nicht mehr bauen kann, wenigstens zu sammeln; der Kontrakt für die „Gesammelten Werke" wird abgeschlossen, das Schutzrecht erworben. Noch einmal wirbt seine Liebe, die eben noch um ein neunzehnjähriges Mädchen geirrt, um die beiden ältesten Gefährten seiner Jugend. „Wilhelm Meister" und „Faust". Rüstig geht er zu Werke; aus vergilbten Blättern wird der Plan vergangenen Jahrhunderts erneuert. Ehe er achtzig ist, sind die „Wanderjahre" abgeschlossen, und heroischen Mutes tritt der Einundachtzigjährige an das „Hauptgeschäft" seines Lebens, den „Faust", den er sieben Jahre nach diesen tragischen Schicksalstagen der Elegie vollendet und mit gleich ehrfürchtiger Pietät wie die Elegie noch mit Siegel und Geheimnis vor der Welt verschließt. Zwischen diesen beiden Sphären des Gefühls, zwischen letztem Begehren und letztem Entsagen, zwischen Beginnen und Vollenden steht als Scheitelpunkt, als unvergeßlicher Augenblick innerer Wende, dieser fünfte September, der Abschied von Karlsbad, der Abschied von der Liebe, in Ewigkeit verwandelt durch erschütternde Klage. Wir dürfen ihn denkwürdig nennen, diesen Tag, denn die deutsche Dichtung hat seitdem keine sinnlich großartigere Stunde gehabt als den Überstrom urmächtigen Gefühls in dies mächtige Gedicht.

Die Entdeckung Eldorados

J. A. Suter, Kalifornien. Januar 1848

Der Europamüde

1834. Ein Amerikadampfer steuert von Le Hâvre nach Neuyork. Mitten unter den Desperados, einer unter Hunderten, Johann August Suter, heimisch zu Rynenberg bei Basel, 31 Jahre alt und höchst eilig, das Weltmeer zwischen sich und den europäischen Gerichten zu haben, Bankerotteur, Dieb, Wechselfälscher, hat er seine Frau und drei Kinder einfach im Stich gelassen, in Paris sich mit einem betrügerischen Ausweis etwas Geld verschafft und ist nun auf der Suche nach neuer Existenz. Am 7. Juli landet er in Neuyork und treibt dort zwei Jahre lang alle möglichen und unmöglichen Geschäfte, wird Packer, Drogist, Zahnarzt, Arzneiverkäufer, Tavernenhälter. Schließlich, einigermaßen gesettlet, siedelt er sich in einem Wirtshaus an, verkauft es wieder und zieht, dem magischen Zug der Zeit folgend, nach Missouri. Dort wird er Landmann, schafft sich in kurzer Zeit ein kleines Eigentum und könnte ruhig leben. Aber immer hasten Menschen an seinem Hause vorbei, Pelzhändler, Jäger, Abenteurer und Soldaten, sie kommen vom Westen, sie ziehen nach Westen, und dieses Wort Westen bekommt allmählich einen magischen Klang. Zuerst, so weiß man, sind Steppen, Steppen mit ungeheuren Büffelherden, tageweit, wochenweit menschenleer, nur durchjagt von den Rothäuten, dann kommen Gebirge, hoch, unerstiegen, dann endlich jenes andere Land, von dem niemand Genaues weiß und dessen sagenhafter Reichtum gerühmt wird, Kalifornien, das noch unerforschte. Ein Land, wo Milch und Honig fließt, frei jedem, der es nehmen will – nur weit, unendlich weit und lebensgefährlich zu erreichen.

Aber Johann August Suter hat Abenteurerblut, ihn lockt es nicht, stillzusitzen und seinen guten Grund zu bebauen. Eines Tages, im Jahre 1837, verkauft er sein Hab und Gut, rüstet eine Expedition mit Wagen und Pferden und Büffelherden aus und zieht vom Fort Independence ins Unbekannte.

Der Marsch nach Kalifornien

1838. Zwei Offiziere, fünf Missionare, drei Frauen ziehen aus in Büffelwagen ins unendliche Leere. Durch Steppen und Steppen, schließlich über die Berge, dem Pazifischen Ozean entgegen. Drei Monate lang reisen sie, um Ende Oktober in Fort Van Couver anzukommen. Die beiden Offiziere haben Suter schon vorher verlassen, die Missionare gehen nicht weiter, die drei Frauen sind unterwegs an den Entbehrungen gestorben.

Suter ist allein, vergebens sucht man ihn zurückzuhalten in Van Couver, bietet ihm eine Stellung an – er lehnt alles ab, die Lockung des magischen Namens sitzt ihm im Blut. Mit einem erbärmlichen Segler durchkreuzt er den Pazifik zuerst zu den Sandwichinseln und landet, nach unendlichen Schwierigkeiten an den Küsten von Alaska vorbei, an einem verlassenen Platz, namens San Franzisko. San Franzisko – nicht die Stadt von heute, nach dem Erdbeben mit verdoppeltem Wachstum zu Millionenzahlen emporgeschossen – nein, nur ein elendes Fischerdorf, so nach der Mission der Franziskaner genannt, nicht einmal Hauptstadt jener unbekannten mexikanischen Provinz Kalifornien, die verwahrlost, ohne Zucht und Blüte, in der üppigsten Zone des neuen Kontinents brachliegt.

Spanische Unordnung, gesteigert durch Abwesenheit jeder Autorität, Revolten, Mangel an Arbeitstieren und Menschen, Mangel an zupackender Energie. Suter mietet ein Pferd, treibt es hinab in das fruchtbare Tal des Sakramento: ein Tag genügt, um ihm zu zeigen, daß hier nicht nur Platz ist für eine Farm, für ein großes Gut, sondern Raum für ein Königreich. Am nächsten Tag reitet er nach Monte Rey, in die klägliche Hauptstadt, stellt sich dem Gouverneur Alverado vor, erklärt ihm seine Absicht, das Land urbar zu machen. Er hat Kanaken mitgebracht von den Inseln, will regelmäßig diese fleißigen und arbeitsamen Farbigen von dort sich nachkommen lassen und macht sich anheischig, Ansiedlungen zu bauen und ein kleines Reich, eine Kolonie, Neu-Helvetien, zu gründen. „Warum Neu-Helvetien?" fragt der Gouverneur. „Ich bin Schweizer und Republikaner", antwortet Suter.

„Gut, tun Sie, was Sie wollen, ich gebe Ihnen eine Konzession auf zehn Jahre."

Man sieht: Geschäfte werden dort rasch abgeschlossen. Tausend Meilen von jeder Zivilisation hat Energie eines einzelnen Menschen einen anderen Preis als zu Hause.

Neu-Helvetien

1839. Eine Karawane karrt langsam längs der Ufer des Sakramento hinauf. Voran Suter zu Pferd, das Gewehr umgeschnallt, hinter ihm zwei, drei Europäer, dann hundertfünfzig Kanaken in kurzem Hemd, dann dreißig Büffelwagen mit Lebensmitteln, Samen und Munition, fünfzig Pferde, fünfundsiebzig Maulesel, Kühe und Schafe, dann eine kurze Nachhut – das ist die ganze Armee, die sich Neu-Helvetien erobern will.

Vor ihnen rollt eine gigantische Feuerwoge. Sie zünden die Wälder an, bequemere Methode, als sie auszuroden. Und kaum, daß die riesige Lohe über das Land gerannt ist, noch auf den rauchenden Baumstrünken, beginnen sie ihre Arbeit. Magazine werden gebaut, Brunnen gegraben, der Boden, der keiner Pflügung bedarf, besät, Hürden geschaffen für die unendlichen Herden; allmählich strömt von den Nachbarorten Zuwachs aus den verlassenen Missionskolonien.

Der Erfolg ist gigantisch. Die Saaten tragen sofort fünfhundert Prozent. Die Scheuern bersten, bald zählen die Herden nach Tausenden, und ungeachtet der fortwährenden Schwierigkeiten im Lande, der Expeditionen gegen die Eingeborenen, die immer wieder Einbrüche in die aufblühende Kolonie wagen, entfaltet sich Neu-Helvetien zu tropisch gigantischer Größe. Kanäle, Mühlen, Faktoreien werden geschaffen, auf den Flüssen fahren Schiffe stromauf und stromab, Suter versorgt nicht nur Van Couver und die Sandwichinseln, sondern auch alle Segler, die in Kalifornien anlegen, er pflanzt Obst, das heute so berühmte und vielbewunderte Obst Kaliforniens. Sieh da! es gedeiht, und so läßt er Weinreben kommen aus Frankreich und vom Rhein, und nach wenigen Jahren bedecken sie weite Gelände. Sichselbst baut er Häuser und üppige Farmen, läßt ein Klavier von Pleyel hundertachtzig Tagereisen weit aus Paris kommen und eine Dampfmaschine mit sechzig Büffeln von Neuyork her über den ganzen Kontinent. Er hat Kredite und Guthaben bei den größten Bankhäusern Englands und Frankreichs, und nun, fünfundvierzig Jahre alt, auf der Höhe seines Triumphes, erinnert er sich, vor vierzehn Jahren eine Frau und drei Kinder irgendwo in der Welt gelassen zu haben. Er schreibt ihnen und ladet sie zu sich, in sein Fürstentum. Denn jetzt fühlt er die Fülle in den Fäusten, er ist Herr von Neu-Helvetien, einer der reichsten Männer der Welt, und wird es bleiben. Endlich reißen auch die Vereinigten Staaten die verwahrloste Kolonie aus Mexikos Händen. Nun ist alles gesichert und geborgen. Ein paar Jahre noch, und Suter ist der reichste Mann der Welt.

Der verhängnisvolle Spatenstich

1848, im Januar. Plötzlich kommt James W. Marshall, sein Schreiner, aufgeregt zu Johann August Suter ins Haus gestürzt, er müsse ihn unbedingt sprechen. Suter ist erstaunt, hat er doch noch gestern Marshall hinauf geschickt in seine Farm nach Coloma, dort ein neues Sägewerk anzulegen. Und nun ist der Mann ohne Erlaubnis zurückgekehrt, steht zitternd vor Aufregung vor ihm, drängt ihn in sein Zimmer, schließt die Tür ab und zieht aus der Tasche eine Handvoll Sand mit ein paar gelben Körnern darin. Gestern beim Graben sei ihm dieses sonderbare Metall aufgefallen, er glaube, es sei Gold, aber die anderen hätten ihn ausgelacht. Suter wird ernst, nimmt die Körner, macht die Scheideprobe: es ist Gold. Er entschließt sich, sofort am nächsten Tage mit Marshall zur Farm hinaufzureiten, aber der Zimmermeister ist als erster von dem furchtbaren Fieber ergriffen, das bald die Welt durchschütteln wird: noch in der Nacht, mitten im Sturm reitet er zurück, ungeduldig nach Gewißheit.

Am nächsten Morgen ist Colonel Suter in Coloma, sie dämmen den Kanal ab und untersuchen den Sand. Man braucht nur ein Sieb zu nehmen, ein wenig hin und her zu schütteln, und die Goldkörner bleiben blank auf dem schwarzen Geflecht. Suter versammelt die paar weißen Leute um sich, nimmt ihnen das Ehrenwort ab, zu schweigen, bis das Sägewerk vollendet sei, dann reitet er ernst und entschlossen wieder zu seiner Farm zurück. Ungeheure Gedanken bewegen ihn: soweit man sich entsinnen kann, hat niemals das Gold so leicht faßbar, so offen in der Erde gelegen, und diese Erde ist sein, ist Suters Eigentum. Ein Jahrzehnt scheint übersprungen in einer Nacht: Er ist der reichste Mann der Welt.

Der Rush

Der reichste Mann? Nein – der ärmste, der jämmerlichste, der enttäuschteste Bettler dieser Erde. Nach acht Tagen ist das Geheimnis verraten, eine Frau – immer eine Frau! – hat es irgendeinem Vorübergehenden erzählt und ihm ein paar Goldkörner gegeben. Und was nun geschieht, ist ohne Beispiel. Sofort lassen alle Männer Suters ihre Arbeit, die Schlosser laufen von der Schmiede, die Schäfer von den Herden, die Weinbauern von den Reben, die Soldaten lassen ihre Gewehre, alles ist wie besessen und rennt mit rasch geholten Sieben und Kasserollen hin zum Sägewerk, Gold aus dem Sand zu schütteln. Über Nacht ist das ganze Land verlassen, die Milchkühe, die niemand melkt, brüllen und verrecken, die Büffelherden zerreißen ihre Hürden, stampfen hinein in die Felder, wo die Frucht am Halme verfault, die Käsereien arbeiten nicht, die Scheunen stürzen ein, das ungeheure Räderwerk des gigantischen Betriebes steht still. Telegraphen sprühen die goldene Verheißung über Länder und Meere. Und schon kommen die Leute herauf von den Städten, von den Häfen, Matrosen verlassen ihre Schiffe, die Regierungsbeamten ihren Posten, in langen, unendlichen Kolonnen zieht es von Osten, von Westen, zu Fuß, zu Pferd und zu Wagen heran, der Rush, der menschliche Heuschreckenschwarm, die Goldgräber. Eine zügellose, brutale Horde, die kein Gesetz kennt als das der Faust, kein Gebot als das ihres Revolvers, ergießt sich über die blühende Kolonie. Alles ist für sie herrenlos, niemand wagt diesen Desperados entgegenzutreten. Sie schlachten Suters Kühe, sie reißen seine Scheuern ein, um sich Häuser zu bauen, sie zerstampfen seine Äcker, sie stehlen seine Maschinen – über Nacht ist Johann August Suter bettelarm geworden, wie König Midas, erstickt im eigenen Gold. Und immer gewaltiger wird dieser beispiellose Sturm nach Gold; die Nachricht ist in die Welt gedrungen, von Neuyork allein gehen hundert Schiffe ab, aus Deutschland, aus England, aus Frankreich, aus Spanien kommen 1848, 1849, 1850, 1851 ungeheure Abenteurerhorden herübergezogen. Einige fahren um das Kap Hoorn, das ist aber den Ungeduldigsten zu lang, so wählen sie den gefährlicheren Weg über den Isthmus von Panama. Eine rasch entschlossene Kompanie baut flink am Isthmus eine Eisenbahn, bei der Tausende Arbeiter im Fieber zugrunde gehen, nur damit für die Ungeduldigen drei bis vier Wochen erspart würden und sie früher zum Gold gelangen. Quer über den Kontinent ziehen riesige Karawanen, Menschen aller Rassen und Sprachen, und alle wühlen sie in Johann August Suters Eigentum wie auf eigenem Grunde. Auf der Erde von San Franzisko, die ihm durch besiegelten Akt der Regierung zugehört, wächst in traumhafter Geschwindigkeit eine Stadt, fremde Menschen verkaufen sich gegenseitig seinen Grund und Boden, und der Name Neu-Helvetien, sein Reich, verschwindet hinter dem magischen Wort: Eldorado, Kalifornien. Johann August Suter, noch einmal bankerott, starrt wie gelähmt auf diese gigantische Drachensaat. Zuerst versucht er mitzugraben und selbst mit seinen Dienern und Gefährten den Reichtum auszunützen, aber alle verlassen ihn. So zieht er sich ganz aus dem Golddistrikt zurück, in eine abgesonderte Farm, nahe dem Gebirge, weg von dem verfluchten Fluß und dem unheiligen Sand, in seine Farm Eremitage. Dort erreicht ihn endlich seine Frau mit den drei herangewachsenen Kindern, aber kaum angelangt, stirbt sie infolge der Erschöpfung der Reise. Doch drei Söhne sind jetzt da, acht Arme, und mit ihnen beginnt Johann August Suter die Landwirtschaft; noch einmal, nun mit seinen drei Söhnen, arbeitet er sich empor, still, zäh, und nützt die phantastische Fruchtbarkeit dieser Erde. Noch einmal birgt und verbirgt er einen großen Plan.

Der Prozeß

1850. Kalifornien ist in die Union der Vereinigten Staaten aufgenommen worden. Unter ihrer strengen Zucht kommt nach dem Reichtum endlich Ordnung in das goldbesessene Land. Die Anarchie ist gebändigt, das Gesetz gewinnt wieder sein Recht.

Und nun tritt Johann August Suter plötzlich vor mit seinen Ansprüchen. Der ganze Boden, so heischt er, auf dem die Stadt San Franzisko gebaut ist, gehört ihm nach Fug und Recht. Der Staat ist verpflichtet, den Schaden, den er durch

Diebstahl seines Eigentums erlitten, gutzumachen, an allem aus seiner Erde ge- förderten Gold beansprucht er sein Teil. Ein Prozeß beginnt, in Dimensionen, wie sie die Menschheit vor ihm nie gekannt. Johann August Suter verklagt 17 221 Farmer, die sich in seinen Pflanzungen angesiedelt haben, und for- dert sie auf, den gestohlenen Grund zu räumen, er verlangt 25 Millionen Dollar vom Staate Kalifornien dafür, daß er sich die von ihm gebauten Wege, Kanäle, Brücken, Stauwerke, Mühlen einfach angeeignet habe, er verlangt von der Union 25 Millionen Dollar als Schadenersatz für zerstörtes Gut und außerdem noch seinen Anteil am geförderten Gold. Er hat seinen älteren Sohn, Emil, in Wa- shington die Rechte studieren lassen, um den Prozeß zu führen, und verwendet die ungeheuren Einnahmen aus seinen neuen Farmen einzig dazu, diesen kost- spieligen Prozeß zu nähren. Vier Jahre lang treibt er ihn durch alle Instanzen.

Am 15. März 1855 wird endlich das Urteil gefällt. Der unbestechliche Richter Thompson, der höchste Beamte Kaliforniens, erkennt die Rechte Johann August Suters auf den Boden als vollkommen berechtigt und unantastbar an. An diesem Tage ist Johann August Suter am Ziel. Er ist der reichste Mann der Welt.

Das Ende

Der reichste Mann der Welt? Nein, abermals nein, der ärmste Bettler, der un- glücklichste, geschlagenste Mann. Wieder führt das Schicksal wider ihn einen jener mörderischen Streiche, nun aber einen, der ihn für immer zu Boden streckt. Auf die Nachricht von dem Urteil bricht ein Sturm in San Franzisko und im ganzen Lande los. Zehntausende rotten sich zusammen, alle die bedrohten Eigentümer, der Mob der Straße, das immer plünderungsfrohe Gesindel, sie stürmen den Justizpalast und brennen ihn nieder, sie suchen den Richter, um ihn zu lynchen, und sie machen sich auf, eine ungeheure Schar, um den ganzen Besitz Johann August Suters zu plündern. Sein ältester Sohn erschießt sich, von den Banditen bedrängt, der zweite wird ermordet, der dritte flieht und ertrinkt auf der Heimkehr. Eine Feuerwoge fährt über Neu-Helvetien hin, Suters Farmen werden niedergebrannt, seine Weinstöcke zertreten, sein Mobiliar, seine Samm- lungen, sein Geld geraubt und mit erbarmungsloser Wut der ungeheure Besitz zur Wüstenei gemacht. Suter selbst rettet sich mit knapper Not.

Von diesem Schlage hat sich Johann August Suter nie mehr erholt. Sein Werk ist vernichtet, seine Frau, seine Kinder sind tot, sein Geist verwirrt: nur eine Idee flackert noch wirr in dem dumpf gewordenen Gehirn: das Recht, der Prozeß.

Fünfundzwanzig Jahre irrt dann noch ein alter, geistesschwacher, schlechtgekleideter Mann in Washington um den Justizpalast. In allen Büros kennt man dort den „General" im schmutzigen Überrock und mit den zerfetzten Schuhen, der seine Milliarden fordert. Und immer wieder finden sich Advokaten, Abenteurer und Filous, die ihm das Letzte seiner Pension entlocken und ihn neuerdings zum Prozesse treiben. Er selbst will kein Geld, er haßt das Gold, das ihn arm gemacht, das ihm drei Kinder ermordet, das sein Leben zerstört. Er will nur sein Recht und verficht es mit der querulantischen Erbitterung des Monomanen. Er reklamiert beim Senat, er reklamiert beim Kongreß, er vertraut sich allerlei Helfern an, die, mit Pomp dann die Affäre aufzäumend, ihm eine lächerliche Generaluniform anziehen und den Unglücklichen als Popanz von Amt zu Amt, von Abgeordneten zu Abgeordneten schleppen. Das geht zwanzig Jahre lang, von 1860 bis 1880, zwanzig erbärmliche Bettlerjahre. Tag um Tag umlungert er den Kongreßpalast, Spott aller Beamten, Spiel aller Gassenjungen, er, dem das reichste Land der Erde gehört und auf dessen Grund und Boden die zweite Hauptstadt des Riesenreiches steht und stündlich wächst. Aber man läßt den Unbequemen warten. Und dort, auf der Treppe des Kongreßpalastes, trifft ihn endlich am 17. Juli 1880 am Nachmittag der erlösende Herzschlag – man trägt einen toten Bettler weg. Einen toten Bettler, aber einen mit einer Streitschrift in der Tasche, die ihm und seinen Erben nach allen irdischen Rechten den Anspruch auf das größte Vermögen der Weltgeschichte sichert. Niemand hat Suters Erbe bislang angefordert, kein Nachfahr hat seinen Anspruch angemeldet. Noch immer steht San Franzisko, steht ein ganzes Land auf fremdem Boden. Noch immer ist hier nicht Recht gesprochen, und nur ein Künstler, Blaise Cendrars, hat dem vergessenen Johann August Suter wenigstens das einzige Recht großen Schicksals gegeben, das Recht auf staunendes Gedenken der Nachwelt.

Heroischer Augenblick

Dostojewski, Petersburg, Semenowskplatz. 22. Dezember 1849

Nachts haben sie ihn aus dem Schlaf gerissen,
Säbel durchklirren die Kasematten,
Stimmen befehlen; im Ungewissen
Zucken gespenstisch drohende Schatten.
Sie stoßen ihn vorwärts, tief gähnt ein Gang,
Lang und dunkel, dunkel und lang.

Ein Riegel kreischt, eine Türe klirrt;
Dann spürt er Himmel und eisige Luft,
Und ein Karren harrt, eine rollende Gruft,
In die er eilig gestoßen wird.

Neben ihm, hart in Eisen geschlossen,
Schweigend und mit verblaßtem Gesicht
Die neun Genossen;
Keiner spricht,
Denn jeder spürt,
Wohin der Karren ihn vorwärtsführt,
Und daß dies unten rollende Rad
Ihr Leben zwischen den Speichen hat.

Da hält
Der ratternde Karren, die Türe knarrt:
Durch das geöffnete Gitter starrt
Sie ein dunkles Stück Welt
Mit trüb-verschlafenem Blicke an.
Ein Häuserkarree,
Die Dächer niedrig und schmutzig bereift,
Umschließt einen Platz voll Dunkel und Schnee.

Nebel umfloren mit grauem Tuch
Das Hochgericht,
Und nur um die goldene Kirche streift
Der Morgen mit frostig blutendem Licht.

Schweigend treten sie alle an.
Ein Leutnant liest ihren Urteilsspruch:
Tod für Verrat durch Pulver und Blei,
Tod!
Das Wort fällt wie ein wuchtiger Stein
In den frostigen Spiegel der Stille hinein,
Es klingt

Hart, als schlüge etwas entzwei,
Dann sinkt
Der leere Schall ins lautlose Grab
Der eisigen Morgenstille hinab.

Wie im Traum
Fühlt er alles mit sich geschehen
Und weiß nur, daß er jetzt sterben muß.
Einer tritt vor und wirft ihm stumm
Ein weißes, wallendes Sterbehemd um.
Ein letztes Wort grüßt die Gefährten,
Und heißen Blicks,
Mit stummem Schrei,
Küßt er den Heiland am Kruzifix,
Den der Pope ihm ernst und mahnend hinbietet;
Dann werden
Sie alle zehn, je drei und drei,
Mit Stricken an ihre Pfähle genietet.

Schon
Kommt ein Kosake eilig heran,
Die Augen ihm vor dem Gewehr zu verbinden.
Da greift – er weiß es: zum letzten Male! –

Der Blick vor seinem großen Erblinden
Gierig nach jenem kleinen Stück Welt,
Das der Himmel ihm drüben entgegenhält:
Im Frühschein sieht er die Kirche lohn:
Wie zum letzten seligen Abendmahle
Glüht ihre Schale,
Gefüllt mit heiligem Morgenrot.
Und er greift nach ihr mit plötzlichem Glück
Wie nach Gottes Leben hinter dem Tod...

Da schnüren sie ihm die Nacht um den Blick.

Aber innen
Beginnt das Blut nun farbig zu rinnen.
In spiegelnder Flut
Steigt aus dem Blut
Gestaltetes Leben,
Und er fühlt,
Daß diese Sekunde, die todgeweihte,
Alle verlornen Vergangenheiten
Wieder durch seine Seele spült:
Sein ganzes Leben wird wieder wach
Und geistert in Bildern durch seine Brust;
Die Kindheit, bleich, verloren und grau,
Vater und Mutter, der Bruder, die Frau,
Drei Brocken Freundschaft, zwei Becher Lust,
Einen Traum von Ruhm, ein Bündel Schmach;
Und feurig rollt der bildernde Drang
Verlorene Jugend die Adern entlang,
Sein ganzes Sein fühlt er nochmals tief innen
Bis zur Sekunde,
Da sie ihn an den Pfahl gebunden.
Dann wirft ein Besinnen,
Schwarz und schwer
Seine Schatten über die Seele her.

Und da
Spürt er, wie einer auf ihn zutritt,
Spürt einen schwarzen, schweigenden Schritt,
Nah, ganz nah,
Und wie er die Hand ihm aufs Herz hinlegt,
Daß es schwächer .. und schwächer... und gar nicht mehr schlägt –
Noch eine Minute – – dann ist es vorbei.
Die Kosaken
Formen sich drüben zur funkelnden Reih...
Die Riemen schwingen... die Hähne knacken...
Trommeln rasseln die Luft entzwei.
Die Sekunde macht Jahrtausende alt.

Da ein Schrei:
Halt!
Der Offizier
Tritt vor, weiß flackt ein Papier,
Seine Stimme schneidet hell und klar
In die harrende Stille:
Der Zar
Hat in der Gnade seines heiligen Willens
Das Urteil kassiert,
Das in mildere Strafe verwandelt wird.

Die Worte klingen
Noch fremd: er kann ihren Sinn nicht erdenken,
Aber das Blut
In seinen Adern wird wieder rot,
Steigt auf und beginnt ganz leise zu singen.
Der Tod
Kriecht zögernd aus den erstarrten Gelenken,
Und die Augen spüren, noch schwarz verhängt,
Daß sie Gruß vom ewigen Lichte umfängt.

Der Profos
Schnürt ihm schweigend die Stricke los,
Zwei Hände schälen die weiße Binde
Wie eine rissige Birkenrinde
Von seinen brennenden Schläfen ab.
Taumelnd entsteigen die Augen dem Grab
Und tasten linkisch, geblendet und schwach
In das schon abgeschworene Sein
Wieder hinein.

Und da sieht
Er das gleiche goldene Kirchendach,
Das nun im steigenden Frührotschein
Mystisch erglüht.

Die reifen Rosen der Morgenröte
Umschlingen es wie mit frommen Gebeten,
Der glitzernde Knauf
Deutet mit seiner gekreuzigten Hand,
Ein heiliges Schwert, hoch in den Rand
Der freudig errötenden Wolken hinauf.
Und dort, aufrauschend in Morgenhelle,
Wächst über die Kirche der Gottesdom.
Ein Strom
Von Licht wirft seine glühende Welle
In alle klingenden Himmel empor.
Die Nebelschwaden
Steigen qualmend, wie mit der Last
Allen irdischen Dunkels beladen,
In den göttlichen Morgenglast,
Und Tönen schwillt empor aus den Tiefen,
Als riefen
Tausend Stimmen in einem Chor.
Und da hört er zum erstenmal,
Wie die ganze irdische Qual
Ihr brennendes Leid
Brünstig über die Erde hinschreit.
Er hört die Stimmen der Kleinen und Schwachen,
Der Frauen, die sich vergebens verschenkten,
Der Dirnen, die sich selber verlachen,
Den finstern Groll der immer Gekränkten,
Die Einsamen, die kein Lächeln berührte,
Er hört die Kinder, die schluchzenden, klagen
Und die schreiende Ohnmacht der heimlich Verführten.
Er hört sie alle, die die Leiden tragen,
Die Ausgesetzten, die Dumpfen, Verhöhnten,
Die ungekrönten
Märtyrer aller Gassen und Tage,
Er hört ihre Stimme und hört, wie sie
In einer urmächtigen Melodie
Sich in die offenen Himmel erheben.
Und er sieht,
Daß einzig das Leiden zu Gott aufschwebt,

104

Indes die andern das schwere Leben
Mit bleiernem Glück an die Erde klebt.
Aber endlos weitet sich oben das Licht
Unter dem Schwalle
Der steigenden Chöre
Von irdischem Leid;
Und er weiß, sie alle, sie alle
Wird Gott erhören,
Seine Himmel klingen Barmherzigkeit!
Über die Armen
Hält Gott nicht Gericht,
Unendlich Erbarmen
Durchflammt seine Hallen mit ewigem Licht.
Die Apokalyptischen Reiter entstieben,
Leiden wird Lust, und Glück wird zur Qual
Für den, der im Tode das Leben erlebt.
Und schon schwebt
Ein feuriger Engel bodenwärts
Und bohrt ihm den Strahl
Der heiligen, schmerzgeborenen Liebe
Tief und strahlend ins schauernde Herz.

Da bricht
Er ins Knie wie gefällt.
Er fühlt mit einmal die ganze Welt
Wahr und in ihrem unendlichen Leid.
Sein Körper bebt,
Weißer Schaum umspült seine Zähne,
Krampf hat seine Züge entstellt,
Doch Tränen
Tränken selig sein Sterbekleid.
Denn er fühlt, daß, erst seit
Er die bittern Lippen des Todes berührt,
Sein Herz die Süße des Lebens spürt.
Seine Seele glüht nach Martern und Wunden,
Und ihm wird klar,
Daß er in dieser einen Sekunde
Jener andere war,

Der vor tausend Jahren am Kreuze stand,
Und daß er, wie Er,
Seit jenem brennenden Todeskuß
Um des Leidens das Leben liebhaben muß.

Soldaten reißen ihn weg vom Pfahl.
Fahl
Und wie verloschen ist sein Gesicht.
Schroff
Stoßen sie ihn in den Zug zurück.
Sein Blick
Ist fremd und ganz nach innen gesenkt,
Und um seine zuckenden Lippen hängt
Das gelbe Lachen der Karamasow.

Das Erste Wort über den Ozean

Cyrus W. Field, 28. Juli 1858

Der neue Rhythmus

Während all der Tausende und vielleicht Hunderttausende von Jahren, seit das sonderbare Wesen, genannt Mensch, die Erde beschreitet, hatte kein anderes Höchstmaß irdischer Fortbewegung gegolten als der Lauf des Pferdes, das rollende Rad, das geruderte oder segelnde Schiff. Alle die Fülle des technischen Fortschritts innerhalb jenes schmalen, vom Bewußtsein belichteten Raumes, den wir Weltgeschichte nennen, hatte keine merkbare Beschleunigung im Rhythmus der Bewegung gezeitigt. Die Armeen Wallensteins kamen kaum rascher vorwärts als die Legionen Cäsars, die Armeen Napoleons brachen nicht rapider vor als die Horden Dschingis-Khans, die Korvetten Nelsons durchquerten das Meer nur um weniges rascher als die Raubboote der Wikinger und die Handelsschiffe der Phönizier. Ein Lord Byron bewältigt auf seiner Childe-Harold-Fahrt nicht mehr Meilen im Tag als Ovidius auf seinem Wege ins poetische Exil, Goethe reist im achtzehnten Jahrhundert nicht wesentlich bequemer oder

106

geschwinder als der Apostel Paulus zu Anfang des Jahrtausends. Unverändert weit liegen die Länder in Raum und Zeit voneinander geschieden im Zeitalter Napoleons wie unter dem römischen Imperium; noch obsiegt der Widerstand der Materie über den menschlichen Willen.

Erst das neunzehnte Jahrhundert verändert fundamental Maß und Rhythmus der irdischen Geschwindigkeit. In seinem ersten und zweiten Jahrzehnt rücken die Völker, die Länder rascher aneinander als vordem in Jahrtausenden; durch die Eisenbahn, durch das Dampfboot werden Tagereisen von vordem in einem einzigen Tag, bisher endlose Reisestunden in Viertelstunden und Minuten bewältigt. Aber so triumphal auch von den Zeitgenossen diese neuen Beschleunigungen durch die Eisenbahn und das Dampfboot empfunden werden, diese Erfindungen liegen immerhin noch im Bereich der Faßbarkeit. Denn diese Vehikel verfünffachen, verzehnfachen, verzwanzigfachen doch nur die bisher gekannten Geschwindigkeiten, der äußere Blick und der innere Sinn vermag ihnen noch zu folgen und sich das scheinbare Wunder zu erklären. Völlig unvermutet aber in ihren Auswirkungen erscheinen die ersten Leistungen der Elektrizität, die, ein Herkules schon in der Wiege, alle bisherigen Gesetze umstößt, alle gültigen Maße zertrümmert. Nie werden wir Späteren das Staunen jener Generation über die ersten Leistungen des elektrischen Telegraphen nachzufühlen vermögen, die ungeheure und begeisterte Verblüffung, daß eben derselbe kleine, kaum fühlbare elektrische Funke, der gestern von der Leidener Flasche gerade noch einen Zoll weit bis zum Fingerknöchel hinüberzuknistern vermochte, mit einmal die dämonische Kraft gewonnen hat, Länder, Berge und ganze Erdteile zu überspringen. Daß der noch kaum zu Ende gedachte Gedanke, das noch feucht hingeschriebene Wort in derselben Sekunde schon Tausende Meilen weit empfangen, gelesen, verstanden werden kann und daß der unsichtbare Strom, der zwischen den beiden Polen der winzigen Voltaschen Säule schwingt, ausgespannt zu werden vermag über die ganze Erde von ihrem einen bis zum andern Ende. Daß der Spielzeugapparat der Physikstube, gestern gerade noch fähig, durch Reibung einer Glasscheibe ein paar Papierstückchen an sich zu ziehen, potenziert werden könnte zum Millionenfachen und Milliardenfachen menschlicher Muskelkraft und Geschwindigkeit, Botschaften bringend, Bahnen bewegend, Straßen und Häuser mit Licht erhellend und wie Ariel unsichtbar die Luft durchschwebend. Erst durch diese Entdeckung hat die Relation von Raum und Zeit die entscheidendste Umstellung seit Erschaffung der Welt erfahren.

Dieses weltbedeutsame Jahr 1837, da zum erstenmal der Telegraph das bisher isolierte menschliche Erleben gleichzeitig macht, wird selten in unseren Schulbüchern auch nur vermerkt, die es leider noch immer für wichtiger halten, von Kriegen und Siegen einzelner Feldherren und Nationen zu erzählen statt von den wahrhaften, weil gemeinsamen Triumphen der Menschheit. Und doch ist kein Datum der neueren Geschichte an psychologischer Weitwirkung dieser Umstellung des Zeitwertes zu vergleichen. Die Welt ist verändert, seit es möglich ist, in Paris gleichzeitig zu wissen, was in Amsterdam, Moskau und Neapel und Lissabon in derselben Minute geschieht. Nur ein letzter Schritt ist noch zu tun, dann sind auch die andern Weltteile einbezogen in jenen großartigen Zusammenhang und ein gemeinsames Bewußtsein der ganzen Menschheit geschaffen. Aber noch widerstrebt die Natur dieser letzten Vereinigung, noch stemmt sie ein Hindernis entgegen, noch bleiben zwei Jahrzehnte lang alle jene Länder abgeschaltet, die durch das Meer voneinander geschieden sind. Denn während an den Telegraphenstangen dank der isolierenden Porzellanglocken der Funke ungehemmt weiterspringt, saugt das Wasser den elektrischen Strom an sich. Eine Leitung durch das Meer ist unmöglich, als noch nicht ein Mittel erfunden ist, um die kupfernen und eisernen Drähte im nassen Element vollkommen zu isolieren.

Glücklicherweise reicht nun in den Zeiten des Fortschritts eine Erfindung der anderen hilfreich die Hand. Wenige Jahre nach der Einführung des Landtelegraphen wird das Guttapercha entdeckt als der geeignete Stoff, elektrische Leitungen im Wasser zu isolieren; nun kann man beginnen, das wichtigste Land jenseits des Kontinents, England, an das europäische Telegraphennetz anzuschließen. Ein Ingenieur, namens Brett, legt an der gleichen Stelle, wo Blériot in spätern Tagen als erster den Kanal mit einem Flugzeug überfliegen wird, das erste Kabel. Ein tölpischer Zwischenfall vereitelt noch das sofortige Gelingen, denn ein Fischer in Boulogne, der meint, einen besonders fetten Aal gefunden zu haben, reißt das schon gelegte Kabel heraus. Aber am 13. November 1851 gelingt der zweite Versuch. Damit ist England angeschlossen und dadurch Europa erst wahrhaft Europa, ein Wesen, das mit einem einzigen Gehirn, einem einzigen Herzen gleichzeitig alles Geschehen der Zeit erlebt. Ein so ungeheurer Erfolg innerhalb so weniger Jahre – denn was bedeutet ein Jahrzehnt anderes als einen Wimpernschlag in der Geschichte der Menschheit? – muß selbstverständlich maßlosen Mut in jener Generation erwecken. Alles gelingt, was man versucht, und alles traumhaft geschwind. Ein paar Jahre nur, und England ist seinerseits wieder mit Irland, Dänemark mit Schweden, Korsika mit dem Festland telegraphisch verbunden, und schon tastet man aus, um Ägypten und damit Indien dem Netz anzuschließen. Ein Erdteil aber, und zwar gerade der wichtigste, scheint zu dauerndem Ausschluß von dieser weltumspannenden Kette verurteilt: Amerika. Denn wie den Atlantischen Ozean oder den Pazifischen, die beide in ihrer endlosen Breite keine Zwischenstationen erlauben, mit einem einzigen Drahte durchspannen? In jenen Kinderjahren der Elektrizität sind noch alle Faktoren unbekannt. Noch ist die Tiefe des Meeres nicht ausgemessen, noch kennt man nur ungenau die geologische Struktur des Ozeans, noch ist völlig unerprobt, ob ein in solche Tiefe gelegter Draht den Druck so unendlich getürmter Wassermassen ertragen könnte. Und selbst wenn es technisch möglich wäre, ein derart endloses Kabel sicher in solche Tiefen hinabzubetten, wo ist ein Schiff von solcher Größe, daß es die Eisen- und Kupferlast von zweitausend Meilen Draht in sich aufzunehmen vermöchte? Wo die Dynamos von solcher Kraft, daß sie einen elektrischen Strom ungebrochen eine Distanz hinüberzuschicken vermöchten, die mit dem Dampfboot zu durchfahren man noch mindestens zwei bis drei Wochen benötigt? Alle Voraussetzungen fehlen. Noch ist unbekannt, ob nicht in der Tiefe des Weltmeeres magnetische Ströme kreisen, die den elektrischen Strom ablenken könnten, noch besitzt man keine zureichende Isolation, keine richtigen Meßapparate, noch kennt man nur die Anfangsgesetze der Elektrizität, die gerade die Augen auf getan aus ihrem hundertjährigen Schlaf von Unbewußtheit. „Unmöglich! Absurd!" winken darum die Gelehrten heftig ab, sowie man den Plan der Ozeanüberspannung nur erwähnt. „Später vielleicht", meinen die mutigsten unter den Technikern. Selbst Morse, dem Manne, dem der Telegraph bisher seine größte Vollendung verdankt, erscheint der Plan als unberechenbares Wagnis. Aber prophetisch fügt er bei, im Falle des Gelingens würde die Legung des transatlantischen Kabels „the great feat of the Century", die ruhmreichste Tat des Jahrhunderts bedeuten.

Damit ein Wunder oder ein Wunderbares sich vollende, ist immer die erste Vorbedingung der Glaube eines einzelnen an dieses Wunder. Der naive Mut eines Unbelehrbaren vermag gerade dort, wo die Gelehrten zögern, den schöpferischen Anstoß zu geben, und wie meist, bringt auch hier ein simpler Zufall die grandiose Unternehmung in Schwung. Ein englischer Ingenieur, namens Gisborne, der im Jahre 1854 ein Kabel von Neuyork nach dem östlichsten Punkte Amerikas, Neufundland, legen will, damit die Nachrichten von den Schiffen um ein paar Tage früher übernommen werden können, muß mitten im Werke innehalten, weil seine finanziellen Mittel erschöpft sind. So reist er nach Neuyork, um dort Finanzleute zu finden. Dort stößt er durch blanken Zufall, diesen Vater so vieler ruhmreicher Dinge, auf einen jungen Menschen, Cyrus W. Field, einen Pastorssohn, dem in geschäftlichen Unternehmungen so viel und so rasch geglückt ist, daß er sich bereits in jungen Jahren mit einem großen Vermögen ins Privatleben zurückziehen konnte. Diesen Unbeschäftigten, der zu jung und zu energisch ist für dauernde Untätigkeit, sucht Gisborne für die Fertigstellung des Kabels von Neuyork nach Neufundland zu gewinnen. Nun ist Cyrus W. Field – fast sagte man: glücklicherweise! – kein Techniker, kein Fachmann. Er versteht nichts von Elektrizität, er hat nie ein Kabel gesehen. Aber dem Pastorssohn wohnt eine leidenschaftliche Gläubigkeit im Blute, dem Amerikaner der energische Wagemut. Und wo der Fachingenieur Gisborne nur auf das unmittelbare Ziel blickt, Neuyork an Neufundland anzuschließen, sieht der junge, begeisterungsfähige Mensch sofort weiter. Warum nicht gleich dann Neufundland durch ein Unterseekabel mit Irland verbinden? Und mit einer Energie, die entschlossen ist, jedes Hindernis zu überwinden – einunddreißigmal ist jener Mann in diesen Jahren hin und zurück über das Weltmeer zwischen den beiden Erdteilen gefahren –, macht sich Cyrus W. Field sofort ans Werk, ehern entschlossen, von diesem Augenblick an alles, was er in sich und um sich hat, für diese Tat einzusetzen. Damit ist schon jene entscheidende Zündung vollzogen, dank deren ein Gedanke explosive Kraft in der Wirklichkeit gewinnt. Die neue, die wunderwirkende elektrische Kraft hat sich dem andern stärksten dynamischen Element des Lebens verbunden: dem menschlichen Willen. Ein Mann hat seine Lebensaufgabe und eine Aufgabe ihren Mann gefunden.

Die Vorbereitung

Mit unwahrscheinlicher Energie macht sich Cyrus W. Field ans Werk. Er setzt sich mit allen Fachleuten in Verbindung, bestürmt die Regierungen um die Konzessionen, führt in beiden Weltteilen eine Kampagne, um das nötige Geld aufzubringen, und so stark ist die Stoßkraft, die von diesem völlig unbekannten Manne ausgeht, so passionierend seine innere Überzeugung, so gewaltig der Glaube an die Elektrizität als neue Wunderkraft, daß das Grundkapital von dreihundertfünfzigtausend Pfund in England innerhalb weniger Tage voll gezeichnet wird. Es genügt, in Liverpool, in Manchester und London die reichsten Kaufleute zur Gründung der Telegraph Construction and Maintenance Company zusammenzurufen, und das Geld strömt ein. Aber auch die Namen Thackerays und der Lady Byron, die ohne jeden geschäftlichen Nebenzweck und nur aus moralischem Enthusiasmus das Werk fördern wollen, findet man unter den Zeichnern; nichts veranschaulicht so sehr den Optimismus für alles Technische und Maschinelle, der im Zeitalter Stevensons, Brunels und der andern großen Ingenieure England beseelte, als daß ein einziger Anruf genügt, um einen so enormen Betrag für ein völlig phantastisches Unternehmen à fonds perdu bereitzustellen.

Denn die ungefähren Kosten der Kabellegung sind so ziemlich das einzige verläßliche Errechenbare bei diesem Beginnen. Für die eigentliche technische Durchführung gibt es keinerlei Vorbild. In ähnlichen Dimensionen ist im neunzehnten Jahrhundert noch nie gedacht und geplant worden. Denn wie diese Überspannung eines ganzen Ozeans vergleichen mit der Überbrückung jenes schmalen Wasserstreifens zwischen Dover und Calais? Dort hatte es genügt, vom offenen Deck eines gewöhnlichen Raddampfers dreißig und vierzig Meilen abzuspulen, und das Kabel rollte gemächlich ab wie der Anker von seiner Winde. Bei der Kabellegung im Kanal konnte man in Ruhe einen besonders stillen Tag abwarten, man kannte genau die Tiefe des Meeresgrundes, blieb ständig in Sicht des einen oder des andern Ufers und damit jedem gefährlichen Zufall entrückt; innerhalb eines einzigen Tages konnte bequem die Verbindung geleistet werden. Während einer Überfahrt aber, die zum mindesten drei Wochen ständiger Fahrt voraussetzt, kann eine hundertfach längere, hundertfach gewichtigere Spule nicht offen auf Deck allen Unbilden der Witterung ausgesetzt bleiben. Kein Schiff der damaligen Zeit ist außerdem groß genug, um in seinem Laderaum diesen gigantischen Kokon aus Eisen, Kupfer und Guttapercha aufnehmen zu können, keines mächtig genug, um diese Last zu ertragen. Zwei Schiffe zumindest sind vonnöten, und diese Hauptschiffe müssen wieder begleitet sein von andern, damit der kürzeste Kurs genau eingehalten und bei Zwischenfällen Hilfe geleistet werden könne. Zwar stellt die englische Regierung für diesen Zweck die „Agamemnon" bei, eines ihrer größten Kriegsschiffe, das als Flaggschiff vor Sebastopol gefochten, und die amerikanische Regierung die „Niagara", eine Fünftausendtonnen-Fregatte (damals das gewaltigste Ausmaß). Aber beide Schiffe müssen erst eigens umgebaut werden, um jedes die Hälfte der endlosen Kette, welche zwei Erdteile miteinander verbinden soll, in sich zu verstauen. Das Hauptproblem freilich bleibt das Kabel selbst. Unausdenkbare Anforderung ist an diese gigantische Nabelschnur zwischen zwei Weltteilen gestellt. Denn dieses Kabel muß einerseits fest und unzerreißbar sein wie ein stählernes Tau und gleichzeitig elastisch bleiben, um leicht ausgelegt werden zu können. Es muß jeden Druck aushalten, jede Belastung bestehen und doch sich glatt abschnurren lassen wie ein Seidenfaden. Es muß massiv sein und doch nicht zu füllig, einerseits solid und anderseits doch so exakt, um die leiseste elektrische Welle über zweitausend Meilen hinüberschwingen zu lassen. Der kleinste Riß, die winzigste Unebenheit an irgendeiner einzelnen Stelle dieses Riesenseils kann schon die Übermittlung auf diesem Vierzehn-Tage-Wege zerstören.

Aber man wagt's! Tag und Nacht spinnen jetzt die Fabriken, der dämonische Wille dieses einen Menschen treibt alle Räder vorwärts. Ganze Bergwerke von

Eisen und Kupfer werden verbraucht für diese eine Schnur, ganze Wälder von Gummibäumen müssen bluten, um die Guttaperchahülle zu schaffen auf so riesige Distanz. Und nichts veranschaulicht sinnlicher die enormen Proportionen der Unternehmung, als daß dreihundertsiebenundsechzigtausend Meilen einzelnen Drahtes in dieses eine Kabel versponnen werden, dreizehnmal soviel, als genügte, die ganze Erde zu umspannen, und genug, um in einer Linie die Erde mit dem Mond zu verbinden. Seit dem Turmbau von Babel hat die Menschheit im technischen Sinne nichts Grandioseres gewagt.

Der erste Start

Ein Jahr lang sausen die Maschinen, unablässig spult sich wie ein dünner, fließender Faden der Draht aus den Fabriken in das Innere der beiden Schiffe, und endlich, nach tausend und tausend Umdrehungen, ist je eine Hälfte des Kabels in je einem der Schiffe zur Spule zusammengerollt. Konstruiert und schon aufgestellt sind auch die neuen, schwerfälligen Maschinen, die, mit Bremsen und Rücklauf versehen, in einem Zug nun eine Woche, zwei Wochen, drei Wochen lang ununterbrochen das Kabel hinabsenken sollen in die Tiefe des Weltmeeres. Die besten Elektriker und Techniker, darunter Morse selbst, sind an Bord versammelt, um dauernd mit ihren Apparaten während der ganzen Auslegung zu kontrollieren, ob der elektrische Strom nicht ins Stocken gerät, Reporter und Zeichner haben sich der Flotte zugesellt, um mit Wort und Schrift diese aufregendste Ausfahrt seit Kolumbus und Magalhães zu schildern.

Endlich ist alles zur Abfahrt bereit, und während bislang die Zweifler die Oberhand behielten, wendet sich nun das öffentliche Interesse ganz Englands leidenschaftlich der Unternehmung zu. Hunderte kleiner Boote und Schiffe umkreisen am 5. August 1857 im kleinen irländischen Hafen von Valentia die Kabelflotte, um den welthistorischen Augenblick mitzuerleben, wie das eine Kabelende von Booten an die Küste geschafft und in der festen Erde Europas verhakt wird. Unwillkürlich gestaltet sich der Abschied zur großen Feierlichkeit. Die Regierung hat Vertreter entsandt, Reden werden gehalten, in einer ergreifenden Ansprache erbittet der Priester den Segen Gottes für das kühne Unterfangen. „O ewiger Gott", beginnt er, „der du allein die Himmel ausbreitest und den Aufschwall der See beherrschst, du, dem die Winde und die Fluten gehorchen, blicke in Barmherzigkeit nieder auf deine Diener... Gebiete mit deinem Gebot jedem Hindernis, beseitige jeden Widerstand, der uns in der Vollendung dieses wichtigen Werkes hemmen könnte." Und dann winken noch vom Strande und vom Meer Tausende Hände und Hüte. Langsam verdämmert das Land. Einer der kühnsten Träume der Menschheit versucht Wirklichkeit zu werden.

Mißgeschick

Ursprünglich war geplant worden, die beiden großen Schiffe, die „Agamemnon" und die „Niagara", deren jedes eine Hälfte des Kabels in sich trägt, sollten gemeinsam bis zu einem vorausberechneten Punkt in der Mitte des Ozeans fahren und dort erst die Vernietung der beiden Hälften stattfinden. Dann hätte das eine Schiff nach Westen gegen Neufundland zu steuern, das andere nach Osten gegen Irland. Aber zu verwegen schien es, gleich das ganze kostbare Kabel an diesen ersten Versuch zu wagen; so zog man vor, vom Festland aus die erste Strecke zu legen, solange man noch nicht gewiß war, ob eine telegraphische Untersee-Übertragung auf solche Distanzen überhaupt noch richtig funktionierte.

Von den beiden Schiffen ist der „Niagara" die Aufgabe zugefallen, vom Festland aus das Kabel bis in die Mitte des Meeres zu legen. Langsam, vorsichtig steuert die amerikanische Fregatte dahin, wie eine Spinne aus ihrem gewaltigen Leibe den Faden ständig hinter sich zurücklassend. Langsam, regelmäßig rattert an Bord die Auslegemaschine – es ist das alte, allen Seeleuten wohlbekannte Geräusch eines abrollenden Ankertaues, das sich von der Winde niederdreht. Und nach wenigen Stunden achten die Leute an Bord auf dies regelmäßig mahlende Geräusch schon ebensowenig wie auf ihren eigenen Herzschlag.

Weiter, weiter hinaus in die See, ständig, ständig das Kabel hinab hinter dem Kiel. Gar nicht abenteuerlich scheint dieses Abenteuer. Nur in einer besonderen Kammer sitzen und horchen die Elektriker, ständig Zeichen mit dem irischen Festlande tauschend. Und wunderbar: obwohl man längst die Küste nicht mehr erblickt, funktioniert die Übertragung auf dem Unterwasser-Kabel genau so deutlich, als ob man von einer europäischen Stadt zur andern sich verständigte. Schon sind die seichten Wasser verlassen, schon das sogenannte Tiefseeplateau, das hinter Irland sich erhebt, teilweise überquert, und noch immer läuft wie Sand aus der Sanduhr regelmäßig die metallene Schnur hinter dem Kiel herab, gleichzeitig Botschaft gebend und Botschaft empfangend.

Schon sind dreihundertfünfunddreißig Meilen gelegt, mehr also als die zehnfache Distanz von Dover nach Calais, schon sind fünf Tage, fünf Nächte erster Unsicherheit überstanden, schon bettet sich am sechsten Abend, am 11. August, Cyrus W. Field nach vielstündiger Arbeit und Aufregung zu berechtigter Ruhe.

Da plötzlich – was ist geschehen? – stoppt das ratternde Geräusch. Und wie ein Schlafender auffährt im fahrenden Zuge, wenn die Lokomotive unerwarteterweise stoppt, wie der Müller aufschreckt im Bette, wenn das Mühlrad plötzlich stehenbleibt, so sind im Nu alle auf dem Schiff wach und stürzen auf Deck. Der erste Blick auf die Maschine zeigt: der Auslauf ist leer. Das Kabel ist plötzlich der Winde entschlüpft; unmöglich war es, das losgerissene Ende noch rechtzeitig aufzufangen, und noch unmöglicher ist es jetzt, das verlorene Ende in der Tiefe zu finden und wieder heraufzuholen. Das Entsetzliche ist geschehen. Ein kleiner technischer Fehler hat die Arbeit von Jahren vernichtet. Als Besiegte kehren die so verwegen Ausgefahrenen nach England zurück, wo das plötzliche Verstummen aller Zeichen und Signale auf schlimme Kunde schon vorbereitet hat.

Noch einmal Mißgeschick

Cyrus Field, der einzig Unerschütterliche, Held und Kaufmann zugleich, macht Bilanz. Was ist verloren? Dreihundert Meilen Kabel, etwa hunderttausend Pfund des Aktienkapitals und, was ihn vielleicht noch mehr bedrückt, ein ganzes, ein unersetzliches Jahr. Denn nur im Sommer kann die Expedition auf günstiges Wetter hoffen, und diesmal ist die Jahreszeit schon zu weit vorgeschritten. Auf dem andern Blatt steht ein kleiner Gewinn. Man hat ein gutes Stück praktischer Erfahrung bei diesem ersten Versuch gewonnen. Das Kabel selbst, das sich als tauglich erwiesen, kann aufgewickelt werden und für die nächste Expedition verstaut. Geändert müssen nur die Auslegemaschinen werden, die den verhängnisvollen Bruch verschuldet haben. So vergeht mit Warten und Vorarbeiten wieder ein Jahr. Erst am 10. Juni 1858 können, mit neuem Mut und mit dem alten Kabel befrachtet, dieselben Schiffe wieder ausfahren. Und da die elektrische Zeichenübertragung bei der ersten Reise klaglos funktioniert hat, ist man zum alten Plane zurückgekehrt, die Kabellegung von der Mitte des Weltmeeres aus nach beiden Seiten zu beginnen. Die ersten Tage dieser neuen Reise vergehen bedeutungslos. Erst am siebenten Tag soll ja an der vorher berechneten Stelle die Kabellegung und damit die eigentliche Arbeit beginnen. Bishin ist oder scheint alles eine Spazierfahrt. Die Maschinen stehen unbeschäftigt, die Matrosen können noch rasten und sich des freundlichen Wetters erfreuen, wolkenlos ist der Himmel und still, vielleicht allzu still, die See.

Aber am dritten Tage fühlt der Kapitän der „Agamemnon" heimliche Unruhe. Ein Blick auf das Barometer hat ihm gezeigt, mit welcher beängstigenden Geschwindigkeit die Quecksilbersäule sinkt. Ein Unwetter besonderer Art muß im

Anzug sein, und tatsächlich bricht am vierten Tage ein Sturm los, wie ihn selbst die erprobtesten Seeleute im Atlantischen Ozean nur selten erlebt. Am verhängnisvollsten trifft dieser Orkan gerade das englische Auslegeschiff, die „Agamemnon". An sich ein vortreffliches Fahrzeug, das auf allen Meeren und auch im Kriege die härtesten Proben bestanden, müßte das Admiralsschiff der englischen Marine auch diesem schlimmen Wetter gewachsen sein. Aber unseligerweise ist das Schiff für die Kabellegung völlig umgebaut worden, um die riesige Last in sich bergen zu können. Nicht wie auf einem Frachtschiff konnte man hier das Gewicht nach allen Seiten gleichmäßig auf den Laderaum verteilen, sondern in der Mitte lastet das ganze Gewicht der riesigen Spule, und nur einen Teil hat man ganz im Vorderschiff untergebracht, was die noch ärgere Folge hat, daß bei jedem Auf und Nieder die Pendelschwingung verdoppelt wird. So kann das Unwetter gefährlichstes Spiel mit seinem Opfer treiben; zur Rechten, zur Linken, nach vorn und rückwärts wird das Schiff bis zu einem Winkel von fünfundvierzig Grad gehoben, Sturzwellen überfluten das Deck, alle Gegenstände werden zerschmettert. Und neues Verhängnis – bei einem der fürchterlichsten Stöße, die das Schiff vom Kiel bis zum Mast erschüttern, gibt der Verschlag der auf das Deck gehäuften Kohlenladung nach. In einem schwarzen Hagel schmettert die ganze Masse wie ein Steinschlag auf die schon ohnehin blutenden und erschöpften Matrosen. Einige werden im Hinsturz verwundet, andere in der Küche durch die überschlagenden Kessel verbrüht. Ein Matrose wird wahnsinnig im zehntägigen Sturm, und schon denkt man an das Äußerste: einen Teil der verhängnisvollen Kabellast über Bord zu werfen. Glücklicherweise widerstrebt der Kapitän, diese Verantwortung auf sich zu nehmen, und er behält recht. Die „Agamemnon" übersteht nach unsäglichen Prüfungen den zehntägigen Sturm und kann trotz starker Verspätung die andern Schiffe an der vereinbarten Stelle inmitten des Weltmeeres wiederfinden, an der die Kabellegung beginnen soll.

Aber jetzt zeigt sich erst, wie sehr die kostbare und empfindliche Fracht der tausendfach verschlungenen Drähte durch das fortwährende Schleudern gelitten hat. An einigen Stellen haben sich die Stränge verwirrt, die Guttaperchahülle ist zerrieben oder zerrissen. Mit wenig Vertrauen unternimmt man einige Versuche, das Kabel trotzdem auszulegen, doch sie zeitigen nur einen Verlust von etwa zweihundert Meilen Kabel, die nutzlos im Meer verschwinden. Zum zweitenmal heißt es die Flagge streichen und ruhmlos heimkehren statt im Triumph.

Die dritte Fahrt

Mit blassen Gesichtern erwarten, schon von der Unglücksnachricht verständigt, die Aktionäre in London ihren Führer und Verführer Cyrus W. Field. Die

Hälfte des Aktienkapitals ist auf diesen beiden Fahrten vertan und nichts bewiesen, nichts erreicht; man versteht, daß die meisten nun sagten: Genug! Der Vorsitzende rät, man solle retten, was zu retten sei. Er stimme dafür, den Rest des unbenutzten Kabels von den Schiffen zu holen und notfalls auch mit Verlust zu verkaufen, dann aber einen Strich unter diesen wüsten Plan der Ozeanüberspannung zu machen. Der Vizepräsident schließt sich ihm an und sendet schriftlich seine Demission, um darzutun, daß er mit diesem absurden Unternehmen weiter nichts mehr zu tun haben wolle. Aber die Zähigkeit und der Idealismus Cyrus W. Fields sind nicht zu erschüttern. Nichts sei verloren, erklärt er. Das Kabel selbst habe glänzend die Probe bestanden und genug noch an Bord, um den Versuch zu erneuern, die Flotte sei versammelt, die Mannschaften angeheuert. Gerade das ungewöhnliche Unwetter der letzten Fahrt lasse jetzt auf eine Periode schöner, windstiller Tage hoffen. Nur Mut, noch einmal Mut! Jetzt oder nie sei Gelegenheit, auch das Letzte zu wagen.

Immer unsicherer sehen sich die Aktionäre an: sollen sie das letzte des eingezahlten Kapitals diesem Narren anvertrauen? Aber da ein starker Wille Zögernde schließlich doch immer mit sich fortreißt, erzwingt Cyrus W. Field die neuerliche Ausfahrt. Am 17. Juli 1858, fünf Wochen nach der zweiten Unglücksfahrt, verläßt die Flotte zum drittenmal den englischen Hafen.

Und nun bestätigt sich abermals die alte Erfahrung, daß die entscheidenden Dinge fast immer im geheimen gelingen. Diesmal geht die Abfahrt völlig unbeachtet vor sich; keine Boote, keine Barken umkreisen glückwünschend die Schiffe, keine Menge versammelt sich am Strand, kein festliches Abschiedsdiner wird gegeben, keine Reden gehalten, kein Priester fleht den Beistand Gottes herab. Wie zu einem piratischen Unternehmen, scheu und schweigsam fahren die Schiffe aus. Aber freundlich erwartet sie die See. Genau am vereinbarten Tage, am 28. Juli, elf Tage nach der Abfahrt von Queenstown, können die „Agamemnon" und die „Niagara" an der vereinbarten Stelle in der Mitte des großen Ozeans die große Arbeit beginnen. Seltsames Schauspiel – Heck gegen Heck wenden sich die Schiffe einander zu. Zwischen beiden werden nun die Enden des Kabels vernietet. Ohne jede Förmlichkeit, ja ohne sogar daß die Leute an Bord dem Vorgang wesentliches Interesse schenken (sie sind schon so abgemüdet von den erfolglosen Versuchen), sinkt das eiserne und kupferne Tau zwischen den beiden Schiffen in die Tiefe bis zu dem untersten, von keinem Lot noch erforschten Grund des Ozeans. Dann noch eine Begrüßung von Bord zu Bord, von Flagge zu Flagge, und das englische Schiff steuert England, das amerikanische Amerika zu. Während sie sich voneinander entfernen, zwei wandernde Punkte im unendlichen Ozean, hält das Kabel sie ständig verbunden – zum erstenmal seit Menschengedenken können zwei Schiffe sich miteinander über Wind und Welle und Raum und Ferne im Unsichtbaren verständigen. Jede paar Stunden meldet das eine mit elektrischem Signal aus der Tiefe des Ozeans die zurückgelegten Meilen, und jedesmal bestätigt das andere, daß es ebenfalls dank des trefflichen Wetters die gleiche Strecke geleistet. So vergeht ein Tag und ein zweiter, ein dritter, ein vierter. Am 5. August kann endlich die „Niagara" melden, daß sie in Trinity Bay auf Neufundland die amerikanische Küste vor sich sehe, nachdem sie nicht weniger als tausendunddreißig Meilen Kabel gelegt hat, und ebenso kann die „Agamemnon" triumphieren, die gleichfalls an tausend Meilen sicher in die Tiefe gebettet, sie habe ihrerseits die irische Küste in Sicht. Zum erstenmal verständigt sich jetzt das menschliche Wort von Land zu Land, von Amerika nach Europa. Aber nur diese beiden Schiffe, die paar hundert Menschen in ihrem hölzernen Gehäuse wissen, daß die Tat getan ist. Noch weiß es nicht die Welt, die längst dieses Abenteuer vergessen. Niemand erwartet sie am Strand, nicht in Neufundland, nicht in Irland: aber in der einen Sekunde, da das neue Ozeankabel an das Landkabel sich anschließt, wird die ganze Menschheit von ihrem gewaltigen gemeinsamen Sieg wissen.

Das große Hosianna

Gerade weil dieser Blitz der Freude aus völlig heiterem Himmel herabfährt, zündet er so ungeheuer. Fast zur gleichen Stunde erfahren in den ersten Augusttagen der alte und der neue Kontinent die Botschaft des gelungenen Werkes; die Wirkung ist eine unbeschreibliche. In England leitartikelt die sonst so bedächtige Times: „Since the discovery of Columbus, nothing has been done in any degree comparable to the vast enlargement which has thus been given to the sphere of human activity." „Seit der Entdeckung des Kolumbus ist nichts geschehen, was in irgendeiner Weise vergleichbar wäre dieser gewaltigen Erweiterung der Sphäre menschlicher Tätigkeit." Und die City ist in hellster Erregung. Aber schattenhaft und scheu scheint diese stolze Freude Englands, verglichen mit der orkanischen Begeisterung Amerikas, kaum daß dort die Nachricht übermittelt wird. Sofort stocken die Geschäfte, die Straßen sind überflutet mit fragenden, lärmenden, diskutierenden Menschen. Über Nacht ist ein völlig unbekannter Mann, Cyrus W. Field, zum Nationalhelden eines ganzen Volkes geworden. Franklin und Kolumbus wird er emphatisch zur Seite gestellt, die ganze Stadt und hinter ihr hundert andere beben und dröhnen von Erwartung, den Mann zu sehen, der „die Vermählung des jungen Amerika und der Alten Welt" durch seine Entschlossenheit vollzogen. Aber noch hat die Begeisterung nicht den höchsten Grad erreicht, denn nichts als die dürre Meldung ist ja vorläufig eingetroffen, daß das Kabel gelegt sei. Aber kann es auch sprechen? Ist die Tat, die eigentliche, gelungen? Grandioses Schauspiel – eine ganze Stadt, ein ganzes Land wartet und lauscht auf ein einziges, auf das erste Wort über den Ozean. Man weiß, die englische Königin wird allen voran ihre Botschaft, ihren Glückwunsch sagen, jede Stunde erwartet man sie ungeduldiger. Aber es vergehen noch Tage und Tage, weil durch einen unglücklichen Zufall gerade das Kabel nach Neufundland gestört ist, und es dauert bis zum 16. August, bis die Botschaft der Königin Viktoria in den Abendstunden in Neuyork eintrifft.

Zu spät freilich, als daß die Zeitungen die offizielle Mitteilung bringen könnten, kommt die ersehnte Nachricht; nur angeschlagen kann sie werden an den Telegraphenämtern und Redaktionen, und sofort stauen sich ungeheure Massen. Zerschunden und mit zerrissenen Kleidern müssen sich die Newspaper Boys durch das Getümmel durchschlagen. In den Theatern, in den Restaurants wird die Botschaft verkündet. Tausende, die noch nicht fassen können, daß der Telegraph dem schnellsten Schiff um Tage vorauseilt, stürmen zu dem Hafen von Brooklyn, um das Heldenschiff dieses friedlichen Sieges, die „Niagara", zu begrüßen. Am nächsten Tage dann, am 17. August, jubeln die Zeitungen mit faustdicken Überschriften: „The cable in perfect working order", „Everybody crazy with joy", „Tremendous Sensation throughout the city", „Now's the time for an universal jubilee". Triumph ohnegleichen: Seit Anfang alles Denkens auf Erden hat ein Gedanke mit seiner eigenen Geschwindigkeit über das Weltmeer sich geschwungen. Und schon donnern von der Battery hundert Kanonenschüsse, um anzukündigen, daß der Präsident der Vereinigten Staaten der Königin geantwortet habe. Jetzt wagt niemand mehr zu zweifeln; abends strahlen Neuyork und alle andern Städte in Zehntausenden von Lichtern und Fackeln. Jedes Fenster ist beleuchtet, und es stört kaum die Freude, daß dabei die Kuppel der City Hall in Brand gerät. Denn schon der nächste Tag bringt ein neuerliches Fest. Die „Niagara" ist eingetroffen, Cyrus W. Field, der große Held, ist da! Im Triumph wird der Rest des Kabels durch die Stadt geführt und die Mannschaft bewirtet. Tag für Tag wiederholen sich jetzt in jeder Stadt vom Pazifischen Ozean bis zum Golf von Mexiko die Manifestationen, als feierte Amerika zum zweitenmal das Fest seiner Entdeckung.

Aber noch nicht genug und genug! Der eigentliche Triumphzug soll noch grandioser sein, der großartigste, den der neue Weltteil jemals gesehen. Zwei Wochen dauern die Vorbereitungen, dann aber, am 31. August, feiert eine ganze

Stadt einen einzigen Menschen, Cyrus W. Field, wie seit den Zeiten der Kaiser und Cäsaren kaum ein Sieger von seinem Volke gefeiert wurde. Ein Festzug wird an diesem herrlichen Herbsttag gerüstet, der so lang ist, daß er sechs Stunden braucht, um von einem Ende der Stadt bis zum andern zu gelangen. Die Regimenter ziehen voran mit Bannern und Fahnen durch die beflaggten Straßen, die Harmoniegesellschaften, die Liedertafeln, die Sängerbünde, die Feuerwehr, die Schulen, die Veteranen folgen in endlosem Zuge. Alles, was marschieren kann, marschiert, jeder, der singen kann, singt, jeder, der jubeln kann, jubelt. Im vierspännigen Wagen, wie ein antiker Triumphator, wird Cyrus W. Field, in einem andern der Kommandant der „Niagara", in einem dritten der Präsident der Vereinigten Staaten dahingeführt; die Bürgermeister, die Beamten, die Professoren hintendrein. Ununterbrochen folgen sich Ansprachen, Bankette, Fackelzüge, die Kirchenglocken läuten, die Kanonen donnern, neuerdings und neuerdings umrauscht der Jubel den neuen Kolumbus, den Vereiniger der beiden Welten, den Besieger des Raums, den Mann, der in dieser Stunde der ruhmreichste und vergöttertste Mann Amerikas geworden ist, Cyrus W. Field.

Das große Crucifige

Tausende und Millionen Stimmen lärmen und jubeln an diesem Tage. Nur eine einzige und die wichtigste bleibt während dieser Feier merkwürdig stumm – der elektrische Telegraph. Vielleicht ahnt Cyrus W. Field in der Mitte des Jubels schon die fürchterliche Wahrheit, und grauenhaft müßte dies sein für ihn, als einziger zu wissen, daß gerade an diesem Tage das atlantische Kabel aufgehört hat zu funktionieren, daß, nachdem schon in den letzten Tagen nur mehr konfuse und kaum mehr lesbare Zeichen gekommen waren, der Draht endgültig ausgeröchelt hat und seinen letzten, sterbenden Atemzug getan. Noch weiß und noch ahnt von diesem allmählichen Versagen in ganz Amerika niemand als die paar Menschen, die den Empfang der Sendungen in Neufundland kontrollieren, und auch diese zögern noch Tage und Tage angesichts des maßlosen Enthusiasmus, den Jubelnden die bittere Mitteilung zu machen. Bald aber fällt es auf, daß die Nachrichten so spärlich eintreffen. Amerika hatte erwartet, Stunde um Stunde werde jetzt Botschaft über den Ozean blitzen – statt dessen nur ab und zu eine vage und unkontrollierbare Kunde. Es dauert nicht lang, und ein Gerücht flüstert sich herum, man habe im Eifer und der Ungeduld, bessere Übertragungen zu erreichen, zu starke elektrische Ladungen geschickt und damit das ohnehin unzulängliche Kabel verdorben. Noch hofft man die Störung zu beheben. Doch bald ist es nicht mehr zu leugnen, daß die Zeichen immer stammelnder, immer unverständlicher geworden sind. Gerade nach jenem katzenjämmerlichen Festmorgen, am 1. September, kommt kein klarer Ton, keine reine Schwingung mehr über das Meer.

Nichts nun verzeihen die Menschen weniger, als in einer ehrlichen Begeisterung ernüchtert zu werden und von einem Manne, von dem sie alles erwartet, sich hinterrücks enttäuscht zu sehen. Kaum daß sich das Gerücht bewahrheitet, der vielgerühmte Telegraph versage, wirft sich die stürmische Welle des Jubels nun im Rückschlag als bösartige Erbitterung dem unschuldig Schuldigen, Cyrus W. Field, entgegen. Er hat eine Stadt, ein Land, eine Welt betrogen; längst habe er von dem Versagen des Telegraphen gewußt, behauptet man in der City, aber eigensüchtig habe er sich umjubeln lassen und inzwischen die Zeit benützt, um die ihm gehörigen Aktien mit ungeheurem Gewinn loszuschlagen. Sogar noch bösartigere Verleumdungen melden sich, darunter die merkwürdigste von allen, die peremptorisch behauptet, der atlantische Telegraph habe überhaupt nie richtig funktioniert; alle Meldungen seien Schwindel und Humbug gewesen und das Telegramm der Königin von England schon vorher abgefaßt und nie durch den Ozeantelegraph übermittelt gewesen. Keine einzige Nachricht, geht das Gerücht, sei die ganze Zeit über wirklich verständlich über das Meer gekommen, und die Direktoren hätten nur aus Vermutungen und abgerissenen Zeichen imaginäre Depeschen zusammengebraut. Ein wirklicher Skandal bricht los. Gerade die gestern am lautesten gejubelt hatten, toben nun am meisten. Eine ganze Stadt, ein ganzes Land schämt sich seiner überhitzten und voreiligen Begeisterung. Cyrus W. Field wird zum Opfer dieses Zorns ausersehen; der gestern noch als Nationalheld und Heros galt, als Bruder Franklins und Nachfahre des Kolumbus, muß sich vor seinen vormaligen Freunden und Verehrern verbergen wie ein Verbrecher. Ein einziger Tag hat alles geschaffen, ein einziger Tag alles zerstört. Unabsehbar ist die Niederlage, verloren das Kapital, vertan das Vertrauen, und wie die sagenhafte Midgardschlange liegt das unnütze Kabel in den unerschaubaren Tiefen des Weltmeeres.

Sechs Jahre Schweigen

Sechs Jahre liegt das vergessene Kabel nutzlos im Weltmeer, sechs Jahre herrscht wieder das alte, kalte Schweigen zwischen den beiden Kontinenten, die eine Weltstunde lang Puls mit Puls zueinander gepocht. Die einander nahe gewesen einen Atemzug, ein paar hundert Worte lang, Amerika und Europa, sie sind wieder wie seit Jahrtausenden durch unüberwindliche Ferne getrennt. Der kühnste Plan des neunzehnten Jahrhunderts, gestern beinahe schon eine Wirklichkeit, ist wieder eine Legende, ein Mythos geworden. Selbstverständlich denkt niemand daran, das halb gelungene Werk zu erneuern; die furchtbare Niederlage hat alle Kräfte gelähmt, alle Begeisterung erstickt. In Amerika lenkt der Bürgerkrieg zwischen Nord- und Südamerika jedes Interesse ab, in England tagen ab und zu noch Komitees, aber sie brauchen zwei Jahre, um die dürre Behauptung mühsam festzustellen, daß prinzipiell ein Unterseekabel möglich wäre. Aber von diesem akademischen Gutachten bis zur wirklichen Tat ist ein Weg, den niemand zu beschreiten denkt; sechs Jahre ruht jede Arbeit so vollkommen wie das vergessene Kabel auf dem Grunde des Meeres.

Aber sechs Jahre, wenn auch innerhalb des riesigen Raumes der Geschichte nur ein flüchtiger Augenblick, bedeuten in einer so jungen Wissenschaft wie der Elektrizität ein Jahrtausend. Jedes Jahr, jeder Monat zeitigt auf diesem Gebiete neue Entdeckungen. Immer kräftiger, immer präziser werden die Dynamos, immer vielfältiger ihre Anwendung, immer genauer die Apparate. Schon umspannt das Telegraphennetz den inneren Raum aller Kontinente, schon ist das Mittelmeer durchquert, schon Afrika und Europa verbunden; so verliert von Jahr zu Jahr der Plan, den Atlantischen Ozean zu durchspannen, unmerklich mehr und mehr von dem Phantastischen, das ihm so lange angehaftet. Unabwendbar muß die Stunde kommen, die den Versuch erneut; es fehlt nur der Mann, der den alten Plan mit neuer Energie durchströmt.

Und plötzlich ist der Mann da, und siehe, es ist der alte, derselbe, mit derselben Gläubigkeit und demselben Vertrauen, Cyrus W. Field, auferstanden aus der schweigenden Verbannung und hämischer Verachtung. Zum dreißigsten Male hat er den Ozean überquert und erscheint wieder in London; es gelingt ihm, die alten Konzessionen mit einem neuen Kapital von sechsmalhunderttausend Pfund zu versehen. Und nun ist auch endlich das langgeträumte Riesenschiff zur Stelle, das die ungeheure Fracht allein in sich aufnehmen kann, die berühmte „Great Eastern" mit ihren zweiundzwanzigtausend Tonnen und vier Schornsteinen, die Isambar Brunel gebaut. Und Wunder über Wunder: sie liegt in diesem Jahre, 1865, brach, weil gleichfalls zu kühn vorausgeplant ihrer Zeit; innerhalb zweier Tage kann sie gekauft und für die Expedition ausgerüstet werden.

Nun ist alles leicht, was früher unermeßlich schwer gewesen. Am 23. Juli 1865 verläßt das Mammutschiff mit einem neuen Kabel die Themse. Wenn auch der erste Versuch mißlingt, wenn durch einen Riß zwei Tage vor dem Ziel die Legung mißglückt und noch einmal der unersättliche Ozean sechsmalhunderttausend Pfund Sterling schluckt, die Technik ist schon zu sicher ihrer Sache, um sich entmutigen zu lassen. Und als am 13. Juli 1866 zum zweitenmal die „Great Eastern" ausfährt, wird die Reise zum Triumph, klar und deutlich spricht diesmal das Kabel nach Europa hinüber. Wenige Tage später wird das alte, verlorene Kabel gefunden, zwei Stränge verbinden jetzt die Alte und die Neue Welt zu einer gemeinsamen. Das Wunder von gestern ist die Selbstverständlichkeit von heute geworden, und von diesem Augenblick an hat die Erde gleichsam einen einzigen Herzschlag; sich hörend, sich schauend, sich verstehend lebt die Menschheit nun gleichzeitig von einem bis zum andern Ende der Erde, göttlich allgegenwärtig durch ihre eigene schöpferische Kraft. Und herrlich wäre sie dank ihres Sieges über Raum und Zeit nun für alle Zeiten vereint, verwirrte sie nicht immer wieder von neuem der verhängnisvolle Wahn, unablässig diese grandiose Einheit zu zerstören und mit denselben Mitteln, die ihr Macht über die Elemente gegeben, sich selbst zu vernichten.

Die Flucht zu Gott

Ende Oktober 1910

*Ein Epilog zu Leo Tolstois unvollendetem Drama
„Das Licht scheinet in der Finsternis"*

Einleitung

Im Jahre 1890 beginnt Leo Tolstoj eine dramatische Selbstbiographie, die später als Fragment aus seinem Nachlaß unter dem Titel: „Und das Licht scheinet in der Finsternis" zur Veröffentlichung und Aufführung gelangte. Dieses unvollendete Drama (schon die erste Szene verrät's) ist nichts anderes als eine allerintimste Darstellung seiner häuslichen Tragödie, geschrieben offenbar als Selbstrechtfertigung eines beabsichtigten Fluchtversuches und gleichzeitig als Entschuldigung seiner Frau, also ein Werk vollkommenen moralischen Gleichgewichts inmitten äußerster seelischer Zerrissenheit.

Sich selbst hat Tolstoj in der durchsichtig selbstbildnerischen Gestalt des Nikolai Michelajewitsch Sarynzew hingestellt, und wohl das wenigste der Tragödie darf als erfunden angenommen werden. Zweifellos hat Leo Tolstoj sie nur gestaltet, um sich selbst die notwendige Lösung seines Lebens vorauszudichten. Aber weder im Werk noch im Leben, weder damals im Jahre 1890 noch zehn Jahre später, 1900, hat Tolstoj den Mut und die Form eines Entschlusses und Abschlusses gefunden. Und aus dieser Willensresignation ist das Stück Fragment geblieben, endend mit vollkommener Ratlosigkeit des Helden, der nur flehend die Hände zu Gott aufhebt, er möge ihm beistehen und für ihn den Zwiespalt enden. Den fehlenden letzten Akt der Tragödie hat Tolstoj auch später nicht mehr geschrieben, aber wichtiger: er hat ihn gelebt. In den letzten Oktobertagen des Jahres 1910 wird das Schwanken eines Vierteljahrhunderts endlich Entschluß, Krise zur Befreiung: Tolstoj entflieht nach einigen ungeheuer dramatischen Auseinandersetzungen und entflieht gerade zurecht, um jenen herrlichen und vorbildlichen Tod zu finden, der seinem Lebensschicksal die vollkommene Formung und Weihe verleiht.

Nichts schien mir nun natürlicher, als das gelebte Ende der Tragödie dem geschriebenen Fragment anzufügen. Dies und einzig dies habe ich hier mit möglichster historischer Treue und Ehrfurcht vor den Tatsachen und Dokumenten versucht. Ich weiß mich frei von der Vermessenheit, damit ein Bekenntnis Leo Tolstojs eigenmächtig und gleichwertig ergänzen zu wollen, ich schließe mich dem Werke nicht an, ich will ihm bloß dienen. Was ich hier versuche, möge darum nicht als Vollendung gelten, sondern als ein selbständiger Epilog zu einem unvollendeten Werke und ungelösten Konflikt, einzig bestimmt, jener unvollendeten Tragödie einen festlichen Ausklang zu geben. Damit sei der Sinn dieses Epilogs und meine ehrfürchtige Mühe erfüllt.

Für eine allfällige Darstellung muß betont werden, daß dieser Epilog zeitlich sechzehn Jahre später spielt als „Das Licht scheinet in der Finsternis" und dies äußerlich in der Erscheinung Leo Tolstojs unbedingt sichtbar werden muß. Die schönen Bildnisse seiner letzten Lebensjahre können da vorbildlich sein, insbesondere jenes, das ihn im Kloster Schamardino bei seiner Schwester zeigt, und die Photographie auf dem Totenbette. Auch das Arbeitszimmer sollte in seiner erschütternden Einfachheit respektvoll dem historischen nachgebildet werden. Rein szenisch wünschte ich diesen Epilog (der Tolstoj mit seinem Namen nennt und nicht mehr hinter der Doppelgängergestalt Sarynzew verbirgt) nach einer größeren Pause dem vierten Akt des Fragments „Das Licht scheinet in der Finsternis" angeschlossen. Eine selbständige Aufführung liegt nicht in meiner Absicht.

Gestalten des Epilogs:

Leo Nikolajewitsch Tolstoj (im dreiundachtzigsten Jahr seines Lebens).
Sofia Andrejewna Tolstoj, seine Gattin.
Alexandra Lwowna (genannt Sascha), seine Tochter.
Der Sekretär.
Duschan Petrowitsch, Hausarzt und Freund Tolstojs.
Der Stationsvorsteher von Astapowo, Iwan Iwanowitsch Osoling.
Der Polizeimeister von Astapowo, Cyrill Gregorowitsch.
Erster Student.
Zweiter Student.
Drei Reisende.

Die ersten beiden Szenen spielen an den letzten Oktobertagen des Jahres 1910 im Arbeitszimmer von Jasnaja Poljana, die letzte am 31. Oktober 1910 im Wartesaal des Bahnhofes von Astapowo.

Erste Szene

124

Ende Oktober 1910 in Jasnaja Poljana

Das Arbeitszimmer Tolstojs, einfach und schmucklos, genau nach dem bekannten Bild

Der Sekretär führt zwei Studenten herein. Sie sind nach russischer Art in hochgeschlossene, schwarze Blusen gekleidet, beide jung, mit scharfen Gesichtern. Sie bewegen sich vollkommen sicher, eher anmaßend als scheu.

Der Sekretär: Nehmen Sie inzwischen Platz, Leo Tolstoj wird Sie nicht lange warten lassen. Nur möchte ich Sie bitten, bedenken Sie sein Alter! Leo Tolstoj liebt dermaßen die Diskussion, daß er oft seine Ermüdbarkeit vergißt.

Erster Student: Wir haben Leo Tolstoj wenig zu fragen – eine einzige Frage nur, freilich eine entscheidende für uns und für ihn. Ich verspreche Ihnen, knapp zu bleiben – vorausgesetzt, daß wir frei sprechen dürfen.

Der Sekretär: Vollkommen. Je weniger Formen, um so besser. Und vor allem, sagen Sie ihm nicht Durchlaucht – er mag das nicht.

Zweiter Student *(lachend):* Das ist von uns nicht zu befürchten, alles, nur das nicht.

Der Sekretär: Da kommt er schon die Treppe herauf.

(Tolstoj tritt ein, mit raschen, gleichsam wehenden Schritten, trotz seines Alters beweglich und nervös. Während er spricht, dreht er oft einen Bleistift in der Hand oder krümelt ein Papierblatt, aus Ungeduld, schon selber das Wort zu ergreifen. Er geht rasch auf die beiden zu, reicht ihnen die Hand, sieht jeden von ihnen einen Augenblick scharf und durchdringend an, dann läßt er sich auf dem Wachslederfauteuil ihnen gegenüber nieder.)

Tolstoj: Sie sind die beiden, nicht wahr, die mir das Komitee schickte ... *(Er sucht in einem Briefe.)* Entschuldigen Sie, daß ich Ihre Namen vergessen habe ...

Erster Student: Unsere Namen bitten wir Sie als gleichgültig zu betrachten. Wir kommen zu Ihnen nur als zwei von Hunderttausenden.

Tolstoj *(ihn scharf ansehend):* Haben Sie irgendwelche Fragen an mich?

Erster Student: Eine Frage.

Tolstoj *(zum zweiten):* Und Sie?

Zweiter Student: Dieselbe. Wir haben alle nur eine Frage an Sie, Leo Nikolajewitsch Tolstoj, wir alle, die ganze revolutionäre Jugend Rußlands – und es gibt keine andere: Warum sind Sie nicht mit uns?

Tolstoj *(sehr ruhig):* Ich habe das, wie ich hoffe, deutlich ausgesprochen in meinen Büchern und außerdem in einigen Briefen, die inzwischen zugänglich gemacht worden sind. – Ich weiß nicht, ob Sie persönlich meine Bücher gelesen haben?

Erster Student *(erregt):* Ob wir Ihre Bücher gelesen haben, Leo Tolstoj? Es ist sonderbar, was Sie uns da fragen. Gelesen – das wäre zu wenig. Gelebt haben wir von Ihren Büchern seit unserer Kindheit, und als wir junge Menschen wurden, da haben Sie uns das Herz im Leibe erweckt. Wer anders, wenn nicht Sie, hat uns die Ungerechtigkeit der Verteilung aller menschlichen Güter sehen gelehrt – Ihre Bücher, nur sie haben unsere Herzen von einem Staat, einer Kirche und einem Herrscher losgerissen, der das Unrecht an den Menschen beschützt, statt die Menschheit. Sie und nur Sie haben uns bestimmt, unser ganzes Leben einzusetzen, bis diese falsche Ordnung endgültig zerstört ist ...

Tolstoj *(will unterbrechen und sagt):* Aber nicht durch Gewalt ...

Erster Student *(hemmungslos ihn übersprechend):* Seit wir unsere Sprache sprechen, ist niemand gewesen, dem wir so vertraut haben wie Ihnen. Wenn wir uns fragten, wer wird dieses Unrecht beseitigen, so sagten wir uns: *Er!* Wenn wir fragten, wer wird einmal aufstehen und diese Niedertracht stürzen, so sagten wir: *Er* wird es tun, Leo Tolstoj. Wir waren Ihre Schüler, Ihre Diener, Ihre Knechte, ich glaube, ich wäre damals gestorben für einen Wink Ihrer Hand, und hätte ich vor ein paar Jahren in dieses Haus treten dürfen, ich hatte mich noch geneigt vor Ihnen wie vor einem Heiligen. Das waren Sie für uns, Leo Tolstoj, für Hunderttausende von uns, für die ganze russische Jugend bis vor wenigen Jahren – und ich beklage es, wir beklagen es alle, daß Sie uns seitdem ferne und beinahe unser Gegner geworden sind.

Tolstoj *(weicher):* Und was meinen Sie, müßte ich tun, um euch verbunden zu bleiben?

Erster Student: Ich habe nicht die Vermessenheit, Sie belehren zu wollen. Sie wissen selbst, was Sie uns, der ganzen russischen Jugend entfremdet hat.

Zweiter Student: Nun, warum es nicht aussprechen, zu wichtig ist unsere Sache für Höflichkeiten: Sie müssen endlich einmal die Augen öffnen und nicht länger lau bleiben angesichts der ungeheuren Verbrechen der Regierung an unserm Volke. Sie müssen endlich aufstehen von Ihrem Schreibtisch und offen, klar und rückhaltlos an die Seite der Revolution treten. Sie wissen, Leo Tolstoj, mit welcher Grausamkeit man unsere Bewegung niedergeschlagen hat, mehr Menschen modern jetzt in den Gefängnissen als Blätter in Ihrem Garten. Und Sie, Sie sehen das alles mit an, schreiben vielleicht, so sagt man, ab und zu in einer englischen Zeitung irgendeinen Artikel über die Heiligkeit des menschlichen Lebens. Aber Sie wissen selbst, daß gegen diesen blutigen Terror heute Worte nicht mehr helfen, Sie wissen so gut wie wir, daß jetzt einzig ein vollkommener Umsturz, eine Revolution not tut, und Ihr Wort allein kann ihr eine Armee erschaffen. Sie haben uns zu Revolutionären gemacht, und jetzt, da ihre Stunde reif ist, wenden Sie sich vorsichtig ab und billigen damit die Gewalt!

Tolstoj: Niemals habe ich die Gewalt gebilligt, niemals! Seit dreißig Jahren habe ich meine Arbeit gelassen, einzig um die Verbrechen aller Machthaber zu bekämpfen. Seit dreißig Jahren – ihr wart noch nicht geboren – fordere ich, radikaler als ihr, nicht nur die Verbesserung, sondern die vollkommene Neuordnung der sozialen Verhältnisse.

Zweiter Student (*unterbrechend*): Nun, und? Was hat man Ihnen bewilligt, was hat man uns gegeben seit dreißig Jahren? Die Knute den Duchoborzen, die Ihre Botschaft erfüllten, und sechs Kugeln in die Brust. Was ist besser geworden in Rußland durch Ihr sanftmütiges Drängen, durch Ihre Bücher und Broschüren? Sehen Sie nicht endlich ein, daß Sie jenen Unterdrückern noch helfen, indem Sie das Volk langmütig und dulderisch machen und vertrösten auf das tausendjährige Reich? Nein, Leo Tolstoj, es hilft nichts, dieses übermütige Geschlecht im Namen der Liebe anzurufen, und wenn Sie mit Engelszungen redeten! Diese Zarenknechte werden um Ihres Christus willen keinen Rubel aus ihrer Tasche holen, nicht einen Zoll werden sie nachgeben, ehe wir ihnen nicht mit der Faust an die Kehle fahren. Genug lang hat das Volk gewartet auf Ihre Bruderliebe, jetzt warten wir nicht länger, jetzt schlägt die Stunde der Tat.

Tolstoj (*ziemlich heftig*): Ich weiß, sogar eine „heilige Tat" nennt ihr es in euren Proklamationen, eine heilige Tat, „den Haß hervorzurufen". Aber ich kenne keinen Haß, ich will ihn nicht kennen, auch gegen jene nicht, die sich an unserm Volke versündigen. Denn der das Böse tut, ist unglücklicher in seiner Seele als der, der das Böse erleidet – ich bemitleide ihn, aber ich hasse ihn nicht.

127

Erster Student *(zornig):* Ich aber hasse sie alle, die Unrecht tun an der Menschheit – schonungslos wie blutige Bestien hasse ich jeden von ihnen! Nein, Leo Tolstoj, nie werden Sie mich ein Mitleid lehren mit diesen Verbrechern.

Tolstoj: Auch der Verbrecher ist noch mein Bruder.

Erster Student: Und wäre er mein Bruder und meiner Mutter Kind und brächte Leiden über die Menschheit, ich würde ihn niederschlagen wie einen tollen Hund. Nein, kein Mitleid mehr mit den Mitleidslosen! Es wird nicht eher Ruhe auf dieser russischen Erde sein, als bis die Leichen der Zaren und Barone unter ihr liegen; es wird keine menschliche und sittliche Ordnung geben, ehe wir sie nicht erzwingen.

Tolstoj: Keine sittliche Ordnung kann durch Gewalt erzwungen werden, denn jede Gewalt zeugt unvermeidlich wieder Gewalt. Sobald ihr zur Waffe greift, schafft ihr neuen Despotismus. Statt zu zerstören, verewigt ihr ihn.

Erster Student: Aber es gibt kein Mittel gegen die Mächtigen als Zerstörung der Macht.

Tolstoj: Zugegeben; aber niemals darf man ein Mittel anwenden, das man selber mißbilligt. Die wahre Stärke, glauben Sie mir, erwidert Gewalt nicht durch Gewalt, sie macht ohnmächtig durch Nachgiebigkeit. Es steht im Evangelium geschrieben ...

Zweiter Student *(unterbrechend):* Ach, lassen Sie das Evangelium. Die Popen haben längst einen Branntwein daraus gemacht, um das Volk zu verdumpfen. Das galt vor zweitausend Jahren und hat schon damals keinem geholfen, sonst wäre die Welt nicht so randvoll von Elend und Blut. Nein, Leo Tolstoj, mit Bibelsprüchen läßt sich heute die Kluft zwischen Ausgebeuteten und Ausbeutern, zwischen Herren und Knechten nicht mehr verkleistern: es liegt zuviel Elend zwischen diesen beiden Ufern. Hunderte, nein Tausende gläubiger, hilfreicher Menschen schmachten heute in Sibirien und in den Kerkern, morgen werden es Tausende, Zehntausende sein. Und ich frage Sie, sollen wirklich alle diese Millionen Unschuldiger weiter leiden um einer Handvoll Schuldiger willen?

Tolstoj *(sich zusammenfassend):* Besser, sie leiden, als daß nochmals Blut vergossen werde; gerade das unschuldige Leiden ist hilfreich und gut wider das Unrecht.

Zweiter Student *(wild):* Gut nennen Sie das Leiden, das unendliche, jahrtausendalte des russischen Volkes? Nun: so gehen Sie in die Gefängnisse, Leo Tolstoj, und fragen Sie die Geknuteten, fragen Sie die Hungernden unserer Städte und Dörfer, ob es wirklich so gut ist, das Leiden.

Tolstoj *(zornig):* Besser gewiß als eure Gewalt. Glaubt ihr denn wirklich, mit euren Bomben und Revolvern das Böse endgültig aus der Welt zu schaffen? Nein, in euch selbst wirkt dann das Böse, und ich wiederhole euch, hundertmal besser ist es, für eine Überzeugung zu leiden, als für sie zu morden.

Erster Student *(gleichfalls zornig):* Nun, wenn es so gut ist und wohltätig, zu leiden, Leo Tolstoj, nun – warum leiden Sie dann nicht selbst? Warum rühmen Sie immer die Märtyrerschaft bei den andern und sitzen selbst warm im eigenen Haus und essen auf silbernem Geschirr, während Ihre Bauern – ich hab' es gesehen – in Lappen gehen und halb verhungert in den Hütten frieren? Warum lassen Sie sich nicht selber knuten statt Ihrer Duchoborzen, die um Ihrer Lehre willen gepeinigt werden? Warum verlassen Sie nicht endlich dieses gräfliche Haus und gehen auf die Straße, selber in Wind und Frost und Regen die angeblich so köstliche Armut zu kennen? Warum reden Sie nur immer, statt selbst nach Ihrer Lehre zu handeln, warum geben Sie selbst nicht endlich ein Beispiel?

Tolstoj *(er ist zurückgewichen. Der Sekretär springt vor gegen den Studenten und will ihn erbittert zurechtweisen, aber schon hat sich Tolstoj gefaßt und schiebt ihn sanft langsam beiseite):* Lassen Sie doch! Die Frage, die dieser junge Mensch an mein Gewissen gerichtet hat, war gut... eine gute, eine ganz ausgezeichnete, eine wahrhaft notwendige Frage. Ich will mich bemühen, sie aufrichtig zu beantworten. *(Er tritt einen kleinen Schritt näher, zögert, rafft sich zusammen, seine Stimme wird rauh und verhüllt.)* Sie fragen mich, warum ich nicht das Leiden auf mich nehme, gemäß meiner Lehre und meinen Worten? Und ich antworte Ihnen darauf mit äußerster Scham: wenn ich bislang meiner heiligsten Pflicht mich entzogen habe, so war es... so war es... weil ich... zu feige, zu schwach oder zu unaufrichtig bin, ein niederer, nichtiger, sündiger Mensch ..., weil mir Gott bis zum heutigen Tage noch nicht die Kraft verliehen hat, das Unaufschiebbare endlich zu tun. Furchtbar reden Sie, junger, fremder Mensch, in mein Gewissen. Ich weiß, nicht den tausendsten Teil dessen habe ich getan, was not tut, ich gestehe in Scham, daß es längst schon, längst meine Pflicht gewesen wäre, den Luxus dieses Hauses und die erbärmliche Art meines Lebens, das ich als Sünde empfinde, zu verlassen und, ganz wie Sie es sagen, als Pilger auf den Straßen zu gehen, und ich weiß keine Antwort, als daß ich mich schäme in tiefster Seele und mich beuge über meine eigene Erbärmlichkeit. *(Die Studenten sind einen Schritt zurückgewichen und schweigen betroffen. Eine Pause. Dann fährt Tolstoj fort mit noch leiserer Stimme):* Aber vielleicht... vielleicht leide ich dennoch... vielleicht leide ich *eben* daran, daß ich nicht stark und ehrlich genug sein kann, mein Wort vor den Menschen zu erfüllen. Vielleicht leide ich eben hier mehr an meinem Gewissen als an der furchtbarsten Folter des Leibes, vielleicht hat *Gott* gerade *dieses* Kreuz mir geschmiedet und dieses Haus mir qualvoller gemacht, als wenn ich im Gefängnis läge mit Ketten an den Füßen... Aber Sie haben recht, nutzlos bleibt dieses Leiden, weil ein Leiden nur für mich allein, und ich überhebe mich, wollte ich seiner mich noch rühmen.

Erster Student *(etwas beschämt):* Ich bitte Sie um Verzeihung, Leo Nikolajewitsch Tolstoj, wenn ich in meinem Eifer persönlich geworden bin ...

Tolstoj: Nein, nein, im Gegenteil, ich danke Ihnen! Wer an unser Gewissen rüttelt, und sei es mit den Fäusten, hat wohl an uns getan. *(Ein Schweigen. Tolstoj wieder mit ruhiger Stimme:)* Haben Sie beide noch eine andere Frage an mich?

Erster Student: Nein, sie war unsere einzige Frage. Und ich glaube, es ist ein Unglück für Rußland und die ganze Menschheit, daß Sie uns Ihren Beistand verweigern. Denn niemand wird diesen Umsturz, diese Revolution mehr aufhalten, und ich fühle, furchtbar wird sie werden, furchtbarer als alle dieser Erde. Die bestimmt sind, sie zu führen, werden eherne Männer sein, Männer der rücksichtslosen Entschlossenheit, Männer ohne Milde. Wären Sie an unsere Spitze getreten, so hätte Ihr Beispiel Millionen gewonnen, und es müßten weniger Opfer sein.

Tolstoj: Und wäre es ein einziges Leben nur, dessen Tod ich verschuldete, ich könnte es nicht verantworten vor meinem Gewissen.

(Die Hausglocke gongt vom untern Stockwerk.)

Der Sekretär *(zu Tolstoj, um das Gespräch abzubrechen):* Es läutet zu Mittag.

Tolstoj *(bitter):* Ja, essen, schwätzen, essen, schlafen, ausruhen, schwätzen – so leben wir unser müßiges Leben, und die andern arbeiten indes und dienen damit Gott. *(Er wendet sich den jungen Leuten wieder zu.)*

Zweiter Student: Wir bringen also unsern Freunden nichts als Ihre Absage zurück? Geben Sie uns kein Wort der Ermutigung?

Tolstoj *(sieht ihn scharf an, überlegt):* Sagt euren Freunden folgendes in meinem Namen: ich liebe und achte euch, russische junge Menschen, weil ihr so stark das Leiden eurer Brüder mitfühlt und euer Leben einsetzen wollt, um das ihre zu verbessern. *(Seine Stimme wird hart, stark und schroff.)* Aber weiter vermag ich euch nicht zu folgen, und ich weigere mich, mit euch zu sein, sobald ihr die menschliche und brüderliche Liebe zu *allen* Menschen verleugnet.

(Die Studenten schweigen. Dann tritt der zweite Student entschlossen vor und sagt hart:)

Zweiter Student: Wir danken Ihnen, daß Sie uns empfangen haben, und danken Ihnen für Ihre Aufrichtigkeit. Ich werde wohl nie mehr Ihnen gegenüberstehen – so erlauben Sie auch mir unbekanntem Nichts zum Abschied ein offenes Wort. Ich sage Ihnen, Leo Tolstoj, Sie irren, wenn Sie meinen, daß die menschlichen Beziehungen allein durch die Liebe verbessert werden können: das mag gelten für die Reichen und für die Sorglosen. Aber jene, die von Kindheit auf hungern und ein ganzes Leben schon unter der Herrschaft ihrer Herren schmachten, die sind müde, länger auf die Niederfahrt dieser brüderlichen Liebe vom christlichen Himmel zu warten, sie werden lieber ihren Fäusten vertrauen. Und so sage ich Ihnen am Vorabend Ihres Todes, Leo Nikolajewitsch Tolstoj: die Welt wird noch im Blute ersticken, man wird nicht nur die Herren, sondern auch ihre Kinder erschlagen und in Stücke reißen, damit die Erde auch von jenen nichts Schlimmes mehr zu gewärtigen habe. Möge es Ihnen erspart sein, dann noch Augenzeuge Ihres Irrtums zu werden – dies wünsche ich Ihnen von Herzen! Gott schenke Ihnen einen friedlichen Tod!

(Tolstoj ist zurückgewichen, sehr erschreckt von der Vehemenz des glühenden jungen Menschen. Dann faßt er sich, tritt auf ihn zu und sagt ganz schlicht:)

Tolstoj: Ich danke Ihnen insbesondere für Ihre letzten Worte. Sie haben mir gewünscht, was ich seit dreißig Jahren ersehne – einen Tod in Frieden mit Gott und allen Menschen. *(Die beiden verbeugen sich und gehen; Tolstoj sieht ihnen längere Zeit nach, dann beginnt er erregt auf und ab zu gehen und sagt begeistert zum Sekretär:)* Was das doch für wunderbare Jungen sind, wie kühn, stolz und stark, diese jungen russischen Menschen! Herrlich, herrlich diese gläubige, glühende Jugend! So habe ich sie vor Sebastopol gekannt, vor sechzig Jahren; mit ganz demselben freien und frechen Blick gingen sie gegen den Tod, gegen jede Gefahr – trotzig, bereit, mit einem Lächeln zu sterben für ein Nichts, ihr Leben, das wunderbare junge Leben hinzuwerfen für eine hohle Nuß, für Worte ohne

Inhalt, für eine Idee ohne Wahrheit, nur aus Freude an der Hingebung. Wunderbar, diese ewige russische Jugend! Und dient mit all dieser Glut und Kraft dem Haß und dem Mord wie einer heiligen Sache! Und doch, sie haben mir wohlgetan! Aufgerüttelt haben sie mich, diese beiden, denn wirklich, sie haben recht, es tut not, daß ich endlich mich aufraffe aus meiner Schwäche und eintrete für mein Wort! Zwei Schritte vom Tod und immer zögere ich noch! Wirklich, das Richtige kann man nur von der Jugend lernen, nur von der Jugend!

(Die Tür wird aufgerissen, die Gräfin bricht wie eine scharfe Zugluft ein, nervös, irritiert. Ihre Bewegungen sind unsicher, immer irren ihre Augen fahrig von einem zum andern Gegenstand. Man spürt, daß sie an anderes denkt, während sie spricht und verzehrt ist von einer inneren, aufgerüttelten Unruhe. Sie sieht geflissentlich an dem Sekretär vorbei, als wäre er Luft, und spricht nur zu ihrem Mann. Hinter ihr ist rasch Sascha, ihre Tochter, eingetreten; man hat den Eindruck, als wäre sie der Mutter gefolgt, um sie zu überwachen.)

Gräfin: Es hat schon zum Mittagessen geläutet, und seit einer halben Stunde wartet unten der Redakteur vom „Daily Telegraph" wegen deines Artikels gegen die Todesstrafe, und du läßt ihn stehen wegen solcher Burschen. So ein manierloses, freches Volk! Unten, als der Diener sie fragte, ob sie beim Grafen angemeldet seien, antwortete der eine: Nein, wir sind bei keinem Grafen gemeldet, Leo Tolstoj hat uns bestellt. Und du läßt dich ein mit solchen naseweisen Laffen, die am liebsten die Welt so wirr haben möchten wie ihre eigenen Köpfe! *(Sie sieht unruhig im Zimmer herum.)* Wie hier alles herumliegt, die Bücher auf der Erde, alles durcheinander und voller Staub, wirklich, es ist schon eine Schande, wenn jemand Besserer kommt. *(Sie geht auf den Lehnstuhl zu, faßt ihn an.)* Ganz zerfetzt schon das Wachstuch, man muß sich schämen, nein, es ist nicht mehr zum Ansehen. Glücklicherweise daß morgen der Tapezierer aus Tula ins Haus kommt, der muß gleich den Fauteuil ausbessern. *(Niemand antwortet ihr. Sie sieht unruhig hin und her.)* Also bitte, komm jetzt! Man kann ihn doch nicht länger warten lassen.

Tolstoj *(plötzlich sehr blaß und unruhig)*: Gleich komme ich, ich habe hier nur noch... etwas zu ordnen... Sascha wird mir helfen dabei... Leiste du inzwischen dem Herrn Gesellschaft und entschuldige mich, ich komme sofort. *(Die Gräfin geht, nachdem sie noch einen flackernden Blick über das ganze Zimmer geworfen hat. Tolstoj wirft sich, kaum daß sie aus dem Zimmer getreten ist, gegen die Tür und dreht rasch den Schlüssel um.)*

Sascha *(über seine Heftigkeit erschreckt):* Was hast du?

Tolstoj *(in höchster Aufregung, die Hand aufs Herz gepreßt, stammelnd):* Der Tapezierer morgen... Gott sei Dank... da ist es noch Zeit... Gott sei Dank.

Sascha: Aber was ist denn ...

Tolstoj *(erregt):* Ein Messer, rasch ein Messer oder eine Schere ... *(Der Sekretär hat ihm mit befremdetem Blick vom Schreibtisch eine Papierschere herübergereicht. Tolstoj beginnt mit nervöser Hast, manchmal ängstlich zur verschlossenen Tür aufschauend, die Rißstelle in dem zerschlissenen Fauteuil mit der Schere zu erweitern, dann tastet er mit den Händen unruhig in das vorquellende Roßhaar, bis er endlich einen versiegelten Brief herausholt.)* Da – nicht wahr?... es ist lächerlich... lächerlich und unwahrscheinlich, wie in einem miserablen französischen Kolportageroman... eine Schmach ohne Ende... So muß ich, ein Mann mit klaren Sinnen, in meinem eigenen Haus und dreiundachtzigsten Jahr meine wichtigsten Papiere verstecken, weil mir alles durchwühlt wird, weil man hinter mir her ist, hinter jedem Wort und Geheimnis! Ah, welche Schande, welche Hölle mein Leben hier in diesem Haus, welche Lüge! *(Er wird ruhiger, öffnet den Brief und liest ihn; zu Sascha:)* Vor dreizehn Jahren habe ich diesen Brief geschrieben, damals, als ich weg sollte von deiner Mutter und aus diesem Höllenhaus. Es war der Abschied an sie, ein Abschied, zu dem ich dann den Mut nicht fand. *(Er knistert den Brief in den zitternden Händen und liest halblaut für sich:)* "... Es ist mir jedoch nicht länger möglich, dieses Leben, das ich seit sechzehn Jahren führe, fortzusetzen, ein Leben, in dem ich einerseits gegen euch kämpfe und euch aufreizen muß. So beschließe ich, zu tun, was ich längst hätte tun sollen, nämlich zu fliehen... Wenn ich dies offen täte, so gäbe es Bitterkeit. Ich würde vielleicht schwach werden und meinen Entschluß nicht ausführen, während er doch ausgeführt werden muß. Verzeiht mir also, ich bitte euch darum, wenn mein Schritt euch Schmerz bereitet, und vor allem Du, Sonja, entlasse mich gutwillig aus Deinem Herzen, suche mich nicht, beklage Dich nicht über mich, verurteile mich nicht." *(Schwer aufatmend:)* Ah, dreizehn Jahre ist das her, dreizehn Jahre habe ich mich seitdem weitergequält, und jedes Wort ist noch wahr wie einst und mein Leben von heute genau so feig und schwach. Noch immer, noch immer bin ich nicht geflohen, noch immer warte und warte ich und weiß nicht auf was. Immer habe ich alles klar gewußt und immer falsch gehandelt. Immer war ich zu schwach, immer ohne Willen gegen sie! Den Brief habe ich hier versteckt wie ein Schuljunge ein schmutziges Buch vor dem Lehrer. Und das Testament, in dem ich sie damals bat, das Eigentum an meinen Werken der ganzen Menschheit zu schenken, ihr in die Hand geliefert, nur um Frieden zu haben im Hause, statt Frieden mit meinem Gewissen.

(Pause.)

Der Sekretär: Und glauben Sie, Leo Nikolajewitsch Tolstoj – Sie erlauben mir doch die Frage, da sich so unvermutet der Anlaß ergibt... glauben Sie ..., daß, wenn... wenn Gott Sie abberufen sollte ..., daß... daß dann dieser Ihr letzter, dringlichster Wunsch auf das Eigentum an Ihren Werken zu verzichten, auch wirklich erfüllt wird?

Tolstoj *(erschrocken):* Selbstverständlich... das heißt ... *(Unruhig:)* Nein, ich weiß doch nicht... Was meinst du, Sascha?

Sascha *(wendet sich ab und schweigt).*

Tolstoj: Mein Gott, daran habe ich nicht gedacht. Oder nein: schon wieder, schon wieder bin ich nicht ganz wahrhaftig: – nein, ich habe nur nicht daran denken wollen, ich bin wieder ausgewichen, wie ich immer jeder klaren und geraden Entscheidung ausweiche. *(Er sieht den Sekretär scharf an.)* Nein, ich weiß, ich weiß bestimmt, meine Frau und die Söhne, sie werden meinen letzten Willen so wenig achten, als sie heute meinen Glauben achten und meine Seelenpflicht. Sie werden mit meinen Werken Schacher treiben, und noch nach meinem Tode werde ich als ein Lügner an meinem Worte vor den Menschen stehen. *(Er macht eine entschlossene Bewegung.)* Aber das soll, das darf nicht sein! Endlich einmal Klarheit! Wie sagte dieser Student heute, dieser wahre, aufrichtige Mensch? Eine Tat verlangt die Welt von mir, endlich Ehrlichkeit, eine klare, reine und eindeutige Entscheidung – das war ein Zeichen! Mit dreiundachtzig Jahren darf man nicht länger die Augen schließen vor dem Tod, man muß ihm ins Antlitz sehen und bündig seine Entscheidungen treffen. Ja, gut gemahnt haben mich diese fremden Menschen: alles Nichttun versteckt immer nur eine Feigheit der Seele. Klar muß man sein und wahr, und ich will es endlich werden, jetzt in meiner zwölften Stunde, im dreiundachtzigsten Jahr. *(Er wendet sich zum Sekretär und seiner Tochter.)* Sascha und Wladimir Georgewitsch, morgen mache ich mein Testament, klar, ehern, bindend und unanfechtbar, in dem ich den Ertrag aller meiner Schriften, das ganze schmutzige Geld, das an ihm wuchert, an alle, an die ganze Menschheit schenke – es darf kein Handel getrieben werden mit dem Wort, das ich um aller Menschen und aus der Not meines Gewissens gesagt und geschrieben habe. Kommen Sie morgen vormittags, bringen

Sie einen zweiten Zeugen mit – ich darf nicht länger zögern, vielleicht hält sonst der Tod mir die Hand auf.

Sascha: Einen Augenblick noch, Vater – nicht daß ich dir abreden wollte, aber ich fürchte Schwierigkeiten, wenn die Mutter uns zu viert hier sieht. Sie wird sofort Verdacht schöpfen und deinen Willen im letzten Augenblick vielleicht noch erschüttern.

Tolstoj *(nachdenkend):* Du hast recht! Nein, hier in diesem Haus kann ich nichts Reines, nichts Rechtes vollbringen: hier wird das ganze Leben zur Lüge. *(Zum Sekretär:)* Richten Sie es so ein, daß ihr mir morgen um 11 Uhr vormittags im Walde von Grumont, beim großen Baume links, hinter dem Roggenfeld, begegnet. Ich werde tun, als ob ich meinen gewohnten Spazierritt machte. Bereitet alles vor, und dort wird mir, so hoffe ich, Gott Festigkeit geben, endlich mich von der letzten Fessel zu lösen.

(Die Mittagsglocke läutet heftiger zum zweitenmal.)

Der Sekretär: Aber lassen Sie jetzt nur nichts vor der Gräfin merken, sonst ist alles verloren.

Tolstoj *(schwer atmend):* Entsetzlich, immer wieder sich verstellen müssen, immer wieder sich verstecken. Vor der Welt will man wahr sein, vor Gott will man wahr sein, vor sich selbst will man wahr sein und darf es nicht vor seiner Frau und seinen Kindern! Nein, so kann man nicht leben, *so kann man nicht leben*!

Sascha *(erschreckt):* Die Mutter!

(Der Sekretär dreht rasch den Schlüssel an der Tür auf, Tolstoi geht, um seine Erregung zu verbergen, zum Schreibtisch und bleibt mit dem Rücken gegen die Eintretende gewandt.)

Tolstoj *(stöhnend):* Das Lügen in diesem Haus vergiftet mich – ach, wenn man nur einmal ganz wahr sein könnte, wahr wenigstens vor dem Tod!

Die Gräfin *(tritt hastig herein):* Warum kommt ihr denn nicht? Immer brauchst du so lange.

Tolstoj *(sich ihr zuwendend, sein Gesichtsausdruck ist bereits vollkommen ruhig, und er sagt langsam, mit nur den andern verständlicher Betonung):* Ja, du

hast recht, ich brauche immer und zu allem lange. Aber wichtig ist doch nur das
eine: daß dem Menschen Zeit bleibt, rechtzeitig das Rechte zu tun.

Zweite Szene

Im gleichen Zimmer. Spätnacht des folgenden Tages.

Der Sekretär: Sie sollten sich heute früher niederlegen, Leo Nikolajewitsch,
Sie müssen müde sein nach dem langen Ritt und den Aufregungen.

Tolstoj: Nein, gar nicht müde bin ich. Müde macht den Menschen nur eines:
Schwanken und Unsichersein. Jede Tat befreit, selbst die schlechte ist besser als
Nichttun. *(Er geht im Zimmer auf und ab.)* Ich weiß nicht, ob ich heute richtig
gehandelt habe, ich muß erst mein Gewissen fragen. Daß ich mein Werk an alle
zurückgab, hat mir die Seele leicht gemacht, aber ich glaube, ich hätte dies Testament nicht heimlich machen dürfen, sondern offen vor allen und mit dem
Mut der Überzeugung. Vielleicht habe ich unwürdig getan, was um der Wahrheit willen freimütig hätte getan sein müssen – aber gottlob, nun ist es geschehen, eine Stufe weiter im Leben, eine Stufe näher dem Tod. Jetzt bliebe nur noch
das Schwerste, das Letzte: zur rechten Stunde ins Dickicht kriechen wie ein Tier,
wenn das Ende kommt, denn in diesem Hause wird mein Tod unwahrhaftig sein
wie mein Leben. Dreiundachtzig Jahre bin ich alt, und noch immer, noch immer
finde ich nicht die Kraft, mich ganz vom Irdischen loszureißen, und vielleicht
versäume ich die rechte Stunde.

Der Sekretär: Wer weiß seine Stunde! Wenn man die wüßte, wäre alles gut.

Tolstoj: Nein, Wladimir Georgewitsch, gar nicht gut wäre das. Kennen Sie
nicht die alte Legende, ein Bauer hatte sie mir einmal erzählt, wie Christus das
Wissen um den Tod von den Menschen nahm? Vordem kannte ein jeder im voraus seine Todesstunde, und als Christus einmal auf Erden kam, merkte er, daß
manche Bauern nicht ihren Acker bestellten und wie die Sünder lebten. Da ta-
delte er einen unter ihnen um seiner Lässigkeit willen, doch der Schächer murr-
te nur: für wen solle er da noch Saat eingießen in die Erde, wenn er die Ernte
nicht mehr erlebe. Da erkannte Christus, daß es schlecht wäre, wenn die Menschen im voraus wüßten um ihren Tod, und nahm ihnen ihr Wissen. Seitab
müssen die Bauern ihr Feld bestellen bis zum letzten Tage, als ob sie ewig lebten, und dies ist recht, denn nur durch die Arbeit hat man am Ewigen teil. So

will auch ich noch heute *(er deutet auf sein Tagebuch)* mein tägliches Feld bestellen.

(Heftige Schritte von außen, die Gräfin tritt ein, schon im Nachtkleid, und wirft einen bösen Blick auf den Sekretär.)

Die Gräfin: Ach so... ich dachte, du wärest endlich allein... ich wollte mit dir sprechen ...

Der Sekretär *(verbeugt sich):* Ich gehe schon.

Tolstoj:: Leben Sie wohl, lieber Wladimir Georgewitsch.

Die Gräfin *(kaum daß die Tür sich hinter ihm geschlossen):* Immer ist er um dich, wie eine Klette hängt er dir an... und mich, mich haßt er, er will mich von dir entfernen, dieser schlechte, heimtückische Mensch.

Tolstoj: Du bist ungerecht gegen ihn, Sonja.

Die Gräfin: Ich will nicht gerecht sein! Er hat sich eingedrängt zwischen uns, gestohlen hat er dich mir, entfremdet deinen Kindern. Nichts gelte ich mehr, seit er hier ist, das Haus, du selbst gehörst jetzt aller Welt, nur uns nicht, deinen Nächsten.

Tolstoj: Könnte ich's nur in Wahrheit! So will es ja Gott, daß man allen gehöre und nichts für sich behalte und die Seinen.

Die Gräfin: Ja, ich weiß, das redet er dir ein, dieser Dieb an meinen Kindern, ich weiß, er bestärkt dich gegen uns alle. Darum dulde ich ihn nicht mehr im Haus, diesen Aufreizer, ich will ihn nicht.

Tolstoj: Aber Sonja, du weißt doch, daß ich ihn brauche für meine Arbeit.

Die Gräfin: Du findest hundert andere! *(Abweisend:)* Ich ertrage nicht seine Nähe. Ich will diesen Menschen nicht zwischen dir und mir.

Tolstoj: Sonja, Gute, ich bitte dich, errege dich nicht. Komm, setze dich hierher, sprechen wir doch still miteinander – ganz so wie in der hingegangenen Zeit, als unser Leben anfing –, bedenke doch, Sonja, wie wenig bleibt uns an guten Worten und an guten Tagen noch! *(Die Gräfin sieht beunruhigt um sich und setzt sich zitternd nieder.)* Sieh, Sonja, ich brauche diesen Menschen – vielleicht brauche ich ihn nur, weil ich schwach bin im Glauben, denn, Sonja, ich bin nicht so stark, als ich mir wünschte zu sein. Jeder Tag zwar bestätigt mir's, viele Tausende Menschen sind irgendwo weit in der Welt, die meinen Glauben teilen, aber versteh dies, so ist unser irdisches Herz; es braucht, um seiner sicher zu bleiben, wenigstens von einem Menschen die nahe, die atmende, die sichtbare, die fühlbare, die greifbare Liebe. Vielleicht konnten die Heiligen ohne Helfer allein in ihrer Zelle wirken und auch ohne Zeugen nicht verzagen, aber sieh, Sonja, ich bin doch kein Heiliger – ich bin nichts als ein sehr schwacher und schon alter Mann. Deshalb muß ich jemanden nahe haben, der meinen Glauben teilt, diesen Glauben, der jetzt das Teuerste meines alten, einsamen Lebens ist. Mein größtes Glück freilich wäre das gewesen, wenn du selbst, du, die ich seit achtundvierzig Jahren dankbar achte, wenn du an meinem religiösen Bewußtsein teilgenommen hättest. Aber Sonja, du hast es ja niemals gewollt. Was meiner Seele das Teuerste ward, das siehst du ohne Liebe, und ich fürchte, du siehst es sogar mit Haß. *(Die Gräfin macht eine Bewegung.)* Nein, Sonja, mißverstehe mich nicht, ich klage dich nicht an. Du hast mir und der Welt gegeben, was du geben konntest, viel mütterliche Liebe und Sorgenfreudigkeit; wie solltest du Opfer bringen für eine Überzeugung, die du nicht mitlebst in deiner Seele. Wie sollte ich dir Schuld geben, daß du meine innersten Gedanken nicht teilst – bleibt doch immer das geistige Leben eines Menschen, seine letzten Gedanken ein Geheimnis zwischen ihm und seinem Gott. Aber sieh, da ist ein Mensch gekommen, endlich einer in mein Haus, hat vordem selbst gelitten in Sibirien für seine Überzeugung und teilt nun die meine, ist mir Helfer und lieber Gast, hilft und bestärkt mich in meinem inneren Leben – warum willst du mir diesen Menschen nicht lassen?

Die Gräfin: Weil er dich mir entfremdet hat, und das kann ich nicht ertragen, das kann ich nicht ertragen. Das macht mich rasend, das macht mich krank, denn ich spüre genau, alles, was ihr tut, geht gegen mich. Heute wieder, mittags, habe ich ihn ertappt, da steckte er hastig ein Papier weg, und keiner von euch konnte mir aufrecht in die Augen sehn: nicht er und nicht du, und nicht Sascha! Ihr alle verbergt etwas vor mir. Ja, ich weiß es, ich weiß es, ihr habe etwas Böses gegen mich getan.

Tolstoj: Ich hoffe, daß Gott mich, eine Handbreit vor meinem Tode, davor bewahrt, wissentlich etwas Böses zu tun.

Die Gräfin *(leidenschaftlich):* Also du bestreitest nicht, daß ihr Heimliches getan habt... etwas gegen mich. Ah, du weißt, vor mir kannst du nicht lügen wie vor den andern.

Tolstoj *(heftig auffahrend):* Ich lüge vor den andern? Das sagst du mir, du, um derentwillen ich vor allen als Lügner erscheine. *(Sich bezähmend:)* Nun, ich hoffe zu Gott, daß ich die Sünde der Lüge wissentlich nicht begehe. Vielleicht ist es mir schwachem Menschen nicht gegeben, immer die ganze Wahrheit zu sagen, aber dennoch glaube ich, darum kein Lügner, kein Betrüger an den Menschen zu sein.

Die Gräfin: Dann sage mir, was ihr getan habt – was war das für ein Brief, für ein Papier... quäle mich doch nicht länger ...

Tolstoj *(auf sie zutretend, sehr sanft):* Sofia Andrejewna, nicht ich quäle dich, sondern du selbst quälst dich, weil du mich nicht mehr liebst. Hättest du noch Liebe, so hättest du auch Vertrauen zu mir – Vertrauen selbst dort, wo du mich nicht mehr begreifst. Sofia Andrejewna, ich bitte dich, sieh doch in dich hinein: achtundvierzig Jahre leben wir zusammen! Vielleicht findest du aus diesen vielen Jahren irgendwo noch aus vergessener Zeit in irgendeiner Falte deines Wesens ein wenig Liebe zu mir: dann nimm, ich bitte dich, diesen Funken und fache ihn an, versuche noch einmal zu sein, die du mir so lange warst, liebend, vertrauend, sanft und hingegeben; denn, Sonja, manchmal erschrecke ich, wie du jetzt zu mir bist.

Die Gräfin *(erschüttert und erregt):* Ich weiß nicht mehr, wie ich bin. Ja, du hast recht, häßlich bin ich geworden und böse. Aber wer könnte das ertragen, mit anzusehen, wie du dich quälst, mehr zu sein als ein Mensch – diese Wut, mit Gott zu leben, diese Sünde. Denn Sünde, ja Sünde ist das, Hochmut, Überhebung und nicht Demut, sich so hinzudrängen zu Gott und eine Wahrheit zu suchen, die uns versagt ist. Früher, früher, da war alles gut und klar, man lebte wie alle andern Menschen, redlich und rein, hatte seine Arbeit und sein Glück, und die Kinder wuchsen auf, und man freute sich schon ins Alter hinein. Und plötzlich mußte dies über dich kommen, damals vor dreißig Jahren, dieser furchtbare Wahn, dieser Glaube, der dich und uns alle unglücklich macht. Was kann ich dafür, daß ich's heute noch nicht verstehe, welchen Sinn das hat, daß du Ofen putzest und Wasser trägst und schlechte Stiefel schusterst, du, den eine Welt als ihren größten Künstler liebt. Nein, noch immer will das, mir nicht eingehn, warum unser klares Leben, fleißig und sparsam, still und einfach, warum das mit einemmal Sünde sein sollte an andern Menschen. Nein, ich kann es nicht verstehen, ich kann, ich kann es nicht.

Tolstoj *(sehr sanft):* Sieh, Sonja, gerade dies sagte ich dir ja: dort, wo wir nicht begreifen, eben dort müssen wir dank unserer Liebeskraft vertrauen. So ist es mit den Menschen, so auch mit Gott. Meinst du, ich maße mir wirklich an, das Rechte zu wissen? Nein, ich vertraue nur, was man so redlich tut, um das man so bitter sich quält, das kann vor Gott und den Menschen nicht ganz ohne Sinn und Wert sein. So versuche auch du, Sonja, ein wenig zu glauben, wo du mich nicht mehr begreifst, vertraue doch wenigstens meinem Willen zum Rechten, und alles, alles wird noch einmal gut.

Die Gräfin *(unruhig):* Aber du sagst mir dann alles... du wirst mir alles sagen, was ihr heute getan habt.

Tolstoj *(sehr ruhig):* Alles werde ich dir sagen, nichts will ich mehr verbergen und heimlich tun, in meinem Handbreit Leben. Ich warte nur, bis Serjoschka und Andrey zurück sind, dann will ich vor euch alle hintreten und aufrichtig sagen, was ich in diesen Tagen beschlossen. Aber diese kurze Frist, Sonja, lasse dein Mißtrauen und spüre mir nicht nach – es ist dies meine einzige, meine innigste Bitte, Sofia Andrejewna, willst du sie erfüllen?

Die Gräfin: Ja... ja... gewiß... gewiß.

Tolstoj: Ich danke dir. Sieh, wie leicht doch alles wird durch Offenheit und Zuversicht! Wie gut, daß wir sprachen in Frieden und Freundschaft. Du hast mir das Herz wieder warm gemacht. Denn sieh, als du eintratest, da lag dunkel das Mißtrauen auf deinem Gesicht, fremd war mir's durch Unruhe und Haß, und ich erkannte dich nicht als jene von einst. Nun liegt deine Stirn wieder klar, und ich erkenne wieder deine Augen, Sofia Andrejewna, deine Mädchenaugen von einst, gut und mir zugewandt. Aber nun ruhe dich aus, du Liebe, es ist spät! Ich danke dir von Herzen. *(Er küßt sie auf die Stirn, die Gräfin geht, bei der Tür wendet sie sich noch einmal erregt um.)*

Die Gräfin: Aber du wirst mir alles sagen? Alles?

Tolstoj *(noch immer ganz ruhig):* Alles, Sonja. Und du gedenke deines Versprechens.

(Die Gräfin entfernt sich langsam mit einem unruhigen Blick auf den Schreibtisch.)

Tolstoj *(geht mehrmals im Zimmer auf und ab, dann setzt er sich zum Schreibtisch, schreibt einige Worte in das Tagebuch. Nach einer Weile steht er auf,* *schreitet auf und nieder, tritt noch einmal zum Pult zurück, blättert nachdenklich in dem Tagebuch und liest halblaut das Geschriebene):* "Ich bemühe mich, Sofia Andrejewna gegenüber so ruhig und fest als möglich zu sein, und glaube, ich werde mein Ziel, sie zu beruhigen, mehr oder weniger erreichen... Heute habe ich zum erstenmal die Möglichkeit gesehen, sie in Güte und Liebe zum Nachgeben zu bringen... Ach, wenn doch ..." *(Er legt das Tagebuch nieder, atmet schwer, um schließlich ins Nebenzimmer hinüberzugehen und dort Licht zu entzünden. Dann kommt er noch einmal zurück, zieht sich mühsam die schweren Bauernschuhe von den Füßen, legt den Rock ab. Dann löscht er das Licht und geht, bloß in den breiten Hosen und dem Arbeitshemd, in seinen Schlafraum nebenan.)*

(Für einige Zeit bleibt das Zimmer vollkommen still und dunkel. Es geschieht nichts. Man hört keinen Atemzug. Plötzlich öffnet sich leise, mit diebischer Vorsicht, die Eingangstür ins Arbeitszimmer. Jemand tappt auf bloßen Sohlen in den stockschwarzen Raum, in der Hand eine Blendlaterne, die jetzt vorgewendet einen schmalen Kegel Licht zunächst auf den Fußboden wirft. Es ist die Gräfin. Ängstlich blickt sie um sich, lauscht zuerst an der Tür des Schlafzimmers, dann schleicht sie, offenbar beruhigt, zum Schreibtisch hinüber. Die aufgestellte Blendlaterne erhellt nun mit weißem Kreis einzig den Raum um den Schreibtisch inmitten des Dunkels. Die Gräfin, von der man nur die zuckenden Hände im Lichtkreis sieht, greift zuerst nach dem zurückgelassenen Schriftstück, beginnt in nervöser Unruhe im Tagebuch zu lesen, schließlich zieht sie vorsichtig eine nach der andern von den Schreibtischladen auf, stöbert immer hastiger in den Papieren, ohne etwas zu finden. Schließlich nimmt sie mit einer zuckenden Bewegung die Laterne wieder in die Hand und tappt hinaus. Ihr Gesicht ist vollkommen verstört wie das einer Mondsüchtigen. Kaum hat sich die Tür hinter ihr geschlossen, so reißt seinerseits Tolstoj mit einem Ruck die Tür vom Schlafzimmer auf. Er hält eine Kerze in der Hand, und sie schwankt hin und her, so furchtbar schüttelt die Erregung den alten Mann: er hat seine Frau belauscht. Schon stürzt er ihr nach, schon faßt er die Klinke der Eingangstür, plötzlich aber wendet er sich gewaltsam um, stellt ruhig und entschlossen die Kerze auf den Schreibtisch, geht zur Nachbartür an der andern Seite und klopft ganz leise und vorsichtig an.)

Tolstoj *(leise):* Duschan... Duschan ...

Stimme Duschans *(vom Nebenzimmer her):* Seid Ihr es, Leo Nikolajewitsch?

Tolstoj: Leise, leise, Duschan! Und komm sofort heraus ...

Duschan *(kommt aus dem Nebenzimmer, auch er nur halb bekleidet.)*

141

Tolstoj: Wecke meine Tochter Alexandra Lwowna, sie soll sofort herüberkommen. Dann laufe rasch hinab in den Stall und befiehl Grigor, die Pferde einzuspannen, aber ganz leise soll er es tun, damit niemand im Hause etwas merkt. Und daß du mir selber leise bist! Zieh keine Schuhe an, und gibt acht, die Türen knarren. Wir müssen fort, unverzüglich – es ist keine Zeit zu verlieren.

(Duschan eilt fort. Tolstoj setzt sich hin, zieht sich entschlossen die Stiefel wieder an, nimmt seinen Rock, fährt hastig hinein, dann sucht er einige Papiere und rafft sie zusammen. Seine Bewegungen sind energisch, aber manchmal fieberhaft. Auch während er jetzt am Schreibtisch einige Worte auf ein Blatt wirft, zucken seine Schultern.)

Sascha *(leise eintretend)*: Was ist geschehen, Vater?

Tolstoj: Ich fahre fort, ich breche aus... endlich... endlich ist es entschieden. Vor einer Stunde hat sie mir geschworen, Vertrauen zu haben, und jetzt, um drei Uhr nachts, ist sie heimlich in mein Zimmer eingebrochen, die Papiere zu durchwühlen... Aber das war gut, das war sehr gut... nicht ihr Wille war das, das war ein anderer Wille. Wie oft habe ich Gott gebeten, er möge mir ein Zeichen schenken, wenn es Zeit ist – nun ward mir's gegeben, denn jetzt habe ich ein Recht, sie allein zu lassen, die meine Seele verlassen hat.

Sascha: Aber wohin willst du, Vater?

Tolstoj: Ich weiß nicht, ich will es nicht wissen... Irgendwohin, nur fort aus der Unwahrhaftigkeit dieses Daseins.... irgendwohin... Es gibt viele Straßen auf Erden, und irgendwo wartet schon ein Stroh oder ein Bett, wo ein alter Mann ruhig sterben kann.

Sascha: Ich begleite dich ...

Tolstoj: Nein. Du mußt noch bleiben, sie beruhigen... sie wird ja rasen... ach, was wird sie leiden, die Arme!... Und ich bin es, der sie leiden macht... Aber ich kann nicht anders, ich kann nicht mehr... ich ersticke sonst hier. Du bleibst hier zurück, bis Andrey und Serjoschka eintreffen. Dann erst reise mir nach, ich fahre zuerst ins Kloster von Schamardino, um Abschied zu nehmen von meiner Schwester, denn ich spüre, die Zeit des Abschiednehmens ist für mich gekommen.

Duschan *(hastig zurück)*: Der Kutscher hat eingespannt.

Tolstoj: Dann mach dich selber fertig, Duschan, da die paar Papiere steck zu dir ...

Sascha: Aber Vater, du mußt den Pelz nehmen, es ist bitterkalt in der Nacht. Ich will rasch noch wärmere Kleider für dich einpacken ...

Tolstoj: Nein, nein, nichts mehr. Mein Gott, wir dürfen nicht mehr zögern... ich will nicht mehr warten... sechsundzwanzig Jahre warte ich auf diese Stunde, auf dieses Zeichen... mach rasch, Duschan... es könnte uns jemand noch aufhalten und hindern. Da, die Papiere nimm, die Tagebücher, den Bleistift ...

Sascha: Und das Geld für die Bahn, ich will es holen ...

Tolstoj: Nein, kein Geld mehr! Ich will keines mehr anrühren. Sie kennen mich an der Bahn, sie werden mir Karten geben, und weiter wird Gott helfen. Duschan, mach fertig, komm. *(Zu Sascha:)* Du, gib ihr diesen Brief: es ist mein Abschied, möge sie mir ihn vergeben! Und schreibe mir, wie sie es ertragen hat.

Sascha: Aber Vater, wie soll ich dir schreiben? Sofort erfahren sie, nenne ich an der Post den Namen, deinen Aufenthalt und jagen dir nach. Du mußt einen falschen Namen annehmen.

Tolstoj: Ach, immer lügen! Immer lügen, immer wieder sich die Seele erniedern mit Heimlichkeiten... aber du hast recht... Komm doch, Duschan!... Wie du willst, Sascha... es ist ja nur zum Guten... also wie soll ich mich nennen?

Sascha *(denkt einen Augenblick nach):* Ich unterschreibe alle Depeschen mit Frolowa, und du nennst dich T. Nikolajew.

Tolstoj *(schon ganz fieberhaft vor Eile):* T. Nikolajew... gut... gut... Und nun lebe wohl *(er umarmt sie)*. T. Nikolajew, sagst du, soll ich mich nennen. Noch eine Lüge, noch eine! Nun – gebe Gott, dies möge meine letzte Unwahrheit vor den Menschen sein.

(Er geht hastig ab.)

Dritte Szene

Drei Tage später (31. Oktober 1910). Der Wartesaal im Eisenbahnstationsgebäude von Astapowo. Rechts führt eine große, verglaste Tür hinaus auf den Perron, links eine kleinere Tür zum Wohnraum des Stationsvorstehers, Iwan Iwanowitsch Osoling. Auf den Holzbänken des Wartesaales und um einen Tisch sitzen einige wenige Passagiere, um auf den Schnellzug aus Danlow zu warten: Bäuerinnen, die, eingehüllt in ihre Tücher, schlafen, kleine Händler in Schafspelzen, außerdem ein paar Angehörige großstädtischer Stände, offenbar Beamte oder Kaufleute.

Erster Reisender *(in einer Zeitung lesend, plötzlich laut):* Das hat er ausgezeichnet gemacht! Ein famoses Stück von dem Alten! Das hätte keiner mehr erwartet.

Zweiter Reisender: Was gibt's denn?

Erster Reisender: Durchgebrannt ist er, Leo Tolstoj, aus seinem Haus, niemand weiß, wohin. Nachts hat er sich aufgemacht, die Stiefel angezogen und den Pelz, und so, ohne Gepäck und ohne Abschied zu nehmen, ist er davongefahren, nur von seinem Arzt, Duschan Petrowitsch, begleitet.

Zweiter Reisender: Und die Alte hat er zu Hause gelassen. Kein Spaß für Sofia Andrejewna. Dreiundachtzig muß er jetzt alt sein. Wer hätte das von ihm gedacht, und wohin, sagst du, ist er gefahren?

Erster Reisender: Das möchten sie eben wissen, die zu Hause und die in den Zeitungen. In der ganzen Welt telegraphieren sie jetzt herum. An der bulgarischen Grenze will ihn einer gesehen haben, und andere reden von Sibirien. Aber kein Mensch weiß etwas Wirkliches. Gut hat er das gemacht, der Alte!

Dritter Reisender *(junger Student):* Wie sagt ihr? Leo Tolstoj ist von Haus weggefahren, bitte gebt mir die Zeitung, laßt mich's selber lesen *(wirft einen Blick hinein).* Oh, das ist gut, das ist gut, daß er sich endlich aufgerafft hat.

Erster Reisender: Warum denn gut?

Dritter Reisender: Weil es schon eine Schande war gegen sein Wort, wie er lebte. Genug lange haben sie ihn gezwungen, den Grafen zu spielen, und mit Schmeicheleien die Stimme erwürgt. Jetzt kann Leo Tolstoj endlich frei aus seiner Seele zu den Menschen sprechen, und Gott gebe, daß durch ihn die Welt erfahre, was hier in Rußland am Volke geschieht. Ja, gut ist es, Segen und Genesung für Rußland, daß dieser heilige Mann sich endlich gerettet hat.

Zweiter Reisender: Vielleicht ist aber alles gar nicht wahr, was die hier schwätzen, vielleicht *(er wendet sich um, ob niemand zuhört, und flüstert:)* vielleicht haben sie das nur hineingetan in die Zeitungen, um irre zu machen, und in Wahrheit ihn ausgehoben und weggeschafft ...

Erster Reisender: Wer sollte ein Interesse haben, Leo Tolstoj fortzuschaffen ...

Zweiter Reisender: Sie... sie alle, denen er im Wege ist, sie alle, der Synod und die Polizei und das Militär, sie alle, die sich vor ihm fürchten. Es sind schon einige so verschwunden – ins Ausland, hat man dann gesagt. Aber wir wissen, was sie mit dem Ausland meinen ...

Erster Reisender *(auch leise):* Das könnte schon sein ...

Dritter Reisender: Nein, das wagen sie doch nicht. Dieser eine Mann ist mit seinem bloßen Wort stärker als sie alle, nein, das wagen sie nicht, denn sie wissen, wir holten ihn heraus mit unsern Fäusten.

Erster Reisender *(hastig):* Vorsicht... aufgepaßt... Cyrill Gregorowitsch kommt... rasch die Zeitung weg ...

(Der Polizeimeister Cyrill Gregorowitsch ist in voller Uniform hinter der Glastür vom Bahnsteig her aufgetaucht. Er wendet sich sofort zum Zimmer des Stationsvorstehers und klopft an.)

Iwan Iwanowitsch Osoling *(der Stationsvorsteher, aus seinem Zimmer, mit der Dienstkappe auf dem Kopf):* Ach, Ihr seid es, Cyrill Gregorowitsch ...

Polizeimeister: Ich muß Euch sofort sprechen. Ist Eure Frau bei Euch im Zimmer?

Vorsteher: Ja.

Polizeimeister: Dann lieber hier! *(Zu den Reisenden in scharfem, befehlshaberischem Ton:)* Der Schnellzug aus Danlow wird gleich eintreffen; bitte, sofort das Wartezimmer zu räumen und sich auf den Bahnsteig zu begeben. *(Alle stehen auf und drücken sich hastig hinaus. Der Polizeimeister zum Stationsvorsteher:)* Eben sind wichtige chiffrierte Telegramme eingelaufen. Man hat festgestellt, daß Leo Tolstoj auf seiner Flucht vorgestern bei seiner Schwester im Kloster Schamardino eingetroffen ist. Gewisse Anzeichen lassen vermuten, daß er beabsichtigt, von dort weiterzureisen, und jeder Zug von Schamardino nach jeder Richtung wird seit vorgestern von Polizeiagenten begleitet.

Vorsteher: Aber erklärt mir, Väterchen Cyrill Gregorowitsch, weshalb denn eigentlich? Ist doch keiner von den Unruhestiftern, Leo Tolstoj, ist doch unsere Ehre, ein wirklicher Schatz für unser Land, dieser große Mann.

Polizeimeister: Macht aber mehr Unruhe und Gefahr als die ganze Bande von Revolutionären. Übrigens, was kümmert's mich, hab' nur Auftrag, jeden Zug zu überwachen. Nun wollen die in Moskau aber unsere Aufsicht vollkommen unsichtbar. Deshalb bitte ich Sie, Iwan Iwanowitsch, statt meiner, den jeder an der Uniform kennt, auf den Bahnsteig zu gehen. Sofort nach Ankunft des Zuges wird ein Geheimpolizist aussteigen und Ihnen mitteilen, was man auf der Strecke beobachtet hat. Ich gebe die Meldung dann sofort weiter.

Vorsteher: Wird zuverlässig besorgt.

(Von der Einfahrt her das Glockensignal des nahenden Zuges.)

Polizeimeister: Sie begrüßen den Agenten ganz unauffällig wie einen alten Bekannten, nicht wahr? Die Passagiere dürfen die Überwachung nicht merken; kann uns beiden nur von Vorteil sein, wenn wir alles geschickt durchführen, denn jeder Bericht geht nach Petersburg bis an die höchste Stelle: vielleicht fischt da auch unsereiner einmal das Georgskreuz.

(Der Zug fährt rückwärts donnernd ein. Der Stationsvorsteher stürzt sofort durch die Glastür hinaus. Nach einigen Minuten kommen schon die ersten Passagiere, Bauern und Bäuerinnen mit schweren Körben, laut und lärmend durch die Glastür. Einige lassen sich im Wartezimmer nieder, um auszurasten oder Tee zu kochen.)

Vorsteher *(plötzlich durch die Tür. Aufgeregt schreit er die Sitzenden an:)* Sofort den Raum verlassen! Alle! Sofort! ...

Die Leute *(erstaunt und murrend):* Aber warum denn... haben doch bezahlt... warum soll man hier im Warteraum nicht sitzen dürfen... Warten doch nur auf den Personenzug.

Vorsteher *(schreiend):* Sofort, sage ich, sofort alle hinaus! *(Er drängt sie hastig weg, eilt wieder zur Tür, die er weit öffnet.)* Hier, bitte, führen Sie den Herrn Grafen herein!

Tolstoj *(rechts von Duschan, links von seiner Tochter Sascha geführt, tritt mühsam herein. Er hat den Pelz hoch aufgeschlagen, einen Schal um den Hals,* *und doch merkt man, daß der ganze umhüllte Körper friert und zittert. Hinter ihm drängen fünf oder sechs Leute nach.)*

Vorsteher *(zu den Nachdrängenden):* Draußen bleiben!

Stimmen: Aber lassen Sie uns doch... wir wollen ja nur Leo Nikolajewitsch behilflich sein... vielleicht etwas Kognak oder Tee ...

Vorsteher *(ungeheuer erregt):* Niemand darf hier herein! *(Er drängt sie gewaltsam zurück und sperrt die Glastür zum Bahnsteig ab; man sieht aber die ganze Zeit noch neugierige Gesichter hinter der Glastür vorübergehen und hereinspähen. Der Stationsvorsteher hat rasch einen Sessel aufgegriffen und neben den Tisch bereitgestellt.)* Wollen Durchlaucht nicht ein wenig ruhen und sich niedersetzen?

Tolstoj: Nicht Durchlaucht... Gottlob nicht mehr... nie mehr, das ist zu Ende. *(Er sieht sich erregt um, bemerkt die Menschen hinter der Glastür:)* Weg... weg mit diesen Menschen... will allein sein... immer Menschen... einmal allein sein ...

Sascha *(eilt zur Glastür hin und verhängt sie hastig mit den Mänteln).*

Duschan *(inzwischen leise mit dem Vorsteher sprechend):* Wir müssen ihn sofort zu Bett bringen, er hat plötzlich einen Fieberanfall im Zug bekommen, über vierzig Grad, ich glaube, es steht nicht gut um ihn. Ist hier ein Gasthof in der Nähe mit ein paar anständigen Zimmern?

Vorsteher: Nein, gar nichts! In ganz Astapowo gibt es keinen Gasthof.

Duschan: Aber er muß sofort zu Bett. Sie sehen ja, wie er fiebert. Es kann gefährlich werden.

Vorsteher: Ich würde mir's selbstverständlich nur zur Ehre rechnen, mein Zimmer hier nebenan Leo Tolstoj anzubieten... aber verzeihen Sie... es ist so gänzlich ärmlich, so einfach... ein Dienstraum, ebenerdig, eng... wie dürfte ich wagen, Leo Tolstoj darin zu beherbergen ...

Duschan: Das tut nichts, wir müssen ihn zunächst um jeden Preis zu Bett bringen. *(Zu Tolstoj, der frierend am Tisch sitzt, geschüttelt von plötzlichen Frostschauern:)* Der Herr Stationsvorsteher ist so freundlich, uns sein Zimmer

147

anzubieten. Sie müssen jetzt sofort ausruhen, morgen sind Sie dann wieder ganz frisch, und wir können weiterreisen.

Tolstoj: Weiterreisen?... Nein, nein, ich glaube, ich werde nicht mehr reisen... das war meine letzte Reise, und ich bin schon am Ziel.

Duschan *(ermutigend):* Nur keine Sorge wegen der paar Striche Fieber, das hat nichts zu bedeuten. Sie haben sich ein wenig erkältet – morgen fühlen Sie sich wieder ganz wohl.

Tolstoj: Ich fühle mich schon jetzt ganz wohl... ganz, ganz wohl... Nur heute nacht, das war furchtbar, da kam es über mich, sie könnten mir nachsetzen von zu Hause, sie würden mich einholen und zurück in jene Hölle... und da bin ich aufgestanden und habe euch geweckt, so stark riß es mich auf. Den ganzen Weg ließ mich nicht diese Angst, das Fieber, daß mir die Zähne schlugen... Aber jetzt, seit ich hier bin... aber wo bin ich eigentlich?... nie habe ich diesen Ort gesehen... jetzt ist's auf einmal ganz anders... jetzt habe ich gar keine Angst mehr... ich glaube, sie holen mich nicht mehr ein.

Duschan: Gewiß nicht, gewiß nicht. Sie können beruhigt sich zu Bett legen, hier findet Sie niemand.

(Die beiden helfen Tolstoj auf.)

Vorsteher *(ihm entgegentretend):* Ich bitte zu entschuldigen... ich konnte nur ein ganz einfaches Zimmer anbieten... mein einziges Zimmer... Und das Bett ist vielleicht auch nicht gut... nur ein Eisenbett... Aber ich will alles veranlassen, werde sofort telegraphisch ein anderes kommen lassen mit dem nächsten Zug ...

Tolstoj: Nein, nein, nichts anderes... Zu lange, viel zu lange habe ich es besser gehabt als die andern! Je schlechter jetzt, um so besser für mich! Wie sterben denn die Bauern?... und sterben doch auch einen guten Tod ...

Sascha *(ihm weiterhelfend):* Komm, Vater, komm, du wirst müde sein.

Tolstoj *(noch einmal stehenbleibend):* Ich weiß nicht... ich bin müde, du hast recht, in allen Gliedern zieht's hinab, ich bin sehr müde, und doch erwarte ich noch etwas... es ist so, wie wenn man schläfrig ist und kann doch nicht schlafen, weil man an etwas Gutes denkt, das einem bevorsteht, und man will den Gedanken nicht an den Schlaf verlieren... Sonderbar, so war's mir noch nie... vielleicht ist das schon etwas vom Sterben... Jahre und jahrelang, ihr wißt ja, habe ich im-

148

mer Angst gehabt vor dem Sterben, eine Angst, daß ich nicht liegen konnte in meinem Bette, daß ich hätte schreien können wie ein Tier und mich verkriechen. Und jetzt, vielleicht ist er da drinnen im Zimmer, der Tod, und erwartet mich. Und doch, ich gehe ganz ohne Angst ihm entgegen. *(Sascha und Duschan haben ihn bis zur Tür gestützt.)*

Tolstoj *(bei der Tür stehenbleibend und hineinsehend):* Gut ist das hier, sehr gut. Klein, eng, nieder, arm... Mir ist, als hätte ich dies einmal geträumt, so ein fremdes Bett, irgendwo in einem fremden Haus, ein Bett, in dem einer liegt... ein alter, müder Mann... warte, wie hieß er nur, ich habe es doch geschrieben vor ein paar Jahren, wie hieß er doch nur, der alte Mann?... der einmal reich war und dann ganz arm zurückkommt, und niemand kennt ihn, und er kriecht auf das Bett neben den Ofen... Ach, mein Kopf, mein dummer Kopf!... wie hieß er nur, der alte Mann?... er, der reich gewesen ist und hat nur mehr das Hemd auf dem Leibe... und die Frau, die ihn kränkte, ist nicht bei ihm, wie er stirbt... Ja, ja, ich weiß schon, ich weiß, Kornej Wasiljew habe ich ihn damals in meiner Erzählung genannt, den alten Mann. Und in der Nacht, da er stirbt, weckt Gott das Herz auf in seiner Frau, und sie kommt, Marfa, ihn noch einmal zu sehen... Aber sie kommt zu spät, er liegt schon ganz starr auf dem fremden Bett mit geschlossenen Augen, und sie weiß nicht, ob er ihr noch zürnt oder schon vergeben hat. Sie weiß nicht mehr, Sofia Andrejewna ... *(wie aufwachend:)* Nein, Marfa heißt sie doch... ich verwirre mich schon... Ja, ich will mich hinlegen. *(Sascha und der Vorsteher haben ihn weiter geleitet. Tolstoj zum Vorsteher:)* Ich danke dir, fremder Mensch, daß du mir Herberge gibst in deinem Haus, daß du mir gibst, was das Tier hat im Walde... und zu dem mich, Kornej Wasiljew, Gott geschickt hat ... *(plötzlich ganz schreckhaft:)* Aber schließt gut die Türe, laßt mir niemand herein, ich will keine Menschen mehr... nur allein sein mit ihm, tiefer, besser als jemals im Leben ... *(Sascha und Duschan führen ihn in den Schlafraum, der Vorsteher schließt hinter ihnen behutsam die Tür und bleibt benommen stehen.)*

(Heftiges Klopfen von außen an der Glastür. Der Stationsvorsteher sperrt auf, der Polizeimeister tritt hastig herein.)

Polizeimeister: Was hat er Ihnen gesagt? Ich muß sofort alles melden, alles! Will er am Ende hier bleiben, und wie lange?

Vorsteher: Das weiß weder er noch irgendeiner. Das weiß Gott allein.

Polizeimeister: Aber wie konnten Sie Ihm Unterkunft geben in einem staatlichen Gebäude? Ist doch Ihre Dienstwohnung, die dürfen Sie nicht vergeben an einen Fremden.

Stationsvorsteher: Leo Tolstoj ist meinem Herzen kein Fremder. Kein Bruder steht mir näher als er.

Polizeimeister: Aber Ihre Pflicht war, zuvor anzufragen.

Stationsvorsteher: Ich habe mein Gewissen gefragt.

Polizeimeister: Nun, Sie nehmen es auf Ihre Kappe. Ich erstatte sofort die Meldung... Furchtbar, was für eine Verantwortung da plötzlich auf einen fällt! Wenn man wenigstens wüßte, wie man an höchster Stelle zu Leo Tolstoj steht ...

Stationsvorsteher *(sehr ruhig):* Ich glaube, die wahrhaft höchste Stelle hat es immer gut mit Leo Tolstoj gemeint ...

Polizeimeister *(sieht ihn verdutzt an).*

(Duschan und Sascha treten, vorsichtig die Tür zuziehend, aus dem Zimmer.)

Polizeimeister *(entfernt sich schnell).*

Stationsvorsteher: Wie haben Sie den Herrn Grafen verlassen?

Duschan: Er liegt ganz still – nie habe ich so ein Gesicht ruhiger gesehen. Hier kann er endlich einmal finden, was ihm die Menschen nicht gönnen: Frieden. Zum erstenmal ist er allein mit seinem Gott.

Stationsvorsteher: Verzeihen Sie mir, einem einfachen Menschen, aber mir zittert das Herz, ich kann es nicht fassen. Wie konnte Gott so viel Leides auf ihn häufen, daß Leo Tolstoj fliehen mußte aus seinem Haus und hier sterben soll in meinem armen, unwürdigen Bett... Wie können denn Menschen, russische Menschen, eine so heilige Seele verstören, wie vermögen sie ein anderes, denn ihn ehrfürchtig zu lieben ...

Duschan: Gerade die einen großen Mann lieben, stehen oft zwischen ihm und seiner Aufgabe, und vor jenen, die ihm am nächsten stehen, muß er am weitesten fliehen. Es ist schon recht gekommen, wie es kam: Dieser Tod erst erfüllt und heiligt sein Leben.

Stationsvorsteher: Aber doch... mein Herz kann und will es nicht fassen, daß dieser Mensch, dieser Schatz unserer russischen Erde, hatte leiden müssen an uns Menschen, und man selbst lebte indes sorglos seine Stunden dahin... Da muß man sich doch seines eigenen Atems schämen ...

Duschan: Beklagen Sie ihn nicht, Sie lieber, guter Mann: ein mattes und niederes Schicksal wäre seiner Größe nicht gemäß gewesen. Hätte er nicht an uns Menschen gelitten, nie wäre Leo Tolstoj geworden, der er heute der Menschheit ist.

Der Kampf um den Südpol

Kapitän Scott, 90. Breitengrad, 16. Januar 1912

Der Kampf um die Erde

Das zwanzigste Jahrhundert blickt nieder auf geheimnislose Welt. Alle Länder sind erforscht, die fernsten Meere zerpflügt. Landschaften, die vor einem Menschenalter noch selig frei im Namenlosen dämmerten, dienen schon knechtisch Europas Bedarf, bis zu den Quellen des Nils, den langgesuchten, streben die Dampfer; die Viktoriafälle, erst vor einem halben Jahrhundert vom ersten Europäer erschaut, mahlen gehorsam elektrische Kraft, die letzte Wildnis, die Wälder des Amazonenstromes, ist gelichtet, der Gürtel des einzig jungfräulichen Landes, Tibets, gesprengt. Das Wort „Terra incognita" der alten Landkarten und Weltkugeln ist von wissenden Händen überzeichnet, der Mensch des zwanzigsten Jahrhunderts kennt seinen Lebensstern. Schon sucht sich der forschende Wille neuen Weg, hinab zur phantastischen Fauna der Tiefsee muß er steigen oder empor in die unendliche Luft. Denn unbetretene Bahn ist nur noch im Himmel zu finden, und schon schießen im Wettlauf die stählernen Schwalben der Aeroplane empor, neue Höhen und neue Fernen zu erreichen, seit die Erde der irdischen Neugier brach ward und geheimnislos.

Aber ein letztes Rätsel hat ihre Scham noch vor dem Menschenblick bis in unser Jahrhundert geborgen, zwei winzige Stellen ihres zerfleischten und gemarterten Körpers gerettet vor der Gier ihrer eigenen Geschöpfe. Südpol und Nordpol, das Rückgrat ihres Leibes, diese beiden fast wesenlosen, unsinnlichen Punkte, um die ihre Achse seit Jahrtausenden schwingt, sie hat die Erde sich rein gehütet und unentweiht. Barren von Eis hat sie vor dieses letzte Geheimnis ge-

151

schoben, einen ewigen Winter als Wächter den Gierigen entgegengestellt. Frost und Sturm halten herrisch den Zugang ummauert, Grauen und Gefahr scheuchen mit Todesdrohung den Kühnen. Flüchtig nur darf selbst die Sonne diese verschlossene Sphäre schauen, und niemals ein Menschenblick.

Seit Jahrzehnten folgen einander die Expeditionen. Keine erreicht das Ziel. Irgendwo, erst jetzt entdeckt, ruht im gläsernen Sarge des Eises, dreiunddreißig Jahre, die Leiche des kühnsten der Kühnen, Andrees, der im Ballon den Pol überfliegen wollte und niemals wiederkam. Jeder Ansturm zerschellte an den blanken Wällen des Frostes. Seit Jahrtausenden bis in unsern Tag verhüllt hier die Erde ihr Antlitz, zum letztenmal siegreich gegen die Leidenschaft ihrer Geschöpfe. Jungfräulich und rein trotzt ihre Scham der Neugier der Welt.

Aber das junge zwanzigste Jahrhundert reckt ungeduldig seine Hände. Es hat neue Waffen geschmiedet in Laboratorien, neue Panzer gefunden gegen die Gefahr, und alle Widerstände mehren nur seine Gier. Es will alle Wahrheit wissen, sein erstes Jahrzehnt schon will erobern, was alle Jahrtausende vor ihm nicht zu erreichen vermochten. Dem Mut des einzelnen gesellt sich die Rivalität der Nationen. Nicht um den Pol allein kämpfen sie mehr, auch um die Flagge, die zuerst über dem Neuland wehen soll: ein Kreuzzug der Rassen und Völker hebt an um die durch Sehnsucht geheiligte Stätte. Von allen Erdteilen erneut sich der Ansturm. Ungeduldig harrt schon die Menschheit, sie weiß, es gilt das letzte Geheimnis unseres Lebensraumes. Von Amerika rüsten Peary und Cook gegen den Nordpol, nach Süden steuern zwei Schiffe: das eine befehligt der Norweger Amundsen, das andere ein Engländer, der Kapitän Scott.

Scott

Scott: irgendein Kapitän der englischen Marine. Irgendeiner. Seine Biographie identisch mit der Rangliste. Er hat gedient zur Zufriedenheit seiner Vorgesetzten, hat später an Shackletons Expedition teilgenommen. Keine sonderliche Conduite deutet den Helden an, den Heros. Sein Gesicht, rückgespiegelt von der Photographie, das von tausend Engländern, von zehntausend, kalt, energisch, ohne Muskelspiel, gleichsam hartgefroren von verinnerlichter Energie. Stahlgrau die Augen, starr geschlossen der Mund. Nirgends eine romantische Linie, nirgends ein Glanz von Heiterkeit in diesem Antlitz aus Willen und praktischem Weltsinn. Seine Schrift: irgendeine englische Schrift, ohne Schatten und Schnörkel, rasch und sicher. Sein Stil: klar und korrekt, packend in den Tatsäch-

152

lichkeiten und doch phantasielos wie ein Rapport. Scott schreibt Englisch wie Tacitus Latein, gleichsam in unbehauenen Quadern. Man spürt einen völlig traumlosen Menschen, einen Fanatiker der Sachlichkeit, einen echten Menschen also der englischen Rasse, bei der selbst Genialität sich in die kristallene Form der gesteigerten Pflichterfüllung preßt. Dieser Scott war schon hundertmal in der englischen Geschichte, er hat Indien erobert und namenlose Inseln im Archipel, er hat Afrika kolonisiert und die Schlachten gegen die Welt geschlagen, immer mit der gleichen ehernen Energie, dem gleichen kollektiven Bewußtsein und dem gleichen kalten, verhaltenen Gesicht.

Stahlhart aber dieser Wille; das spürt man schon vor der Tat. Scott will vollenden, was Shackleton begonnen. Er rüstet eine Expedition, aber die Mittel reichen nicht aus. Das hindert ihn nicht. Er opfert sein Vermögen und macht Schulden in der Sicherheit des Gelingens. Seine junge Frau schenkt ihm einen Sohn – er zögert nicht, ein anderer Hektor, Andromache zu verlassen. Freunde und Gefährten sind bald gefunden, nichts Irdisches kann den Willen mehr beugen. „Terra Nova" heißt das seltsame Schiff, das sie bis an den Rand des Eismeeres bringen soll. Seltsam, weil so zwiefach in, seiner Ausrüstung, halb Arche Noah, voll lebenden Getiers, und dann wieder modernes Laboratorium mit tausend Instrumenten und Büchern. Denn alles muß mitgebracht werden, was der Mensch für die Notdurft des Körpers und Geistes bedarf, in diese leere, unbewohnte Welt, sonderbar gattet sich hier das primitive Wehrzeug des Urmenschen, Felle und Pelze, lebendiges Getier, dem letzten Raffinement des neuzeitlich komplizierten Rüstzeuges. Und phantastisch wie dies Schiff auch das Doppelantlitz der ganzen Unternehmung: ein Abenteuer, aber doch eins, das kalkuliert ist wie ein Geschäft, eine Verwegenheit mit allen Künsten der Vorsicht – eine Unendlichkeit von genauer, einzelner Berechnung gegen die noch stärkere Unendlichkeit des Zufalls.

Am ersten Juni 1910 verlassen sie England. In diesen Tagen leuchtet das angelsächsische Inselreich. Saftig und grün blühen die Wiesen, warm liegt und glänzend die Sonne über der nebellosen Welt. Erschüttert fühlen sie die Küste fortschwinden, wissen sie doch alle, alle, daß sie Wärme und Sonne Abschied sagen auf Jahre, manche vielleicht für immer. Aber dem Schiff zu Haupte weht die englische Flagge, und sie trösten sich in dem Gedanken, daß ein Weltzeichen mitwandert zum einzig noch herrenlosen Strich der eroberten Erde.

Universitas antarctica

Im Januar landen sie nach kurzer Rast in Neuseeland bei Kap Evans, am Rande des ewigen Eises, und rüsten ein Haus zum Überwintern. Dezember und Januar heißen dort die Sommermonate, weil einzig im Jahre dort die Sonne ein paar Stunden des Tages auf dem weißen, metallenen Himmel glänzt. Aus Holz sind die Wände gezimmert, ganz wie bei den früheren Expeditionen, aber innen spürt man den Fortschritt der Zeit. Während ihre Vorgänger damals noch mit stinkenden, schwelenden Tranlampen im Halbdunkel saßen, müde ihres eigenen Gesichts, ermattet von der Eintönigkeit der sonnenlosen Tage, haben diese Menschen des zwanzigsten Jahrhunderts die ganze Welt, die ganze Wissenschaft in Abbreviatur zwischen ihren vier Wänden. Eine Azetylenlampe spendet weißwarmes Licht, Kinematographen zaubern ihnen Bilder der Ferne, Projektionen tropischer Szenen aus linderen Landschaften vor, eine Pianola vermittelt Musik, das Grammophon die menschliche Stimme, die Bibliothek das Wissen ihrer Zeit. In einem Raum hämmert die Schreibmaschine, der zweite dient als Dunkelkammer, in der kinematographische und farbige Aufnahmen entwickelt werden. Der Geologe prüft das Gestein auf seine Radioaktivität, der Zoologe entdeckt neue Parasiten bei den gefangenen Pinguinen, meteorologische Observationen wechseln mit physikalischen Experimenten; jedem einzelnen ist Arbeit zugeteilt für die Monate der Dunkelheit, und ein kluges System verwandelt die isolierte Forschung in gemeinsame Belehrung. Denn diese dreißig Menschen halten sich allabendlich Vorträge, Universitätskurse in Packeis und arktischem Frost, jeder sucht seine Wissenschaft dem andern zu vermitteln, und im regen Austausch des Gesprächs rundet sich ihnen die Anschauung der Welt. Die Spezialisierung der Forschung gibt hier ihren Hochmut auf und sucht Verständigung in der Gemeinsamkeit. Inmitten einer elementaren Urwelt, ganz einsam im Zeitlosen tauschen da dreißig Menschen die letzten Resultate des zwanzigsten Jahrhunderts miteinander, und hier innen spürt man nicht nur die Stunde, sondern die Sekunde der Weltuhr. Es ist rührend zu lesen, wie diese ernsten Menschen dazwischen sich freuen können an ihrer Christbaumfeier, an den kleinen Späßen der „South Polar Times", der Scherzzeitung, die sie herausgeben, wie das Kleine – ein Wal, der auftaucht, ein Pony, das stürzt – zum Erlebnis wird und anderseits das Ungeheure – das glühende Nordlicht, der entsetzliche Frost, die gigantische Einsamkeit – zum Alltäglichen und Gewohnten.

Dazwischen wagen sie kleine Vorstöße. Sie proben ihre Automobilschlitten, sie lernen Skilaufen und dressieren die Hunde. Sie rüsten ein Depot für die gro-

154

ße Reise, aber langsam, ganz langsam blättert nur der Kalender ab bis zum Sommer (dem Dezember), der ihnen das Schiff durch das Packeis bringt mit Briefen von zu Hause. Kleine Gruppen wagen auch jetzt schon, inmitten des grimmigsten Winters, abhärtende Tagesreisen, die Zelte werden erprobt, die Erfahrung befestigt. Nicht alles gelingt, aber gerade die Schwierigkeiten geben ihnen neuen Mut. Wenn sie zurückkommen von ihren Expeditionen, erfroren und abgemüdet, so empfängt sie Jubel und warmer Herdglanz, und dies kleine, behagliche Haus am 77. Breitengrad scheint ihnen nach den Tagen der Entbehrung der seligste Aufenthalt der Welt.

Aber einmal kehrt eine Expedition von Westen zurück, und ihre Botschaft wirft Stille ins Haus. Sie haben auf ihrer Wanderung Amundsens Winterquartier entdeckt: mit einem Male weiß nun Scott, daß außer dem Frost und der Gefahr noch ein anderer ihm den Ruhm streitig macht, als erster das Geheimnis der störrischen Erde entrafft zu haben: Amundsen, der Norweger. Er mißt nach auf den Karten. Und man spürt sein Entsetzen aus den Zeilen nachschwingen, als er gewahr wird, daß Amundsens Winterquartier um hundertzehn Kilometer näher zum Pole postiert ist als das seine. Er erschrickt, aber ohne darum zu verzagen, „Auf, zur Ehre meines Landes!" schreibt er stolz in sein Tagebuch.

Ein einziges Mal taucht dieser Name Amundsen in seinen Tagebuchblättern auf. Und dann nicht mehr. Aber man spürt: seit jenem Tage liegt ein Schatten von Angst über dem einsam umfrorenen Haus. Und es gibt fortan keine Stunde mehr, wo dieser Name nicht seinen Schlaf verängstigt und sein Wachen.

Aufbruch zum Pol

Eine Meile von der Hütte, auf dem Beobachtungshügel, löst sich ständig eine Wache ab. Ein Apparat ist dort aufgerichtet, einsam auf steiler Erhebung, einer Kanone ähnlich gegen unsichtbaren Feind: ein Apparat, um die ersten Wärmeerscheinungen der nahenden Sonne zu messen. Tagelang harren sie auf ihr Erscheinen. Über den morgendlichen Himmel zaubern Reflexe schon glühende Farbenwunder hin, aber noch schwingt sich die runde Scheibe nicht bis zum Horizont empor. Doch dieser Himmel schon, erfüllt mit dem magischen Licht ihrer Nähe, dieser Vorspiegel von Widerschein, befeuert die Ungeduldigen. Endlich klingelt das Telephon von der Hügelspitze herüber zu den Beglückten: die Sonne ist erschienen, zum erstenmal seit Monaten hat sie für eine Stunde ihr Haupt erhoben in die winterliche Nacht. Ganz schwach ist ihr Schimmer, ganz bläßlich, kaum vermag er die eisige Luft zu beleben, kaum rühren ihre schwingenden Wellen in dem Apparat regere Zeichen an, doch der bloße Anblick löst schon Beglückung aus. Fieberhaft wird die Expedition gerüstet, um restlos die kurze Spanne Licht, die Frühling, Sommer und Herbst in einem bedeutet und für unsere lauen Lebensbegriffe noch immer ein grausamer Winter wäre, zu nützen. Voran sausen die Automobilschlitten. Hinter ihnen die Schlitten mit den sibirischen Ponys und Hunden. In einzelne Etappen ist der Weg vorsorglich aufgeteilt, alle zwei Tagereisen wird ein Depot errichtet, um für die Rückkehrenden neue Bekleidung, Nahrung und das Wichtigste, Petroleum, zu bewahren, kondensierte Wärme im unendlichen Frost. Gemeinsam rückt die ganze Schar aus, um in einzelnen Gruppen allmählich zurückzukehren und so der letzten kleinen Gruppe, den erwählten Eroberern des Pols, das Maximum an Befrachtung, die frischesten Zugtiere und die besten Schlitten zu hinterlassen.

Meisterhaft ist der Plan ausgedacht, selbst das Mißgeschick im einzelnen vorausgesehen. Und das bleibt nicht aus. Nach zwei Tagereisen brechen die Motorschlitten nieder und bleiben liegen, ein unnützer Ballast. Auch die Ponys halten nicht so gut, als man erwarten konnte, aber hier triumphiert das organische über das technische Werkzeug, denn die Niedergebrochenen, die unterwegs erschossen werden müssen, geben den Hunden willkommene heiße, blutkräftige Nahrung und stärken ihre Energie.

Am ersten November 1911 brechen sie auf in einzelnen Trupps. Auf den Bildern sieht man die wundersame Karawane dieser erst dreißig, dann zwanzig, dann zehn und schließlich nur mehr fünf Menschen durch die weiße Wüste einer leblosen Urwelt wandern. Vorn immer ein Mann, eingemummt in Pelze und Tücher, ein wildbarbarisches Wesen, dem nur der Bart und die Augen frei aus der Umhüllung lugen. Die bepelzte Hand hält am Halfter ein Pony, das seinen schwerbeladenen Schlitten schleppt, und hinter ihm wieder ein anderer, in gleicher Kleidung und gleicher Haltung und hinter ihm wieder einer, zwanzig schwarze Punkte in wandelnder Linie in einem unendlichen, blendenden Weiß. Nachts wühlen sie sich in Zelte ein, Schneewälle werden gegraben in der Richtung des Windes, um die Ponys zu schützen, und morgens beginnt wieder der Marsch, eintönig und trostlos, durch die eisige Luft, die seit Jahrtausenden zum erstenmal menschlicher Atem trinkt.

Aber die Sorgen mehren sich. Das Wetter bleibt unfreundlich, statt vierzig Kilometer können sie manchmal nur dreißig zurücklegen, und jeder Tag wird ihnen zur Kostbarkeit, seit sie wissen, daß unsichtbar in dieser Einsamkeit von einer anderen Seite ein anderer gegen das gleiche Ziel vorrückt. Jede Kleinigkeit schwillt hier zur Gefahr. Ein Hund ist entlaufen, ein Pony will nicht fressen – all

156

dies ist beängstigend, weil hier in der Öde die Werte so furchtbar sich verwandeln. Hier wird jedes Lebensding tausendwertig, ja unersetzlich sogar. An den vier Hufen eines einzelnen Ponys hängt vielleicht die Unsterblichkeit, ein verwölkter Himmel mit Sturm kann eine Tat für die Ewigkeit verhindern. Dabei beginnt der Gesundheitszustand der Mannschaft zu leiden, einige sind schneeblind geworden, anderen sind Gliedmaßen erfroren, immer matter werden die Ponys, denen man die Nahrung kürzen muß, und schließlich, knapp vor dem Beardmoregletscher, brechen sie zusammen. Die traurige Pflicht muß erfüllt werden, diese wackeren Tiere, die hier in der Einsamkeit und darum Gemeinsamkeit zweier Jahre zu Freunden geworden sind, die jeder beim Namen kennt und hundertmal mit Zärtlichkeiten überhäufte, zu töten. Das „Schlachthauslager" nennen sie den traurigen Ort. Ein Teil der Expedition spaltet sich an der blutigen Stätte ab und kehrt zurück, die andern rüsten nun zur letzten Anstrengung, zum grausamen Weg über den Gletscher, den gefährlichen Eiswall, mit dem sich der Pol umgürtet und den nur die Glut eines leidenschaftlichen Menschenwillens zersprengen kann.

Immer geringer werden ihre Marschleistungen, denn der Schnee körnt sich hier krustig, nicht ziehen müssen sie mehr den Schlitten, sondern schleppen. Das harte Eis schneidet die Kufen, die Füße reiben sich wund im Wandern durch den lockeren Eissand. Aber sie geben nicht nach. Am 30. Dezember ist der siebenundachtzigste Breitengrad erreicht, Shackletons äußerster Punkt. Hier muß die letzte Abteilung umkehren: nur fünf Erlesene dürfen mit bis zum Pol. Scott mustert die Leute aus. Sie wagen nicht zu widerstreben, aber das Herz wird ihnen schwer, so griffnah vom Ziel umkehren zu müssen und den Gefährten den Ruhm zu lassen, als erste den Pol gesehen zu haben. Doch der Würfel der Wahl ist gefallen. Einmal noch schütteln sie einander die Hände, mit männlicher Anstrengung bemüht, ihre Rührung zu verbergen, dann löst sich die Gruppe. Zwei kleine, winzige Züge ziehen sie, die einen nach Süden zum Unbekannten, die anderen nach Norden, in die Heimat zurück. Immer wieder wenden sie von hüben und drüben den Blick, um noch die letzte Gegenwart eines Befreundet-Belebten zu spüren. Bald entschwindet die letzte Gestalt. Einsam ziehen sie weiter ins Unbekannte, die fünf Auserwählten der Tat: Scott, Bowers, Oates, Wilson und Evans.

Der Südpol

Unruhiger werden die Aufzeichnungen in diesen letzten Tagen, wie die blaue Nadel des Kompasses beginnen sie zu zittern in der Nähe des Pols. „Wie endlos lang dauert das, bis die Schatten langsam um uns herumkriechen, von unserer rechten Seite nach vorn rücken und dann von vorn wieder nach links hinüberschleichen!" Aber zwischendurch funkelt immer heller die Hoffnung. Immer leidenschaftlicher verzeichnet Scott die bewältigten Distanzen: „Nur noch 150 Kilometer zum Pol, wenn das so weitergeht, halten wir's nicht aus", so meldet noch die Müdigkeit. Und zwei Tage später: „Noch 137 Kilometer zum Pol, aber sie werden uns bitter schwer werden." Aber dann plötzlich ein neuer, sieghafterer Ton: „Nur noch 94 Kilometer vom Pol! Wenn wir nicht hingelangen, so kommen wir doch verteufelt nahe." Am 14. Januar wird die Hoffnung zur Sicherheit: „Nur noch 70 Kilometer, das Ziel liegt vor uns!" Und am nächsten Tage lodert schon heller Jubel, fast Heiterkeit aus den Aufzeichnungen: „Nur noch lumpige 50 Kilometer, wir müssen hinkommen, koste es, was es wolle!" Man spürt bis ins Herz aus den beflügelten Zeilen, wie straff ihre Sehnen von der Hoffnung gespannt sind, wie alles in ihren Nerven bebt von Erwartung und Ungeduld. Die Beute ist nahe; schon recken sie die Hände nach dem letzten Geheimnis der Erde. Nur noch ein letzter Ruck, und das Ziel ist erreicht.

Der sechzehnte Januar

„Gehobene Stimmung" verzeichnet das Tagebuch. Morgens sind sie ausgerückt, früher als sonst, die Ungeduld hat sie aus ihren Schlafsäcken gerissen, eher das Geheimnis, das furchtbar schöne, zu schauen. 14 Kilometer legen die fünf Unentwegten bis nachmittags zurück, heiter marschieren sie durch die seelenlose, weiße Wüste dahin: nun ist das Ziel nicht mehr zu verfehlen, die entscheidende Tat für die Menschheit fast getan. Plötzlich wird einer der Gefährten, Bowers, unruhig. Sein Auge brennt sich fest an einen kleinen, dunklen Punkt in dem ungeheuren Schneefeld. Er wagt seine Vermutung nicht auszusprechen, aber allen zittert nun der gleiche furchtbare Gedanke im Herzen, daß Menschenhand hier ein Wegzeichen aufgerichtet haben könnte. Künstlich versuchen sie sich zu beruhigen. Sie sagen sich – so wie Robinson die fremde Fußspur auf der Insel vergebens erst als die eigene erkennen will –, dies müsse ein Eisspalt sein oder vielleicht eine Spiegelung. Mit zuckenden Nerven marschieren sie näher, noch immer versuchen sie sich gegenseitig zu täuschen, sosehr sie alle schon die Wahrheit wissen: daß die Norweger, daß Amundsen ihnen zuvorgekommen ist.

Bald zerbricht der letzte Zweifel an der starren Tatsache einer schwarzen Fahne, die an einem Schlittenständer hoch aufgerichtet ist, über den Spuren eines fremden, verlassenen Lagerplatzes – Schlittenkufen und die Abdrücke vieler

Hundepfoten: Amundsen hat hier gelagert. Das Ungeheure, das Unfaßbare in der Menschheit ist geschehen: der Pol der Erde, seit Jahrtausenden unbeseelt, seit Jahrtausenden, und vielleicht seit allem Anbeginn ungeschaut vom irdischen Blick, ist in einem Molekül Zeit, ist innerhalb von fünfzehn Tagen zweimal entdeckt worden. Und sie sind die zweiten – um einen einzigen Monat von Millionen Monaten zu spät –, die zweiten in einer Menschheit, für die der erste alles ist und der zweite nichts. Vergebens also alle Anstrengung, lächerlich die Entbehrungen, irrsinnig die Hoffnungen von Wochen, von Monaten, von Jahren. „All die Mühsal, all die Entbehrung, all die Qual – wofür?" schreibt Scott in sein Tagebuch. „Für nichts als Träume, die jetzt zu Ende sind." Tränen treten ihnen in die Augen, trotz ihrer Übermüdung können sie die Nacht nicht schlafen. Mißmutig, hoffnungslos, wie Verurteilte treten sie den letzten Marsch zum Pol an, den sie jubelnd zu erstürmen gedachten. Keiner versucht den andern zu trösten, wortlos schleppen sie sich weiter. Am 18. Januar erreicht Kapitän Scott mit seinen vier Gefährten den Pol. Da die Tat, der erste gewesen zu sein, ihm nicht mehr den Blick blendet, sieht er nur mit stumpfen Augen das Traurige der Landschaft. „Nichts ist hier zu sehen, nichts, was sich von der schauerlichen Eintönigkeit der letzten Tage unterschiede" – das ist die ganze Beschreibung, die Robert F. Scott vom Südpol gibt. Das einzig Seltsame, das sie dort entdecken, ist nicht von Natur gestaltet, sondern von feindlicher Menschenhand: Amundsens Zelt mit der norwegischen Flagge, die frech und siegesfroh auf dem erstürmten Walle der Menschheit flattert. Ein Brief des Konquistadors wartet hier auf jenen unbekannten zweiten, der nach ihm diese Stelle betreten würde, und bittet, das Schreiben an König Hakon von Norwegen zu befördern. Scott nimmt es auf sich, diese härteste Pflicht treulich zu erfüllen: Zeuge zu sein vor der Welt für eine fremde Tat, die er als eigene glühend erstrebt.

Traurig stecken sie die englische Flagge, den „zu spät gekommenen Union Jack", neben Amundsens Siegeszeichen. Dann verlassen sie den „treulosen Ort ihres Ehrgeizes", kalt fährt der Wind ihnen nach. Mit prophetischem Argwohn schreibt Scott in sein Tagebuch: „Mir graut vor dem Rückweg."

Der Zusammenbruch

Der Heimmarsch verzehnfacht die Gefahren. Am Wege zum Pol wies sie der Kompaß. Nun müssen sie achten, bei der Rückkehr außerdem noch die eigene Spur nicht zu verlieren, wochenlang nicht ein einziges Mal zu verlieren, um nicht von den Depots abzukommen, wo ihre Nahrung liegt, ihre Kleidung und die aufgestaute Wärme in den paar Gallonen Petroleum. Unruhe überkommt sie darum bei jedem Schritt, wenn Schneetreiben ihnen den Blick verklebt, denn jede Abirrung geht geradeaus in den sicheren Tod. Dabei fehlt schon ihren Körpern die unabgenützte Frische des ersten Marsches, da sie noch geheizt waren von den chemischen Energien reichlicher Nahrung, vom warmen Quartier ihrer antarktischen Heimat. Und dann: die Stahlfeder des Willens ist gelockert in ihrer Brust. Beim Hinmarsche straffte die überirdische Hoffnung, einer ganzen Menschheit Neugier und Sehnsucht zu verkörpern, ihre Energien heroisch zusammen, Übermenschliches an Kraft ward ihnen durch das Bewußtsein unsterblicher Tat. Nun kämpfen sie um nichts als die heile Haut, um ihre körperliche, ihre sterbliche Existenz, um eine ruhmlose Heimkehr, die ihr innerster Wille vielleicht mehr fürchtet als ersehnt.

Furchtbar sind die Notizen aus jenen Tagen zu lesen. Das Wetter wird ständig unfreundlicher, früher als sonst hat der Winter eingesetzt, und der weiche Schnee krustet sich dick unter ihren Schuhen zur Fußangel, darin sich ihre Schritte verfangen, und der Frost zermürbt die ermüdeten Körper. Immer ist's ein kleiner Jubel darum, wenn sie wieder ein Depot erreichen nach tagelangem Irren und Zagen, immer flackert dann wieder eine flüchtige Flamme von Vertrauen in ihren Worten auf. Und nichts bezeugt grandioser den geistigen Heroismus dieser paar Menschen in der ungeheuren Einsamkeit, als daß Wilson, der Forscher, selbst hier, haarbreit vom Tod, seine wissenschaftlichen Beobachtungen fortsetzt und auf seinem eigenen Schlitten zu all der notwendigen Last noch sechzehn Kilogramm seltner Gesteinsarten mitschleppt.

Aber allmählich unterliegt der menschliche Mut der Übermacht der Natur, die hier unerbittlich und mit durch Jahrtausende gestählter Kraft gegen die fünf Verwegenen alle Mächte des Unterganges, Kälte, Frost, Schnee und Wind, heraufbeschwört. Längst sind die Füße zerschunden, und der Körper, ungenügend geheizt von der einmaligen warmen Mahlzeit, geschwächt durch die verminderten Rationen, beginnt zu versagen. Mit Schrecken erkennen die Gefährten eines Tages, daß Evans, der Kräftigste unter ihnen, plötzlich phantastische Dinge unternimmt. Er bleibt am Wege zurück, klagt unaufhörlich über wirkliche und eingebildete Leiden; schaudernd entnehmen sie seinem seltsamen Gerede, daß der Unglückselige infolge eines Sturzes oder der entsetzlichen Qualen wahnsinnig geworden ist. Was mit ihm beginnen? Ihn verlassen in der Eiswüste? Aber anderseits müssen sie das Depot ohne Verzögerung erreichen, sonst – Scott selbst zögert noch, das Wort hinzuschreiben. Um 1 Uhr nachts, am 17. Februar, stirbt der unglückliche Offizier, knapp einen Tagesmarsch vor jenem „Schlacht-

hauslager", wo sie zum erstenmal wieder reichlichere Mahlzeit von dem vormo-
natigen Massaker ihrer Ponys vorfinden.

Zu viert nun nehmen sie den Marsch auf, aber Verhängnis! Das nächste Depot
bringt neue herbe Enttäuschung. Es enthält zu wenig Öl, und das heißt: sie
müssen mit dem Notwendigsten, mit Brennmaterial haushalten, müssen mit
Wärme sparen, der einzigen wehrhaften Waffe gegen den Frost. Eiskalte, stur-
mumrüttelte Nacht und mutloses Erwachen, kaum haben sie die Kraft mehr,
sich die Filzschuhe über die Füße zu stülpen. Aber sie schleppen sich weiter, der
eine von ihnen, Oates, schon auf abfrierenden Zehen. Der Wind weht schärfer
als je, und im nächsten Depot, am 2. März, wiederholt sich die grausame Enttäuschung: wiederum ist zu wenig Brennmaterial vorhanden.

Nun fährt die Angst bis in die Worte hinein. Man spürt, wie Scott sich bemüht, das Grauen zu verhalten, aber immer wieder stößt schrill ein Schrei der
Verzweiflung nach dem andern seine künstliche Ruhe durch. „So darf es nicht
weitergehn", oder „Gott steh uns bei! Diesen Anstrengungen sind wir nicht mehr
gewachsen" oder „Unser Spiel geht tragisch aus", und schließlich die grauenhafte
Erkenntnis: „Käme uns doch die Vorsehung zu Hilfe! Von Menschen haben wir
jetzt keine mehr zu erwarten." Aber sie schleppen sich weiter und weiter, ohne
Hoffnung, mit verbissenen Zähnen. Oates kann immer schlechter mitwandern,
er ist für seine Freunde immer mehr Last als Hilfe. Sie müssen bei einer Mittags-
temperatur von 42 Grad den Marsch verzögern, und der Unglückselige spürt
und weiß, daß er seinen Freunden Verhängnis bringt. Schon bereiten sie sich auf
das Letzte vor. Sie lassen sich von Wilson, dem Forscher, jeder zehn Morphium-
tabletten aushändigen, um gegebenenfalls ihr Ende zu beschleunigen. Noch einen Tagemarsch versuchen sie es mit dem Kranken. Dann verlangt der Unglückliche selbst, sie mögen ihn in seinem Schlafsack zurücklassen und ihr Schicksal
von dem seinen trennen, Sie weisen den Vorschlag energisch zurück, wiewohl
sie alle darüber klar sind; daß er für sie nur Erleichterung bedeuten würde. Ein
paar Kilometer taumelt der Kranke auf seinen erfrorenen Beinen noch mit bis
zum Nachtquartier. Er schläft mit ihnen bis zum nächsten Morgen. Sie blicken
hinaus: draußen tobt ein Orkan.

Plötzlich erhebt sich Oates: „Ich will ein wenig hinausgehen", sagt er zu den
Freunden. „Ich bleibe vielleicht eine Weile draußen." Die andern zittern. Jeder
weiß, was dieser Rundgang bedeutet. Aber keiner wagt ein Wort, um ihn zurückzuhalten. Keiner wagt, ihm die Hand zum Abschied zu bieten, denn sie

fühlen alle mit Ehrfurcht, daß der Rittmeister Lawrence J. E. Oates von den In-
niskillingdragonern wie ein Held dem Tode entgegengeht.

Drei müde geschwächte Menschen schleppen sich durch die endlose, eisig-ei-
serne Wüste, müde schon, hoffnungslos, nur der dumpfe Instinkt der Selbster-
haltung spannt noch die Sehnen zu wankendem Gang. Immer furchtbarer wird
das Wetter, bei jedem Depot höhnt sie neue Enttäuschung, immer zu wenig Öl,
zu wenig Wärme. Am 21. März sind sie nur noch zwanzig Kilometer von einem
Depot entfernt, aber der Wind weht mit so mörderischer Kraft, daß sie ihr Zelt
nicht verlassen dürfen. Jeden Abend hoffen sie auf den nächsten Morgen, um
das Ziel zu erreichen, indes schwindet der Proviant und die letzte Hoffnung mit
ihm. Der Brennstoff ist ihnen ausgegangen, und das Thermometer zeigt vierzig
Grad unter Null. Jede Hoffnung erlischt: sie haben jetzt nur noch die Wahl zwischen Tod durch Hunger oder Frost. Acht Tage kämpfen diese drei Menschen in
einem kleinen Zelt inmitten der weißen Urwelt gegen das unabwendbare Ende.
Am 29. März wissen sie, daß kein Wunder mehr sie retten kann. So beschließen
sie, keinen Schritt dem Verhängnis entgegenzugehen und den Tod stolz wie alles
andere Unglück zu erdulden. Sie kriechen in ihre Schlafsäcke, und von ihren
letzten Leiden ist nie ein Seufzer in die Welt gedrungen.

Die Briefe des Sterbenden

In diesen Augenblicken, einsam gegenüber dem unsichtbaren und doch atem-
nahen Tod, während außen der Orkan an die dünnen Zeltwände wie ein Rasen-
der anrennt, besinnt sich Kapitän Scott aller Gemeinsamkeit, der er verbunden
ist. Allein im eisigsten Schweigen, das noch nie die Stimme eines Menschen
durchatmet, wird ihm die Brüderschaft zu seiner Nation, zur ganzen Menschheit heroisch bewußt. Eine innere Fata Morgana des Geistes beschwört in diese
weiße Wüste die Bilder all jener, die ihm durch Liebe, Treue und Freundschaft
jemals verbunden waren, und er richtet das Wort an sie. Mit erstarrenden Fingern schreibt Kapitän Scott, schreibt Briefe aus der Stunde seines Todes an alle
Lebendigen, die er liebt.

Wundervoll sind diese Briefe. Alles Kleinliche ist ihnen von der gewaltigen
Nähe des Todes abgetan, die kristallene Luft dieses unbelebten Himmels scheint
in sie eingedrungen. An Menschen sind sie gerichtet und sprechen doch zur
ganzen Menschheit. An eine Zeit sind sie geschrieben und sprechen für die
Ewigkeit.

Er schreibt an seine Frau. Er mahnt sie, das höchste Vermächtnis, seinen Sohn, zu hüten, er legt ihr nahe, ihn vor allem vor Schlappheit zu bewahren, und bekennt von sich selbst, am Ende einer der erhabensten Leistungen der Weltgeschichte: „Ich mußte mich, wie Du weißt, zwingen, strebsam zu werden – ich hatte immer Neigung zur Trägheit." Eine Handbreit vor dem Untergang rühmt er noch, statt zu bedauern, den eigenen Entschluß „Was könnte ich Dir alles von dieser Reise erzählen. Und wieviel besser war sie doch, als daheim zu sitzen in zu großer Bequemlichkeit!"

Und er schreibt in treuester Kameradschaft an die Frau und die Mutter seiner Leidensgefährten, die mit ihm den Tod erlitten haben, um Zeugnis abzulegen für ihr Heldentum. Er tröstet, selbst ein Sterbender, die Hinterbliebenen der andern mit seinem starken und schon übermenschlichen Gefühl für die Größe des Augenblicks und das Denkwürdige dieses Unterganges.

Und er schreibt an die Freunde. Bescheiden für sich selbst, aber voll herrlichen Stolzes für die ganze Nation, als deren Sohn und würdigen Sohn er sich in dieser Stunde begeistert fühlt: „Ich weiß nicht, ob ich ein großer Entdecker gewesen bin", bekennt er, „aber unser Ende wird ein Zeugnis sein, daß der Geist der Tapferkeit und die Kraft zum Erdulden aus unserer Rasse noch nicht entschwunden sind." Und was menschliche Starre, seelische Keuschheit ihm ein Leben lang zu sagen wehrte, dies Bekenntnis der Freundschaft entringt ihm nun der Tod. „Ich bin nie in meinem Leben einem Menschen begegnet", schreibt er an seinen besten Freund, „den ich so bewundert und geliebt habe wie Sie, aber ich konnte Ihnen niemals zeigen, was Ihre Freundschaft für mich bedeutete, denn Sie hatten viel zu geben und ich Ihnen nichts."

Und er schreibt einen letzten Brief, den schönsten von allen, an die englische Nation. Er fühlt sich bemüßigt, Rechenschaft zu geben, daß er in diesem Kampfe um den englischen Ruhm ohne eigene Schuld unterlegen. Er zählt die einzelnen Zufälle auf, die sich gegen ihn verschworen, und ruft mit der Stimme, der der Widerhall des Todes ein wundervolles Pathos gibt, alle Engländer mit der Bitte auf, seine Hinterbliebenen nicht zu verlassen. Sein letzter Gedanke reicht noch über das eigene Schicksal hinaus. Sein letztes Wort spricht nicht vom eigenen Tode, sondern vom fremden Leben: „Um Gottes willen, sorgt für unsere Hinterbliebenen!" Dann bleiben die Blätter leer. Bis zum äußersten Augenblick, bis die Finger ihm festfroren und der Stift seinen steifen Händen entglitt, hat Kapitän Scott sein Tagebuch geführt. Die Hoffnung, daß man bei seiner Leiche die Blätter finden würde, die für ihn und für den Mut der englischen Rasse zeugen könnten, hat ihn zu so übermenschlicher Anstrengung befähigt. Als letztes zittern die schon erfrierenden Finger noch den Wunsch hin: „Schickt dies Tagebuch meiner Frau!" Aber dann streicht seine Hand in grausamer Gewißheit das Wort „meiner Frau" aus und schreibt darüber das furchtbare „meiner Witwe".

Die Antwort

Wochenlang hatten die Gefährten in der Hütte gewartet. Zuerst vertrauensvoll, dann leise besorgt, mit steigender Unruhe schließlich. Zweimal waren Expeditionen zur Hilfe entgegengesandt worden, doch das Wetter peitscht sie zurück. Den ganzen langen Winter verweilen die Führerlosen zwecklos in der Hütte, der Schatten der Katastrophe fällt schwarz in ihr Herz. In diesen Monaten ist das Schicksal und die Tat Kapitän Robert Scotts in Schnee und Schweigen verschlossen. Das Eis hält sie im gläsernen Sarg versiegelt; erst am 29. Oktober, im Polarfrühling, bricht eine Expedition auf, um wenigstens die Leichen der Helden und ihre Botschaft zu finden. Und am 12. November erreichen sie das Zelt; sie finden die Leichen der Helden erfroren in den Schlafsäcken, Scott, der noch im Tode Wilson brüderlich umschlingt, sie finden die Briefe, die Dokumente und schichten den tragischen Helden ein Grab. Ein schlichtes, schwarzes Kreuz über einem Schneehügel ragt nun einsam in die weiße Welt, die unter sich das Zeugnis jener heroischen Leistung der Menschheit für immer verbirgt.

Aber nein! Eine Auferstehung geschieht ihren Taten, unerwartet und wunderbar: herrliches Wunder unserer neuzeitlichen technischen Welt! Die Freunde bringen die Platten und Filme nach Hause, im chemischen Bad befreien sich die Bilder, noch einmal sieht man Scott mit seinen Gefährten auf seiner Wanderschaft und die Landschaft des Pols, das außer ihm nur jener andere, Amundsen, gesehen. Auf elektrischem Draht springt die Botschaft seiner Worte und Briefe in die aufstaunende Welt, in der Kathedrale des Reiches neigt der König dem Gedächtnis der Helden das Knie. So wird, was vergebens schien, noch einmal fruchtbar, das Versäumte zu rauschendem Anruf an die Menschheit, ihre Energien dem Unerreichbaren entgegenzustraffen; in großartigem Widerspiel ersteht aus einem heroischen Tode gesteigertes Leben, aus Untergang Wille zum Aufstieg ins Unendliche empor. Denn nur Ehrgeiz entzündet sich am Zufall des Erfolges und leichten Gelingens, nichts aber erhebt dermaßen herrlich das Herz als der Untergang eines Menschen im Kampf gegen die unbesiegbare Übermacht des Geschickes, diese allezeit großartigste aller Tragödien, die manchmal ein Dichter und tausendmal das Leben gestaltet.

Der versiegelte Zug

Lenin, 9. April 1917

Der Mann, der bei dem Flickschuster wohnt

Die kleine Friedensinsel der Schweiz, von allen Seiten umbrandet von der Sturmflut des Weltkrieges, ist in jenen Jahren 1915, 1916, 1917 und 1918 ununterbrochen die Szene eines aufregenden Detektivromans. In den Luxushotels gehen kühl und als ob sie einander nie gekannt hätten, die Gesandten der feindlichen Mächte aneinander vorüber, die ein Jahr vorher noch freundschaftlich Bridge gespielt und sich ins Haus geladen. Aus ihren Zimmern huscht ein ganzer Schwarm undurchsichtiger Gestalten. Abgeordnete, Sekretäre, Attachés, Geschäftsleute, verschleierte oder unverschleierte Damen, jeder mit geheimnisvollen Aufträgen bedacht. Vor den Hotels fahren prachtvolle Automobile mit ausländischen Hoheitszeichen vor, denen Industrielle, Journalisten, Virtuosen und scheinbar zufällige Vergnügungsreisende entsteigen. Aber fast jeder hat den gleichen Auftrag: etwas zu erfahren, etwas zu erspähen, und der Portier, der sie ins Zimmer führt, und das Mädchen, das die Stuben fegt, auch sie sind bedrängt, zu beobachten, zu belauern. Überall arbeiten die Organisationen gegeneinander, in den Gasthöfen, in den Pensionen, in den Postämtern, den Cafés. Was sich Propaganda nennt, ist zur Hälfte Spionage, was sich als Liebe gebärdet, Verrat, und jedes offene Geschäft all dieser eiligen Ankömmlinge verbirgt ein zweites und drittes im Hintergrund. Alles wird gemeldet, alles überwacht; kaum daß ein Deutscher von irgendwelchem Range Zürich betritt, weiß es die gegnerische Botschaft schon in Bern, und eine Stunde später Paris. Ganze Bände voll wahrer und erfundener Berichte senden Tag für Tag die kleinen und großen Agenten an die Attachés, und diese weiter. Gläsern sind alle Wände, überlauscht die Telephone, aus den Papierkörben und von den Löschblättern wird jede Korrespondenz rekonstruiert, und so toll wird schließlich dieses Pandämonium, daß viele selbst nicht mehr wissen, was sie sind, Jäger oder Gejagte, Spione oder Bespionierte, Verratene oder Verräter.

Nur über einen Mann gibt es wenig Berichte aus jenen Tagen, vielleicht weil er zu unbeachtlich ist und nicht in den vornehmen Hotels absteigt, nicht in den Kaffeehäusern sitzt, nicht den Propagandavorstellungen beiwohnt, sondern mit seiner Frau völlig zurückgezogen bei einem Flickschuster wohnt. Gleich hinter der Limmat in der engen, alten, buckligen Spiegelgasse haust er im zweiten Stock eines jener festgebauten, dachüberwölbten Häuser der Altstadt, das verräuchert ist halb von der Zeit, halb von der kleinen Wurstfabrik, die unten im Hofe arbeitet. Eine Bäckersfrau, ein Italiener, ein österreichischer Schauspieler sind seine Nachbarn. Die Hausgenossen wissen von ihm, da er nicht sehr gesprächig ist, kaum mehr, als daß er ein Russe ist und sein Name schwer auszusprechen. Daß er seit vielen Jahren aus seiner Heimat flüchtig ist und daß er über keine großen Reichtümer verfügt und keinerlei ergiebige Geschäfte betreibt, erkennt die Wirtin am besten an den ärmlichen Mahlzeiten und an der abgenützten Garderobe der beiden, die mit allem Hausrat kaum den kleinen Korb ausfüllen, den sie beim Einzug mit sich gebracht haben.

Dieser kleine untersetzte Mann ist so unauffällig und lebt so unauffällig wie möglich. Er meidet die Gesellschaft, selten sehen die Hausleute den scharfen, dunklen Blick in den schmalgeschlitzten Augen, selten kommen Besucher zu ihm. Aber regelmäßig, Tag für Tag, geht er jeden Morgen um neun Uhr in die Bibliothek und sitzt dort, bis sie um zwölf Uhr geschlossen wird. Genau zehn Minuten nach zwölf ist er wieder zu Hause, zehn Minuten vor eins verläßt er das Haus, um wieder als erster in der Bibliothek zu sein, und sitzt dort bis sechs Uhr abends. Da aber die Nachrichtenagenten nur auf die Leute achten, die viel reden, und nicht wissen, daß immer die einsamen Menschen die gefährlichsten sind für jede Revolutionierung der Welt, die viel lesen und lernen, so schreiben sie keine Berichte über den unbeachtlichen Mann, der bei dem Flickschuster wohnt. In den sozialistischen Kreisen wiederum weiß man gerade von ihm, daß er in London Redakteur einer kleinen, radikalen russischen Emigrantenzeitschrift gewesen und in Petersburg als Führer irgendeiner unaussprechbaren Sonderpartei gilt; aber da er hart und verächtlich über die angesehensten Leute der sozialistischen Partei spricht und ihre Methoden als falsch erklärt, da er sich als unzugänglich erweist und als durchaus unkonziliant, kümmert man sich um ihn nicht viel. Zu den Versammlungen, die er manchmal abends in ein kleines Proletariercafé einberuft, kommen höchstens fünfzehn bis zwanzig Personen, meistens Jugendliche, und so nimmt man diesen Eigenbrötler hin wie alle diese emigrantischen Russen, die sich mit viel Tee und vielen Diskussionen ihre Köpfe erhitzen. Niemand aber nimmt den kleinen strengstirnigen Mann für bedeutend, keine drei Dutzend Menschen in Zürich halten es für wichtig, sich den Namen dieses Wladimir Ilitsch Ulianow zu merken, des Mannes, der bei dem Flickschuster wohnt. Und hätte damals eines der prächtigen Automobile, die in scharfem Tempo von Botschaft zu Botschaft sausen, diesen Mann durch einen Zufall auf der Straße zu Tode gestoßen, auch die Welt würde ihn weder unter dem Namen Ulianow noch unter jenem Lenins kennen.

Erfüllung...

Eines Tages, es ist der 15. März 1917, wundert sich der Bibliothekar der Züricher Bibliothek. Der Zeiger steht auf neun, und der Platz, auf dem dieser pünktlichste aller Bücherentleiher tagtäglich sitzt, ist leer. Es wird halb zehn und wird zehn, der unermüdliche Leser kommt nicht und wird nicht mehr kommen. Denn auf dem Wege zu der Bibliothek hatte ein russischer Freund ihn angesprochen oder vielmehr angefallen mit der Nachricht, in Rußland sei die Revolution ausgebrochen.

Lenin will es zuerst nicht glauben. Er ist wie betäubt von der Nachricht. Aber dann stürmt er hin mit seinen kurzen, scharfen Schritten zu dem Kiosk an dem Seeufer, und dort und vor der Redaktion der Zeitung wartet er nun Stunde auf Stunde und Tag auf Tag. Es ist wahr. Die Nachricht ist wahr und wird jeden Tag herrlich wahrer für ihn. Zuerst nur ein Gerücht einer Palastrevolution und scheinbar nur ein Ministerwechsel, dann die Absetzung des Zaren, die Einsetzung einer provisorischen Regierung, die Duma, die russische Freiheit, die Amnestierung der politischen Gefangenen – alles, was er seit Jahren erträumt, alles, wofür er seit zwanzig Jahren in geheimer Organisation, im Kerker, in Sibirien, im Exil gearbeitet, ist erfüllt. Und mit einemmal scheinen ihm die Millionen Toten, welche dieser Krieg gefordert, nicht vergebens gestorben. Nicht sinnlos Getötete scheinen sie ihm mehr, sondern Märtyrer für das neue Reich der Freiheit und der Gerechtigkeit und des ewigen Friedens, das nun anbricht, wie ein Berauschter fühlt sich dieser sonst so eisig klare und rechnerisch kalte Träumer. Und wie erbeben und jubeln jetzt die Hunderte anderen, die in ihren kleinen Emigrantenstuben sitzen in Genf und Lausanne und Bern, bei der beglückenden Botschaft: heimkehren dürfen nach Rußland! Heimkehren dürfen nicht auf falsche Pässe, nicht mit erborgten Namen und unter Todesgefahr in das Kronreich des Zaren, sondern als freier Bürger in das freie Land. Schon rüsten sie alle ihre kärgliche Habe, denn in den Zeitungen steht Gorkis lakonisches Telegramm: „Kehrt alle heim!" Nach allen Richtungen senden sie Briefe und Telegramme: heimkehren, heimkehren! Sich sammeln! Sich vereinigen! Nun nochmals das Leben einsetzen für das Werk, dem sie seit der ersten wachen Stunde ihr Leben gewidmet: für die russische Revolution.

... und Enttäuschung

Aber konsternierende Erkenntnis nach einigen Tagen: die russische Revolution, deren Botschaft wie mit Adlerschwingen ihr Herz aufgehoben, ist nicht die Revolution, von der sie träumten, und ist keine russische Revolution. Es ist ein Palastaufstand gegen den Zaren gewesen, angezettelt von englischen und französischen Diplomaten, um den Zaren zu verhindern, mit Deutschland Frieden zu schließen, und nicht die Revolution des Volkes, das diesen Frieden und seine Rechte will. Es ist nicht die Revolution, für die sie gelebt haben und für die sie zu sterben bereit sind, sondern eine Intrige der Kriegsparteien, der Imperialisten und der Generäle, die sich in ihren Plänen nicht stören lassen wollen. Und bald erkennen Lenin und die Seinen, daß jenes Versprechen, alle sollten zurückkehren, für alle die nicht gilt, welche diese wirkliche, diese radikale, diese Karl Marxsche Revolution wollen. Schon haben Miljukow und die andern Liberalen Auftrag gegeben, ihnen die Rückreise zu sperren. Und während die gemäßigten, die für eine Kriegsverlängerung brauchbaren Sozialisten wie Plechanow auf liebenswürdigste Weise von England mit Torpedobooten nach Petersburg unter Ehrengeleit befördert werden, hält man Trotzki in Halifax und die andern Radikalen an den Grenzen fest. In allen Ententestaaten liegen an den Grenzen schwarze Listen mit den Namen all derjenigen, die am Kongreß der Dritten Internationale in Zimmerwald teilgenommen haben. Verzweifelt jagt Lenin Telegramm auf Telegramm nach Petersburg, aber sie werden abgefangen oder bleiben unerledigt; was man in Zürich nicht weiß, und kaum jemand in Europa, das weiß man in Rußland genau: wie stark, wie energisch, wie zielstrebig und wie mörderisch gefährlich seinen Gegnern Wladimir Ilitsch Lenin ist.

Grenzenlos ist die Verzweiflung der ohnmächtig Zurückgehaltenen. Seit Jahren und Jahren haben sie in zahllosen Generalstabssitzungen in London, in Paris, in Wien ihre russische Revolution strategisch ausgedacht. Jede Einzelheit der Organisation haben sie erwogen und vorgeprobt und durchdiskutiert. Jahrzehntelang haben sie in ihren Zeitschriften theoretisch und praktisch die Schwierigkeiten, die Gefahren, die Möglichkeiten gegeneinander abgewogen. Sein ganzes Leben hat dieser Mann nur diesen einen Gedankenkomplex immer und immer wieder revidierend durchgedacht und zu den endgültigsten Formulierungen gebracht. Und nun soll, weil er hier festgehalten ist in der Schweiz, diese seine Revolution verwässert und verpfuscht werden von andern, die ihm heilige Idee der Volksbefreiung in den Dienst gestellt fremder Nationen und fremder Interessen. In merkwürdiger Analogie erlebt Lenin in diesen Tagen das

Schicksal Hindenburgs in den ersten Tagen des Krieges, der gleichfalls vierzig Jahre den Russenfeldzug manövriert und exerziert und, da er ausbricht, im Zivilrock zu Hause sitzen muß und auf der Landkarte mit Fähnchen die Fortschritte und Fehler der einberufenen Generäle verfolgt. Die törichtsten, die phantastischsten Träume wälzt und erwägt der sonst eherne Realist Lenin in jenen Tagen der Verzweiflung. Ob man nicht ein Flugzeug mieten könne und über Deutschland oder Österreich fahren? Aber schon der erste, der sich zur Hilfe anbietet, erweist sich als Spion. Immer wilder und wüster werden die Fluchtideen: er schreibt nach Schweden, man solle ihm einen schwedischen Paß besorgen, und will den Stummen spielen, um keine Auskunft geben zu müssen. Selbstverständlich erkennt am Morgen nach all diesen phantasierenden Nächten Lenin immer selbst, daß alle diese Wahnträume unausführbar sind, aber dies weiß er auch am lichten Tag: er muß nach Rußland zurück, er muß seine Revolution machen statt der andern, die richtige und ehrliche statt der politischen. Er muß zurück und bald zurück nach Rußland. Zurück um jeden Preis!

Durch Deutschland: Ja oder nein?

Die Schweiz liegt eingebettet zwischen Italien, Frankreich, Deutschland und Österreich. Durch die alliierten Länder ist Lenin der Weg als Revolutionär gesperrt, durch Deutschland und Österreich als russischer Untertan, als Angehöriger einer feindlichen Macht. Aber absurde Konstellation: von dem Deutschland Kaiser Wilhelms hat Lenin mehr Entgegenkommen zu erwarten als von dem Rußland Miljukows und dem Frankreich Poincarés. Deutschland braucht am Vorabend der amerikanischen Kriegserklärung Frieden um jeden Preis mit Rußland. So muß ein Revolutionär, der dort den Gesandten Englands und Frankreichs Schwierigkeiten macht, ihnen nur ein willkommener Helfer sein.

Aber ungeheure Verantwortung eines solchen Schrittes, mit dem kaiserlichen Deutschland, das er hundertmal in seinen Schriften beschimpft und bedroht, nun mit einemmal Verhandlungen anzuknüpfen. Denn im Sinne aller bisherigen Moral ist es selbstverständlich Hochverrat, mitten im Kriege und unter Billigung des feindlichen Generalstabes gegnerisches Land zu betreten und zu durchfahren, und selbstverständlich muß Lenin wissen, daß er damit die eigene Partei und die eigene Sache anfänglich kompromittiert, daß er verdächtig sein wird, daß er als bezahlter und gemieteter Agent der deutschen Regierung nach Rußland geschickt wird und daß, falls er sein Programm des sofortigen Friedens verwirklicht, ihm ewig die Schuld in der Geschichte aufgelastet wird,

169

den richtigen, den Siegfrieden Rußlands verhindert zu haben. Selbstverständlich sind nicht nur die linderen Revolutionäre, sondern auch die meisten Gesinnungsgenossen Lenins entsetzt, wie er seine Bereitschaft kundgibt, notfalls auch diesen allergefährlichsten und kompromittierendsten Weg zu gehen. Bestürzt verweisen sie darauf, daß durch die Schweizer Sozialdemokraten längst schon Verhandlungen angeknüpft sind, um die Rückführung der russischen Revolutionäre auf dem legalen und neutralen Wege des Gefangenenaustausches in die Wege zu leiten. Aber Lenin erkennt, wie langwierig dieser Weg sein wird, wie künstlich und absichtsvoll die russische Regierung ihre Heimkehr bis ins Endlose hinausziehen wird, indes er weiß, daß jeder Tag und jede Stunde entscheidend ist. Er sieht nur das Ziel, während die andern, minder zynisch und minder verwegen, nicht wagen, sich zu einer Tat zu entschließen, die nach allen bestehenden Gesetzen und Anschauungen eine verräterische ist. Aber Lenin hat innerlich entschieden und eröffnet für seine Person auf seine Verantwortung die Verhandlungen mit der deutschen Regierung.

Der Pakt

Gerade weil Lenin um das Aufsehenerregende und Herausfordernde seines Schrittes weiß, handelt er mit möglichster Offenheit. In seinem Auftrag begibt sich der schweizerische Gewerkschaftssekretär Fritz Platten zu dem deutschen Gesandten, der schon vordem allgemein mit den russischen Emigranten verhandelt hatte, und legt ihm die Bedingungen Lenins vor. Denn dieser kleine unbekannte Flüchtling stellt – als ob er seine kommende Autorität schon ahnen könnte – keineswegs eine Bitte an die deutsche Regierung, sondern legt ihr die Bedingungen vor, unter denen die Reisenden bereit wären, das Entgegenkommen der deutschen Regierung anzunehmen: daß dem Wagen das Recht der Exterritorialität zuerkannt wird. Daß eine Paß- oder Personenkontrolle weder beim Eingang noch beim Ausgang ausgeübt werden dürfe. Daß sie ihre Reise zu den normalen Tarifen selbst bezahlen. Daß ein Verlassen des Wagens weder angeordnet noch auf eigene Initiative stattfinden darf. Der Minister Romberg gibt diese Nachrichten weiter. Sie gelangen bis in die Hände Ludendorffs, der sie zweifellos befürwortet, obwohl in seinen Erinnerungen über diesen welthistorisch vielleicht wichtigsten Entschluß seines Lebens kein Wort zu finden ist. In manchen Einzelheiten versucht der Gesandte noch Änderungen zu erreichen, denn mit Absicht ist das Protokoll so zweideutig von Lenin abgefaßt, daß nicht nur Russen, sondern auch ein Österreicher wie Radek in dem Zuge unkontrolliert mitfahren dürfen. Aber ebenso wie Lenin hat auch die deutsche Regierung

Eile. Denn an diesem Tage, dem 5. April, erklären die Vereinigten Staaten Amerikas Deutschland den Krieg.

Und so erhält Fritz Platten am 6. April mittags den denkwürdigen Bescheid: „Angelegenheit in gewünschtem Sinne geordnet." Am 9. April 1917, um halb drei Uhr, bewegt sich vom Restaurant Zähringerhof ein kleiner Trupp schlechtgekleideter, Koffer tragender Leute zum Bahnhof von Zürich. Es sind im ganzen zweiunddreißig, darunter Frauen und Kinder. Von den Männern ist nur der Name Lenins, Sinowjews und Radeks weiter bekannt geblieben. Sie haben gemeinsam ein bescheidenes Mittagsmahl genommen, sie haben gemeinsam ein Dokument unterzeichnet, daß ihnen die Mitteilung des „Petit Parisien" bekannt ist, wonach die russische provisorische Regierung beabsichtigt, die durch Deutschland Reisenden als Hochverräter zu behandeln. Sie haben mit ungelenken, schwerflüssigen Lettern unterschrieben, daß sie die ganze, volle Verantwortung für diese Reise auf sich nehmen und alle Bedingungen gebilligt haben. Still und entschlossen rüsten sie nun zu der welthistorischen Fahrt. Ihre Ankunft auf dem Bahnhof verursacht keinerlei Aufsehen. Es sind keine Reporter erschienen und keine Photographen. Denn wer kennt in der Schweiz diesen Herrn Ulianow, der mit zerdrücktem Hut, in einem abgetragenen Rock und lächerlich schweren Bergschuhen (er hat sie bis nach Schweden gebracht) da inmitten eines Trupps mit Kisten beladener, korbbepackter Männer und Frauen schweigsam und unauffällig einen Platz im Zuge sucht. Nicht anders sehen diese Leute aus wie die zahllosen Auswanderer, die von Jugoslawien, von Ruthenien, von Rumänien her oft in Zürich auf ihren Holzkoffern sitzen und ein paar Stunden Rast halten, ehe man sie weiterbefördert ans französische Meer und von dort nach Übersee. Die schweizerische Arbeiterpartei, die die Abreise mißbilligt, hat keinen Vertreter gesandt, nur ein paar Russen sind gekommen, um ein bißchen Lebensmittel und Grüße in die Heimat mitzugeben, ein paar auch, um in der letzten Minute noch Lenin von „der unsinnigen, der verbrecherischen Reise" abzumahnen. Aber die Entscheidung ist gefallen. Um drei Uhr zehn Minuten gibt der Schaffner das Signal. Und der Zug rollt fort nach Gottmadingen, zur deutschen Grenzstation. Drei Uhr zehn Minuten, und seit dieser Stunde hat die Weltuhr andern Gang.

Der plombierte Zug

Millionen vernichtender Geschosse sind in dem Weltkriege abgefeuert worden, die wuchtigsten, die gewaltigsten, die weithin tragendsten Projektile von den Ingenieuren ersonnen worden. Aber kein Geschoß war weittragender und schicksalsentscheidender in der neueren Geschichte als dieser Zug, der, geladen mit den gefährlichsten, entschlossensten Revolutionären des Jahrhunderts, in dieser Stunde von der Schweizer Grenze über ganz Deutschland saust, um in Petersburg zu landen und dort die Ordnung der Zeit zu zersprengen.

In Gottmadingen steht auf den Schienen dieses einzigartige Projektil, ein Wagen zweiter und dritter Klasse, in dem die Frauen und Kinder die zweite Klasse, die Männer die dritte belegen. Ein Kreidestrich auf dem Boden begrenzt als neutrale Zone das Hoheitsgebiet der Russen gegen das Abteil der zwei deutschen Offiziere, welche diesen Transport lebendigen Ekrasits begleiten. Der Zug rollt ohne Zwischenfall durch die Nacht. Nur in Frankfurt stürmen plötzlichdeutsche Soldaten heran, die von der Durchreise russischer Revolutionäre gehört haben, und einmal wird ein Versuch der deutschen Sozialdemokraten, sich mit den Reisenden zu verständigen, zurückgewiesen. Lenin weiß wohl, welchem Verdacht er sich aussetzt, wenn er ein einziges Wort mit einem Deutschen auf deutschem Boden wechselt. In Schweden werden sie feierlich begrüßt. Ausgehungert stürzen sie über den schwedischen Frühstückstisch, dessen Smörgås ihnen wie ein unwahrscheinliches Wunder erscheint. Dann muß sich Lenin erst statt seiner schwerfälligen Bergstiefel noch neue Schuhe kaufen lassen und ein paar Kleider. Endlich ist die russische Grenze erreicht.

Das Projektil schlägt ein

Die erste Geste Lenins auf russischem Boden ist charakteristisch: er sieht nicht die einzelnen Menschen, sondern wirft sich vor allem auf die Zeitungen. Vierzehn Jahre war er nicht in Rußland gewesen, hat er die Erde nicht gesehen, nicht die Landesfahne und die Uniform der Soldaten. Aber nicht wie die andern bricht dieser eiserne Ideologe in Tränen aus, nicht umarmt er wie die Frauen die ahnungslos überraschten Soldaten. Die Zeitung, die Zeitung zuerst, die Prawda, um zu untersuchen, ob das Blatt, sein Blatt, den internationalen Standpunkt genug entschlossen einhält. Zornig zerknüllt er die Zeitung. Nein, nicht genug, noch immer Vaterländerei, noch immer Patriotismus, noch immer nicht genug in seinem Sinne reine Revolution. Es ist Zeit, fühlt er, daß er gekommen ist, um das Steuerrad umzureißen und seine Lebensidee vorzustoßen gegen Sieg oder Untergang. Aber wird er dazu noch kommen? Letzte Unruhe, letztes Bangen. Wird nicht Miljukow gleich in Petrograd – so heißt die Stadt damals noch, aber nicht lange mehr – ihn verhaften lassen? Die Freunde, die ihm entgegengefahren sind in dem Zuge, Kamenew und Stalin, zeigen ein merkwürdiges geheimnisvolles Lächeln in dem dunklen Abteil dritter Klasse, das von einem Lichtstumpf unsicher beleuchtet ist. Sie antworten nicht oder wollen nicht antworten.

Aber unerhört ist dann die Antwort, die die Wirklichkeit gibt. Wie der Zug einläuft in den finnischen Bahnhof, ist der riesige Platz davor voll von Zehntausenden von Arbeitern, Ehrenwachen aller Waffengattungen erwarten den aus dem Exil Heimgekehrten, die Internationale erbraust. Und wie Wladimir Ilitsch Ulianow jetzt heraustritt, ist der Mann, der vorgestern noch bei dem Flickschuster gewohnt, schon von hunderten Händen gefaßt und auf ein Panzerautomobil gehoben. Scheinwerfer von den Häusern und der Festung sind auf ihn gerichtet, und von dem Panzerautomobil herab hält er seine erste Rede an das Volk. Die Straßen beben, und bald haben die „zehn Tage, die die Welt erschüttern", begonnen. Das Geschoß hat eingeschlagen und zertrümmert ein Reich, eine Welt.

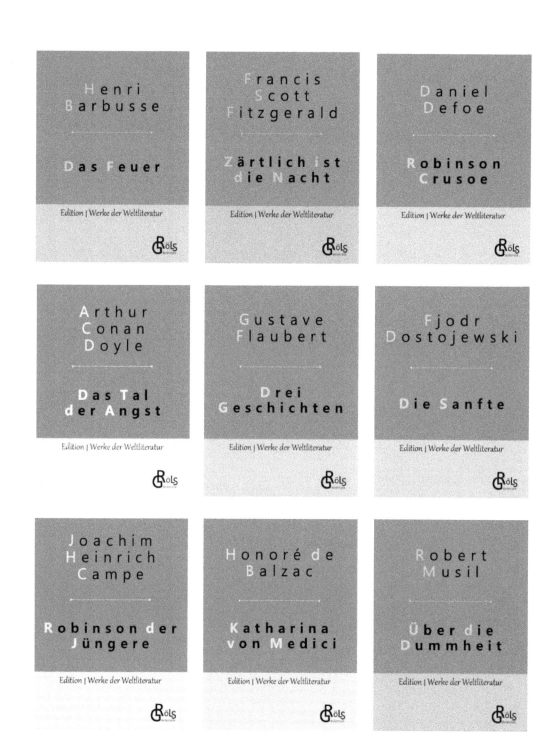

Alle Werke unter www.groels.de

Lightning Source UK Ltd.
Milton Keynes UK
UKHW030632200721
387465UK00011B/1959